现代世界的起源

全球的、环境的述说，15–21世纪

第三版

〔美〕 马立博 著

夏继果 译

2018年·北京

Robert B. Marks

THE ORIGINS OF THE MODERN WORLD

A Global and Environmental Narrative from the

Fifteenth to the Twenty-First Century

Copyright © 2015 by Rowman & Littlefield

Published by agreement with the Rowman & Littlefield

Publishing Group through the Chinese

Connection Agency, a division of The Yao Enterprises, LLC.

根据罗曼和利特菲尔德出版社 2015 年版译出

本书的作者与译者

中文版序

本书的最新版本在中国出版、与中国读者见面，我感到非常荣幸。本书第一版的读者会发现，第三版有一些值得关注的新特点，其中尤其需要提到的是，它所涉及的内容一直延续到现今，并且增加了关于环境的篇幅。

与现代世界历史的大多数著作不同，本书带给读者一种基于全球的、环境的叙事；对于我们现今的世界是如何形成的，提供了新的、有时是让人吃惊的见解。

有关现代世界的大多数历史著作都特别关注欧洲："西方的兴起"或者资本主义（首先兴起于西欧）的发展。关于现代世界形成的大多数著作因循卡尔·马克思和其他19世纪欧洲社会理论家的观点，认为，现代性的最初萌发始于西欧，由那个时代和那个地区的特殊原因所致；现代性导致了工业资本主义的产生，并且由欧洲人与其美国兄弟传播到全球，"现代世界"应运而生。现代世界历史的叙事通常都是欧洲中心论的，原因在于它们把欧洲放在核心的位置，把欧洲人的所作所为当作现代历史的驱动力。

本书的研究路径以及所提出的观点与此颇为不同，它把亚洲和环境放在非常突出的位置。

首先，只有在全球的语境中，把亚洲，特别是中国和印度放在从大约1400年到1800年蓬勃兴起的全球经济的核心，我们才能够理解现代世界的历史。在近代早期的大部分时间里，中国和印度是最为先进的经济体，欧洲国家则由于远离以中国和印度洋为核心的经济引擎而相对落后，正在千方百计谋求获取亚洲财富的途径并迎头赶上。

其次，只有在环境的语境下才能理解以农业为基础的经济向化石燃料工业经济跨越的原因。到1800年，包括中国和西欧在内的世界上所有最为发达的农业经济都在努力挣脱环境的限制,主要原因在于森林采伐已耗尽了能源,无论对家庭取暖、做饭还是对工业生产来说都是如此。所谓的"工业革命"的确最早发生在英国,但其中的原因并不在于我们想象中的英国之于世界其他地区来说所具有的文化、政治或经济优越性。

本书还把世界历史放到全球氮循环的语境中来理解。氮是一种化学元素,对地球上的生命至关重要。没有氮,人类就无法生存。问题在于,几乎在整个人类历史进程中,能够被动植物(包括人类)所利用的氮受到自然过程的严重制约。人类的生存状况限制着任何一个社会和整个世界的人口数量。那些拥有高产农业的地区能够开发利用最大量的自然过程产生的氮,并养活大量人口。在20世纪,氮对"可能性"的制约被打破了,一种工业生产方法被发明出来。现如今,这种方法所生产的可供动植物利用的氮已超过了所有自然过程所产生的氮的总量,导致今天的世界人口已猛增到70多亿。

读者也许想知道我有什么资格撰写这种把中国和环境作为重要故事情节的现代世界的历史。从专业训练、研究和出版的角度来说,我是研究中国的历史学家。1978年,我在威斯康星大学麦迪逊分校获得中国史博士学位,我的第一部中国史著作(关于中国共产党早期的领导人彭湃)也在不久之后出版。我的第二部著作是一部明清时期华南地区的环境史,已有中译本出版。本书的研究让我相信,帝制晚期的中国经济,特别是农业和市场体系,丝毫不逊色于世界其他地区,因此那时的中国并不"落后"。最近出版的第三部著作研究中国与其环境的关系,涉及从九千年前农业的起源到今天的漫长历史进程。该书中译本也已经出版。①

---

① Robert B. Marks, *Rural Revolution in South China: Peasants and the Making of History in Haifeng County, 1570—1930* (Madison, WI: University of Wisconsin Press, 1984); *Tigers, Rice, Silk and Silt: Environment and Economy in Late Imperial South China* (Cambridge and New York: Cambridge University Press, 1998), 中译本《虎、米、丝、泥: 帝制晚期华南的环境与经济》, 江苏人民出版社2011年版; *China: Its Environment and History* (Lanham: Rowman & Littlefield Publisher, 2013), 中译本《中国环境史: 从史前到现代》, 中国人民大学出版社2015年版。

在过去 25 年的时间里，我自己和另外一些学者的研究成果使我们几位同仁——由于我们在加利福尼亚的多所大学工作所以有时被称为"加州学派"——对现代世界起源的以欧洲为中心的叙述方式产生了怀疑。很幸运，我非常熟悉这些中国史学者的研究工作，因而能够把他们的成果综合起来，形成此英文著作，把关于中国的最新学术成就呈现给世界史学者。

正像我乐于把关于中国的最新研究成果介绍给世界史学者那样，我也荣幸地把这本关于世界史的新解读——中国和环境在其中至关重要——推荐给中国读者。

马立博
2017 年 1 月

目 录

第三版序言 / 1

导　论　西方的兴起？ / 4

第一章　1400年前后的物质世界和贸易世界 / 21

第二章　从中国说起 / 44

第三章　帝国、国家和新大陆，1500—1775年 / 68

第四章　工业革命及其影响，1750—1850年 / 98

第五章　差距 / 127

第六章　大转折 / 160

结　论　改变、延续及对未来的展望 / 206

注　释 / 216

索　引 / 248

译后记 / 274

图表和地图

图表 3.1 欧洲国家共同参加大国战争，1496—1514 年，1656—1674 年 / 91

图表 5.1 中国、印度、欧洲在世界 GDP 中所占的份额，1700—1890 年 / 128

图表 5.2 中国、印度、欧洲、美国在世界制造品生产中所占的份额，1750—1900 年 / 129

图表 5.3 印度、中国和欧洲的人口，1400—2000 年 / 129

图表 5.4 19 世纪英国的工厂大烟囱 / 142

图表 6.1 美国的分配不公，1910—2010 年 / 190

地图 1.1 13 世纪世界体系中的八个贸易圈 / 37

地图 2.1 1400—1500 年前后的世界 / 49 前

地图 2.2 15 世纪欧亚大陆与非洲的贸易世界 / 50

地图 3.1 1760 年前后的世界 / 97 前

地图 5.1 1900 年前后的世界 / 155 前

地图 6.1 世界极贫国家的地区分布 / 189 前

第三版序言

2000 年，我在撰写本书的第一版。同一年，环境史学家约翰·R. 麦克尼尔出版了《阳光下的新事物：20 世纪环境史》一书。麦克尼尔在其著作中指出：一百年之后，即 21 世纪结束之时，那些回望 20 世纪的历史学家和大众会吃惊地发现，20 世纪最具影响力的既不是两次世界大战，也不是法西斯主义和共产主义的兴衰、人口的迅速增长以及妇女运动，而是人类与地球自然环境关系的改变。我作为一名环境历史学家，从他那里得到启发，在我的叙述中融入了生态主题。世界常常让我们大吃一惊，其中之一就是麦克尼尔的预测如此快速地变成了现实！且不说一个世纪，仅仅过了几年，人类与自然关系变化的重要性就显现出来，成为我们理解近期历史的关键，而我们所处的地球历史的这样一个时代也因此获得了一个新的称谓——人类世（Anthropocene）。

我之所以能够开始撰写本书，原因在于随着一大批关于亚洲的新学术成果的问世，质疑关于"现代世界的起源"这一问题的传统解释——即"西方的兴起"——成为可能。杰克·戈德斯通称这种关于亚洲的新学术为"加州学派"，因为我们中的很多人生活、工作在加州，学术出版也在加州。这些新学术引发出这样的问题：现代世界的本质特征——政治上形成民族国家、经济上围绕工业资本主义而运转——是如何形成的？我们发现亚洲社会具有其他人认为只有欧洲才具备并凭此"引发""欧洲的奇迹"的很多特征，据此我们认为，相似的情况不可能导致差异，应该寻找对世界如何及为何成为今天这个样子的其他解释。安德烈·贡德·弗兰克和彭慕兰把这种学术汇集到两本重要著作中，它们改变了我们现今思考世界运作的方式，破除了历史的欧洲中心论阐释。本书的最初两版（2002 年和 2007 年）吸纳了这些学术新成果，把师生们带入一个关于现代世界起源的崭新故事之中。

本书第三版（2015年）保留上述内容。但除此之外，由于近来我们所经历的环境变化以及对于这种变化的认识，第三版中有关环境的故事情节占据愈加突出的位置。直到20世纪80年代，气候学家才开始了解厄尔尼诺现象；到20世纪90年代，才认识到工业和尾气排放导致空气中二氧化碳含量增高会造成全球气候变暖。从这种人类正在导致气候发生变化的最初意识出发，我们如今已逐渐认识到，人类也在改变、破坏或者取代大自然的其他全球进程，其规模在人类历史上前所未有。熟悉本书前两版的读者和教师将会发现，第三版增加了一些新内容，其中既有强调非洲和分配不公的内容，也有贯穿全书的关于环境的内容。由于增加了这些新内容，同时也由于把所有注释放在书末，因此页码和索引也做了必要的改动。关于修订的更多细节，教师可以参考更新后的在线学习指导（https://rowman.com/ISBN/9781442212404）。

讲述本书写作背景的这种变化并非为第三版的出版寻找理由。相反，我想指出的是，历史是活生生的，它与当代人所关注的内容密切相关，并非有些人所认为的"过去的阴魂"。新学术成果和新问题，两者都能促使我们去重新考察过去，并且把这两方面的变化都吸纳进来重新撰写历史。这样，我们所述的关于过去的故事才会始终与当前的我们紧密相联，并有所助益。否则，历史的用途何在？我们需要借助一切我们所能得到的帮助，而历史的眼光能够很好地帮助我们直面当下，进而走向更美好的未来。

本书第一版得以问世，首先要感谢安德烈·贡德·弗兰克、彭慕兰以及约翰·R.麦克尼尔的论著带给我的帮助，也感谢他们给予的直接关怀。对于本书的构思提供过帮助的还有丹尼斯·O.弗林和阿图罗·吉拉尔德兹，他们追寻白银在世界流通轨迹的著作为我和其他学者打开了新的视野，他们还于1998年在加利福尼亚州斯托克顿的太平洋大学组织召开了一次太平洋世纪会议，期间我们在餐桌上谈论各种想法，本书的思路就这样诞生了。其他阅读并评论过第一版的还包括我在惠蒂尔学院的同事何塞·奥罗斯科和迪克·阿彻，西南大学的历史学教授史蒂夫·戴维森，罗曼和利特菲尔德出版社"世界社会变迁"系列丛书的编辑马克·塞尔登。感谢选修历史101课程"世界史导论"的大学一、二年级的学生们，他们阅读了本书的第一版和第二版并做出了评论，对本书的各种观点以及书本身提出了自己的看法；还要感谢我的同事何塞·奥罗斯科教授、伊丽莎白·塞奇教授和何塞·奥尔特加教授，我们共同讲授该课程，我从他们那里学到了许多关于拉丁美洲、欧洲以及大西洋世界的历史知识。选修历史408"高级研讨课"的历史专业的同学像学长们一样，他们广泛而深入地阅读了与本书所涉及的一些主题相关的书籍，最近所研讨的主题有环境史（2010春）、近代早期世界（2012春）、埃里克·霍布斯鲍姆（2013春）以及"17世纪危机"（2014春）。为了这次修订，惠蒂尔学院在2014年秋季学期为我提供了半年的公休假，理查德·戴尔和比利·戴尔教授这一职位也为我到中国旅行提供了便利。国家人文基金会的一笔拨款（FB-36592）为本书的第一版提供了资助。菲利普·博雅尔友好地（并且迅速地）允许我使用他的一幅地图（见地图2.2）。在罗曼和利特菲尔德出版社，苏珊·麦凯琴对本书第一版和第二版的付印提供了很大帮助，一直向我反馈阅读和使用本书的学生和教师们的反应，并鼓励我撰写第三版。感谢罗伯特·恩滕曼教授和Yuhin Ng教授，他们注重细节，指出了第二版中需要改正的错误。本版中的任何谬误都由我自己承担。乔伊斯·考夫曼一如既往地提供着友谊、爱和支持，因为她深知在一所把教学效果放在首位的学院，一位老师要想著书立说意味着什么。像巴德和伦布兰特一样，斯坦顿也在提醒我：期待新的每一天。

导论　西方的兴起？

350 ppm！气候学家正告我们：在过去的十年里，大气层中二氧化碳的含量已经超过百万分之三百五十这一临界点，并且现在已达到大约 400 ppm。由于二氧化碳（CO_2）是一种温室效应气体，因而我们可以预见，地球正面临着全球性变暖的严峻挑战。在美国航空航天局（NASA）现今负责人詹姆斯·汉森看来，这是一个值得关注的问题，因为我们所称的人类文明中的大部分都是在大气的二氧化碳含量为 280ppm 左右的温带气候下发展起来的。问题还不仅限于此，汉森和其他气候学家已经认定，大气层中二氧化碳增加的原因在于长达两个世纪的人类工业化行为，尤以刚刚过去的 20 世纪中期以来的六十年更甚。[1]

毋庸置疑，全球变暖是一个举世都要面对的重要问题，但并不是唯一的问题。世界是如何发展到人类的活动能够影响全球环境的变化，这其中的故事非常复杂，但并不神秘。历史学可以提供诸多工具，它们有助于我们理解所生活的世界——现代世界——是怎样以及为何会成为现在的样子。而这种理解会有助于我们寻求办法，去创造一个对所有人来说都更加美好、安全、可持续和公平的世界。

通常说来，现代世界的故事围绕四个相互联系的主题而历史性地展开。第一个主题是，世界上一些地区率先完成工业化，这发生在什么时候，是怎样发生的，为什么会发生，这些过程后来又是怎样被世界其他地区的人们模仿和利用的？这一故事情节今天仍在上演，并与另一个情节纠缠在一起，那就是诸多民族国家的出现，在过去两个世纪里，它们是人类政治组织的主要表现形式。工业化最先使西欧和北美某些国家的财富和权势与日俱增，以致世界上贫富两极之间出现了差距且逐渐扩大。这一"差距"及其后果的故事是本书所要讨论的第三个主题。

第四个主题探讨以下两者的关系：一是现代世界诸要素得以产生的环境条件，二是人类及其活动转而改变并持续改变环境的方式。人类给地球生态系统打上的印记如此之深，以致一些学者指出，我们已进入了一个新的地质时期——人类世，在这个时期，"人类……已变得数量庞大、行动活跃，就对地球系统运行的影响而言，人类已在与某些自然力相抗衡。"[2]

就在250年前，全世界的人口还不到10亿，而且两个亚洲国家——印度和中国——占据了世界经济产出的三分之二，它们并不属于欧洲。此后短短的历史一瞬间，全球人口就已增长到70亿以上（照此下去到2050年将达到90亿以上），而且世界遭遇了一个命运的大逆转：亚洲人曾经握有大部分经济王牌，而如今尽管中国、印度正再次迅速崛起，但仍然主要是西方国家和日本掌控着世界。问题的关键在于这究竟是怎样发生的。工业和欧洲的国家模式即所谓的民族国家——而不是像中国和印度那样的农业高度发达的帝国——究竟是如何一步步主导我们的世界的？

因此，要了解我们的世界，我们不但要了解民族国家和工业如何形塑了现代世界，还要了解欧洲人整合世界的方式是怎样及为什么会最终主导全球。尽管各种解释五花八门，但是在过去二百年的大部分时间里，西方包括美国的主流解释一直都是"西方的兴起"。正如我们将看到的，近来的研究已经表明这种解释不再令人信服，但由于它可能是大多数读者最为熟悉的观点，所以我还是要花些时间探讨它，为构建替代性解释打下基础。

西方的兴起

"西方的兴起"这一概念包含了理论阐释和故事描述，旨在解释什么是现代世界以及它为何主要烙上了欧洲的印记。支撑这一概念的思想相当简单，它紧随西班牙人征服美洲的脚步而产生，那时正值16世纪意大利文艺复兴时期。区区几百个西班牙征服者就摧毁了富丽恢宏的美洲文明，特别是阿兹特克文明和印加文明，这令欧洲人震惊。在中墨西哥，两千五百万人中有90%死于天花和流感这类欧洲疾病。由于欧洲人对疾病的细菌理论和墨西哥"大灭绝"的原因茫然不知,他们最初把自己的优越性归功于基督教信仰。后来,在17和18世纪的启蒙运动期间,他们又归功于诸如世俗、理性、科学思想等希腊遗产。

18世纪后期,这一故事情节继续发展。1789年的法国大革命强化了欧洲人头脑中的自我意识:欧洲与世界其他地区不同,欧洲"日新月异",而世界其他地区似乎停滞不前。与其他地区相比,欧洲多少是有些例外的,甚至是更好的。19世纪欧洲历史学家更是被人们口中的法国大革命的普世思想,即自由、平等和博爱所感染,并溯源到古代希腊人,包括希腊人的民主和共和制度,希腊人从科学而不是宗教的角度来理解自然界的理性主义倾向。在最初讲述"西方的兴起"的时候,整个故事如同一场接力赛,由希腊兴起的民主思想传给了罗马人,而后者却丢掉了接力棒(罗马帝国崩溃后接下来是所谓的黑暗时期),但基督教登台,重新捡起接力棒继续向前跑去,在封建时代创造了独具特色的欧洲文化。古代希腊的遗产在文艺复兴时期被重新发现,并在启蒙运动时期得到阐发,最终在法国和美国革命以及"西方的兴起"的浪潮中得到完善。

如果说西方兴起在18世纪处于"进行时",那么到19世纪就达到了"完成时"。早在18世纪末19世纪初工业革命刚刚开始的时候,英国古典政治经济学家亚当·斯密、托马斯·马尔萨斯和大卫·李嘉图就形成了另外一个学术流派,他们的思想后来也被编织到西方兴起的故事中:资本主义工业的发展观念就是"进步",西方是"进步的",而亚洲(也涵盖非洲和拉丁美洲)是"落后的"、"专制的"。诚然,拿西方的美德与东方的缺陷进行对比也许的确可以追溯到古希腊时期,然而,亚洲国家,特别是中国的财富和统治方式曾给18世纪的欧洲人留下了很深的印象。随着19世纪欧洲加速推进经济变革,而亚洲大部分地区陷入内部衰落,斯密和马尔萨斯等分析家的思想发生逆转,他们认为西方朝气蓬勃、具有远见、不懈进取、自由自在,而亚洲则是停滞不前、目光短浅、专横跋扈。

卡尔·马克思和弗里德里希·恩格斯是新的资本主义世界秩序最犀利的批判者,但他们也相信19世纪的欧洲扩张主义正在给世界其他地区带来"进步"。就像他们在 1848 年出版的《共产党宣言》中所写：

> （欧洲）资产阶级，由于一切生产工具的迅速改进，由于交通的极其便利，把一切民族甚至最野蛮的民族都卷到文明中来了。它的商品的低廉价格，是它用来摧毁一切万里长城、征服野蛮人最顽强的仇外心理的重炮。它迫使一切民族——如果它们不想灭亡的话——采用资产阶级的生产方式；它迫使它们在自己那里推行所谓的文明，即变成资产者。一句话，它按照自己的面貌为自己创造出一个世界。[3]

然而，在西方历史概念化的过程中更为重要的人物是马克斯·韦伯，他是一位德国社会学家，在 19 世纪末 20 世纪初撰写了大量著作。韦伯和马克思都着迷于解释资本主义怎样、为何在欧洲且只在欧洲得到发展，但是韦伯的解释却与马克思不同。韦伯没有像马克思那样集中于"唯物主义"的解释，而是瞩目于西方价值和文化的方方面面，他尤其认为源自新教的理性主义和工作伦理对资本主义的兴起至关重要。韦伯没有把他的西方兴起的思想仅仅建立在研究西方的基础上，他实际上还考察了中国和印度社会，把它们与欧洲比较，最终得出结论，至少这两个社会——实际上涵盖了所有非欧洲社会——都缺少资本主义所必需的文化价值。他认为，尽管如此，它们也可以"现代化"，但必须经过一种痛苦的文化转型过程，去除它们那种妨碍资本主义发展的文化"障碍"。

"差距"及其解释

由上可知，从 19 世纪中叶开始，欧洲社会理论家已经意识到世界其他地区与工业化国家之间日益拉大的差距。在 20 世纪，斯密、马克思和韦伯的追随者们坚信，西欧人——且只有西欧人——已经破解了现代化的秘密，[4] 而其他人也可以效仿。他们进而提出了有关世界历史发展的"扩散主义"理论：欧洲人首先发现了如何通过工业化致富，日本和其他一些地方向欧洲人学习并迎头赶上，全球的任何一个地方也终将如此（过去三十年里"中国崛起"的故事证明了这一点),但前提是能够认清并去除妨碍它们走向现代的那些本土制度和文化特质。

如今我们以 21 世纪初的角度来看,这些观念似乎令人难以置信,尤其是考虑到世界上极贫与极富的地区之间的差距仍在继续拉大,工业化所带来的环境问题比比皆是。然而,重要的是记住这一事实:18 和 19 世纪欧洲的理论家,包括斯密、马尔萨斯、李嘉图、马克思和韦伯,都采纳了欧洲例外论的观点,并想方设法予以阐释,以此作为他们主要的研究目标之一。这些人是现代社会科学理论的奠基者,在 20 世纪,所有的社会科学,特别是社会学和经济学,实际上已经将欧洲例外论消化吸收,将其作为基本前提。20 世纪的历史学家采纳并完善了这种社会科学的见解,以使他们的历史研究更为"科学",因此,他们也着迷于探究欧洲例外的起源及其原因。然而就像我们将要看到的,欧洲人并非例外。关于大约 1800 年之前的世界历史,重要的论点之一就是亚洲与欧洲具有普遍的可比性,两者之间更多的是惊人的相似而非实质性差异。然而,时至今日,仍有一些历史学家在努力寻找欧洲人为什么被视为例外并因而优越的答案,尽管很多人认为这本身就是一个伪命题。

在第二次世界大战之后,这种历史研究造就了一大批学者,他们都在寻找能够解开一位经济史学家所谓的"欧洲的奇迹"[5]之谜的钥匙。他们认为西方的兴起是一客观事实,并以此为研究的出发点,但是,关于"兴起"和"奇迹"何时并且为什么出现,他们的回答各不相同。我们首先讨论"何时"这一问题,因为在许多情况下它与"为什么"紧密相连。

1492 年哥伦布航行到达美洲,1498 年瓦斯科·达·伽马绕过非洲到达印度。亚当·斯密认为这是两个最具历史意义的事件。正如斯密在 1776 年出版的《国富论》中所写:"美洲的发现以及绕过好望角到达东印度的航路的发现,是人类有记载的历史上两个最重大的事件。"马克思也认为这两个年份至关重要,20 世纪一些坚持马克思主义传统的学者把随之而来的欧洲殖民主义、奴隶贸易以及对美洲和亚洲的殖民地的剥削视为西方兴起的主要原因。对于欧洲的兴起是以对其他地区的剥削为代价这样一种观点，许多非马克思主义者予以反驳，[6]认为这即使正确，也是一个棘手而又尴尬的问题，因而他们把注意力转向以西班牙人征服新大陆为开端的欧洲殖民主义以前的欧洲文化的那些方面。

在第二次世界大战之后，一些研究西方兴起之源的学者为了避免把西方的兴起归因于欧洲的殖民冒险——而非其固有的优势——可能引发的窘境，开始追溯遥远的欧洲历史，去寻找最能贴切地解释欧洲特殊发展的那些因素，有些研究追溯到11、12世纪的中世纪时期，有些甚至追溯到古希腊。许多因素得到论证，其中除了韦伯所讨论的文化价值外，还有环境因素（温带气候刺激辛勤的劳动，或者贫瘠的土地推动农业的革新），技术因素（耕犁、马镫或放大镜），政治-军事因素（导致绝对君主专制和民族国家产生的封建主义、战争技术的改进），人口因素（小型家庭刺激资金积累）。在有些历史学家看来，是所有这些因素或其中某些因素在综合起作用。[7]

这一大堆研究成果似乎说明，欧洲具有一些无与伦比的特征，使它且只有它能够率先进入现代化。欧洲由此获得了向全球扩散"现代性"的道义和权力，欧洲之外的地方则因文化的、政治的或经济的"障碍"而无法独立自主地产生"现代性"。因此，这一故事情节企图为西方兴起进而主导世界做出解释、论证和辩护。本书将揭示，至少在1750年之前，亚洲的大部分地区在工业方面较欧洲占有优势，届时，我们就会发现上述理论是多么的荒谬。

近期关于亚洲的学术研究正在改变着我们对于现代世界是如何及为何发展的理解。除此之外，另外一个视角，即环境史，也在改变着我们对发展结果的看法。一般认为，环境史探讨的是人类与环境之间相互作用的诸多方式——环境制约人类社会，人类反过来改变环境以适应人类的需要，随之而来的环境后果又造成了人类所面临的一系列新问题。环境史这一新领域出现于1970年前后，那时在美国和欧洲出现了诸如大气、水和土壤的工业污染等一系列环境问题，迫使历史学家去思考它们为何及如何发生。近来，由于人类对全球生态过程——诸如碳和氮的循环——的影响已日趋明显，环境史学家越来越多地从全球的角度展开研究。[8]

在详细说明为什么这些因素都至关重要之前，首先简要介绍一下本书所使用的一些地理单位。上面两段谈到了对"亚洲"和"欧洲"进行比较，言下之意有两点：其一是这些地理单位具有可比性；其二是它们各自具有某种类型的同质性，使两者互相区别开来。这种假定本身就存在着问题，对亚洲来说尤其如此，因为亚洲包括了差距甚大的社会：从东亚的中国和日本，到中亚的游牧民族，再到南亚的印度和以穆斯林为主的西亚（中东）。如果认为欧洲涵盖了从葡萄牙到俄罗斯的广大地区的话，其间也鲜有一致性。不仅如此，到我们所讲述故事的后期（至少到1850年左右），亚洲还占有世界上大约三分之二的人口，几乎在每个方面都胜过欧洲。在这个意义上，欧洲和亚洲缺少可比性。此外，我在本书中提出的一个最重要论点是，要理解现代世界的起源，需要以全球视野审视如下问题：广阔的亚欧大陆以及非洲是如何相互联系的，在1500年后，新大陆是如何走进我们故事中来的。最后，即使"中国"、"印度"以及"英国"或"法国"这样的地理术语也都掩盖了各自边界内的诸多差别，包括不同的民族、众多的语言或方言、悬殊的财力和势力。尽管如此，在故事的开篇我还是要用这些地理术语确定方位，但是读者应该认识到，用庞大的地理单位笼而统之，并非在任何时候、在该地理概念内的任何地方都是正确的，同时还应认识到，实际上真正能够用于比较的是中国的某些部分、英国或荷兰的某些部分、印度的某些部分。

读者也许会感到疑惑，为什么西方的兴起这一议题关系重大？该问题实际上是，为什么要研究历史？简单讲，我们对过去的理解——我们是谁，我们从哪里来，我们为什么在这里——能够让我们明确我们当前的状况，能够为我们塑造未来的行动提供启发和借鉴。"西方的兴起"的故事孕育出一些观念，它们被用于解释我们生活于其中的世界的性质。很多人认为这些观念，尤其是市场资本主义和民主制度，只能源自西方文明，但因其"完美"而具有普适性，不仅适合西方，也适合于任何人。依据该假定，当今世界几乎所有问题的解决办法就是采用私有制和自由市场，至少美国和欧洲的政治领导人持这种观点。[9]因此，对于苏联解体后的俄罗斯、中国的共产党领导人、墨西哥、尼日利亚和印度尼西亚领导人所面临的各种问题，西方领导人给出的答案是"更多的民主和自由市场"。其信条是，想象中推动西方兴起的制度和价值观是普遍适用的，能够并且必须为全世界所采纳。这就变成了一种政治图谋。

这种看待现代世界兴起的方式，是以想象中的西方文化优势为基础来理解西方的兴起及其体制向世界其他地区的传播。可是，如果这种方式是错误的，那又该如何呢？过去30年的一批新研究成果表明，这种错误的可能性是存在的。

如今，不再是所有历史学家都把世界当成区区几百年前在欧洲开始的一些普遍性的、必然趋势的延续。许多人看到的是这样一个不同的世界：在1750年或1800年之前，无论人口、工业还是农业生产方面，中心都在亚洲。由此一来，由工业资本主义和民族国家构成的欧洲世界不仅是相当晚近的事情，也是对长期以亚洲为主流的历史趋势的逆转，虽然这种逆转能够维持多久仍是一个大问题。[10]欧洲人绘制的西方兴起的图画，或许掩盖了最初这一幅，但是亚洲的实力和经济活力的原貌又开始重新显现出来。艺术家把一幅画显露了它所覆盖的原画或某些部分这一现象称为原画再现（pentimento）。正像本书意欲揭示的，随着我们更多地以新的视角看待世界及其过去，西方的兴起在我们大脑中描绘的图画就会越发淡化，并显露出另外一幅被其掩盖的风格迥异的图画。不过，为了看清这幅图画，我们不得不首先对欧洲中心论予以剖析。[11]

欧洲中心论

有这样一种观点："西方拥有一些无可匹敌的历史优势，在种族、文化、环境、思想或精神方面有一些特质，使这一人类共同体相较其他共同体有着永久的优越性。"有位评论家认为上述观点是一种神话，一种欧洲中心论的神话。[12]另有一位评论家认为，欧洲中心论是一种意识形态，是西方为掩盖其全球霸权目的而披上的合理外衣，是对真相的歪曲和篡改。[13]还有一位评论家则认定它是一种"理论模式"，是关于世界如何运行的诸多解释中的一种。[14]在这一小节，我们将从两个方面分析评论家们所谓的欧洲中心论：第一，它究竟是什么；第二，我们究竟在多大程度上可以把它视为是错误的，是一个神话、一种意识形态、一种理论或者一种主导叙事。

在评论家们看来，欧洲中心论的本质并不仅仅在于从欧洲的视角看待历史（即"中心论"的含义），它并不仅仅是众多种族中心主义世界观中的一种。纯粹的种族中心主义观认为，尽管世界上有许多不同的民族和文化，但我们自己的东西要好于其他，因为它们产生于我们的民族和文化。简单地说就是我们的东西比你们的优越。欧洲中心论也强调西方文化的优越性，认为一切优良的、先进的、新颖的，都只能源自欧洲；然而除此之外，它还认为这些特质具有普遍适用性：并非为欧洲所特有，到20世纪已经渗透到全球的大多数地区。

评论家们认为，进一步深究可以发现，欧洲中心论世界观把欧洲视为世界历史的唯一主动创造者，或者称之为世界历史的"本源"。欧洲动，则世界动；欧洲具有"能动性"，而其他只能从动；欧洲创造历史，而其他地区在接触欧洲之前没有自己的历史；欧洲是中心，而其他地区是边缘；只有欧洲人能够首创社会变革或现代化，而他人则不能。

在评论家们看来，欧洲中心论在更深层次上不仅是一种认为欧洲自古至今都具有优越性的观念，而且是"一门……学问"（即一种业已确立的"事实"）。[15]它不是一种"偏见"，而是一种辨别真假的方式。从这个意义上说，欧洲中心论是一种认知方式，它给其践行者眼中的"事实"划定了一个标准。这样，欧洲中心论就成了一种思维范式，一套关于世界如何运行的假定，从中引出的问题便可通过搜寻有关"事实"来解答。[16]

最后，美国人对欧洲中心论关于世界及其历史形成的观点深信不疑。实际上，美国历史经常被视为西方文明的顶峰，是最标准最完美的呈现。不论学生或教师承认与否，用欧洲中心论的视角表述欧洲史，甚至世界史是司空见惯的事，而且在大多数情况下人们认为这种历史是"信史"。单纯地收集再多的事实也不足以驱除欧洲中心论观点的影响，因为从内部找到的事实都倾向于证明所处母体的真实性和正当性。即使收集到的某些事实与此不符，它们也大都被视为反常现象而遭到摈弃或无视。欧洲中心论也是如此。如果欧洲中心论关于西方的兴起的观念是错误的，我们又如何知道呢？正确的方式是，走出对世界现状形成过程的欧洲中心论解释模式，尝试用其他方式来理解那些塑造了我们的世界的重大转变。

读者在此也许会感到有些自相矛盾。一方面，我一开始就指出，现代世界的许多主要特征源自欧洲，并且认为，历史研究能够解释工业、民族国家、贫富差距以及人类对全球环境与日俱增的影响如何能够决定我们的世界。另一方面，我又否定了关于现代世界起源的惯常的欧洲中心论的解释。对于一个具有欧洲特色的世界，怎么会有一种非欧洲中心论的解释呢？简单地说，要做到这一点，我们可以扩展我们的故事情节，把那些至今被排除在外或被忽视的世界部分地区包括进来，我们可以从其他地方开始和结束我们的故事。[17]当这样做的时候，我们将发现，只有一种新的全球性的故事情节——不是以欧洲为中心——才足以解释现代世界的起源。

故事及其历史叙述

对历史学家来说，重要的是构建一种叙述，即一个有开头、发展和结尾的故事，以搞清我们的所知是如何而来、如何判断对于过去的表述正确与否。[18]西方的兴起是一个故事，并且可以肯定地说是在欧洲中心论中处于核心地位的一个故事，它提供了一种为故事情节遴选相关事实的标准。但是，由于西方的兴起渗透到上面提到的所有其他史学研究，因此它不再仅仅是另一个故事或者另一种叙述了；历史学家阿普尔比、亨特和雅各布称之为"主导叙事"、"一个用于解释和书写历史的宏大模式"、"一概而论的起源故事"。[19]

因此，判断"西方的兴起"这个故事是否错误的唯一方式，是构建关于世界之所以成为今天这样的另一种叙事,也即我们不得不走出西方的兴起这一母体本身。这样做将达到三个目的:第一,这将提供一种独立的方式,去判断西方的兴起这一范式哪些部分——如果有的话——是可取的,哪些部分是应该剔除的;第二,它将帮助读者批判性地审视他们自己对于世界运行方式的假定;第三,它将提出一个更普遍的问题,即对于世界及其历史,我们所知道的一切究竟是从何而来。这就是这本简明历史的任务。在本导论接下来的篇幅中,我将概述一下这种新的叙述的诸要素。

首先,我需要介绍另外三个概念,即历史的偶然性(historical contingency)、偶然事件(accident)和偶合(conjuncture)。我们先从偶然性开始。西方的兴起的故事情节中有一个很强烈的暗示——虽然几乎无人把它挑明,即世界发展到今天,所走过的道路是唯一可行的。它主张从罗马帝国灭亡以来甚或从更早的希腊人开始,欧洲就享有历史优势,甚至主张这种优势是欧洲人的遗传特征所致。因此,其言下之意就是西方的兴起是必然的。虽然这一过程中伴随着曲折和起伏,时断时续,但西方最终将超越世界其他所有地区。

虽然我们不得不面对在过去的200年里欧洲及其分支(如美国)在政治、经济和军事方面的主导地位,但没有理由认为这种主导地位是必然的,同样也不能认为这种优势地位是持久的。事实上,它之所以看起来是必然的,原因仅仅在于那个故事情节以欧洲为中心。一旦采纳了更为宽泛的全球性观点,西方的优势在时间上就大大推后了,或许推后至1750—1800年,甚或是19世纪早期;与此同时,我们将更加明了西方的崛起有赖于世界其他地方的各自发展。

最为重要的是,推动全球贸易以及随之而来的思想、新型粮食作物、手工产品的交流的经济引擎就在亚洲。大概早在公元1000年,中国经济和人口的增长就推动了整个亚欧大陆经济的发展;另外一个高峰发生在1400年后,并一直延续到1800年左右。亚洲对于白银有着巨额的需求,以维持中国和印度经济的发展。同时,亚洲还是手工业品(特别是纺织品和瓷器)和香料的最大产地。在我们的叙述中,影响同样深远的还有伊斯兰教的产生以及伊斯兰帝国的扩张。这种扩张从 7 世纪延续至 17 世纪,向西扩张到地中海,向东扩张至印度洋,甚至远达印度尼西亚。一方面,亚洲吸引了整个亚欧大陆商人的注意力和兴趣,另一方面,伊斯兰帝国又阻碍了欧洲人与富庶的亚洲的直接联系,这推动欧洲人去寻找通往印度洋和中国的新航路。

哥伦布"发现"美洲以及瓦斯科·达·伽马绕过非洲进入印度洋后,欧洲人在新大陆找到了巨额白银,用以购买亚洲商品;并且找到了非洲奴隶供应地,在欧洲疾病导致大部分美洲土著居民死亡之后得以利用奴隶在新大陆开发种植园。如果没有随之而来的这些后果,那这两个事件对于欧洲人的命运就不会带来太大转变。就像我们将要看到的,欧洲少数先进地区创建了一系列制度,找到了新的财富和权力的源泉,从而建立起对世界其他地区的主导地位,所有这些都仰赖上述及另外一些进展。

迟至 1750 年,欧洲部分地区达到了亚洲重要地区的发展水平。此时,亚欧大陆所有这些发达地区——包括亚洲的和欧洲的——在进一步发展时都遭遇到环境的限制,只有英国是个例外。得益于便利的煤炭储藏,英国人以蒸汽这种新动力为基础实现了工业化,由此摆脱了环境的束缚。在 19 世纪早期,这种新的能源用于军事,到那时,也只是到那时,平衡才向着有利于欧洲人而不利于亚洲人的方向转化,英国人率先跨出一步,向着畅通无阻的全球主导地位大踏步前进。在这里,关键一点在于西方的兴起并不是不可避免的,而是有着相当大的偶然性。我们生活的世界也许会是另外一个样子,从历史来看,没有任何东西——除非你采纳西方兴起的观念——能够证明世界不得不由西方制度来主导。

不仅如此,如果西方的兴起并非必然而是偶然的,那就意味着未来也是偶然的,这正是我们如何看待过去至关重要的原因所在。如果在过去任何人所做的任何事情对于历史的结局都没有什么改变,那么,我们现在能做的事情也不能塑造我们的未来:现存的一切都在不断发展、延伸,我们深陷其中,除非一些重大的历史偶然事件把我们推往不同的方向。一方面,如果历史——以及我们所认识的历史——具有偶然性,那么我们现在的行为就有改变世界的可能。我们没有被束缚，相反，我们（不仅仅指美国人或西方人，而是世界上所有的人）能有所作为。如果过去原本可以是另一副面貌，那么也可以有一个完全不同的未来。另一方面，"偶然性"并不意味着在过去的200年中欧洲的世界主导地位是一个偶然事件，因为那种发展有很多原因，本书后面的章节将予以详细阐明。[20]

但这并不意味着历史的偶然事件不会发生，因为它们的确发生过。我举两个本书后面将要讨论的例子。世界大部分地区不久前还处在农业社会，在这样一个社会，气候变化对收成多寡有着重要影响，这种影响不仅只体现于一年之中，而是持续数十年。更适宜的气候条件可以带来更大的丰收，从而降低关乎每个人的食物价格，刺激经济的发展。恶劣的气候条件，如波及世界大部分地区的17世纪的"小冰期"，把整个经济置于一种非常严峻的境地并导致严重的世界经济危机，我们在第三章将会看到这些内容。虽然我们现在的气候问题具有人为因素，因而从原则上讲，是可以通过人类的行动加以改善的，然而就过去的气候变迁而言，由于其不可预测性并且超出了人类的可控范围，因此它们属于偶然事件。

另有一个"偶然事件"，它对于煤及其与工业化的关系这段历史至关重要。由于地质作用，煤炭矿床数亿年前在地下形成，而人类生活的地方恰巧有煤炭矿床存在纯属偶然，过去一百年里所使用的其他矿物燃料（如石油等）也是如此。有些煤矿位于人们既需要又懂得如何利用它们的地方，有些距离非常遥远因而不可利用。例如，荷兰有泥煤，但不是煤炭，这是其经济在18世纪增长缓慢的一个原因；而英国的经济却凭借煤炭的储量巨大、运输距离短和易于开采得以加速。因此，就人类历史而言，煤炭资源的分布纯属偶然现象，但对于哪些国家实现了工业化而哪些国家没能实现工业化，它肯定产生过巨大的作用。

接下来是偶合的观念。当好几个原本各自发展的事件碰在一起并相互影响的时候，历史的偶合便出现了，这是独一无二的历史时刻。从本书的论述需要来说，思考这种现象的一种方式是设想世界上有几块在一定程度上相互独立的地方，并因此有各自的历史。例如，在15世纪早期的中国，由于独特的历史环境,政府决定采用银本位货币制度。但是,当欧洲人在新大陆发现了巨大的白银储量并察觉到中国的白银供不应求的时候,中国政府的这一决定就在16和17世纪产生了全球性的影响。结果,白银涌入中国(和印度),而亚洲的丝绸、香料和瓷器则流向欧洲和新大陆,从而开创了全球化的第一阶段。这就是一个偶合:世界不同地区因各自具体情况而发生的事件随之产生了全球性的重要作用。

当原本各自发展的事件汇合到一起并互相影响时,历史偶合也可以发生在某个特定的地区内。例如,民族国家作为欧洲政治组织的主导形式,其起因本来与导致工业化的原因各不相干。但是,当这两者在19世纪汇合在一起并创造了一个历史偶合之时,特别是当这两者成为欧洲军事优势地位的基础之时,一股强大的全球性力量便出现了。

我们关注偶然性、偶然事件和偶合,这意味着我们对于现代世界形成过程中的重要进展要从多方面而非单方面分析原因。一元论的解释过于简单,难以道清民族、社会和历史变迁的复杂性。因此,我们不应去寻找工业革命的"唯一"原因,因为这种原因根本就不存在。相反,我们应当寻找那些大大有助于解释工业革命的诸多复杂因素。之所以说是"大大有助于",原因在于我们要为其他可能性留有余地。随着研究的日益深入或随着视角的转变,我们也许会发现本书所作解释的缺陷。

综上所述,本书对于现代世界形成的叙述——包括工业资本主义世界、民族国家体系及国家间的战争、世界上极贫和极富的地区间日益增大的差距以及人类对环境与日俱增的影响——将充满着偶然性、偶然事件和历史偶合。我们今天的世界本来有可能是迥然不同的另一副面孔。直到大约200年前,亚洲、非洲、中东和美洲的地域广袤的帝国仍然掌握着人类管理自身、促进人口增长的最佳方式。如果不是一系列的偶然性、偶然事件和历史偶合,我们也许还生活在一个农业帝国的世界中。

然而,一种叙述除了场景或故事情节外,还需要有开端、发展和结尾,对它们的选择会大大影响所叙述的故事本身。对于这里所讲述的现代世界的形成,我们选择1400年左右为其开端。之所以这样选择,原因是它早于 16 世纪早期的环球航行，便于我们考察在全球首次真正联系起来成为可能之前的世界及其发展动力。故事的发展环节围绕着 1750—1800 年工业革命的肇始而展开，借此解释为什么最具决定性的那些事件首先发生在英国而不是世界上的其他国家。在本书的第一版中，故事结束于 1900 年左右，因为在那时，工业资本主义和民族国家已全面呈现于全球范围内。第三版将把故事续写到 21 世纪。

本书对世界历史的叙述还力求是一种建立在环境基础上的非欧洲中心论的叙述，即在现行关于西方兴起的主导叙事所形成的故事情节之外，再提供另外一种。但这重要吗？为什么我们会用心构建关于现代世界形成的一种新颖的、非欧洲中心论的叙述方式？这个问题可以从不同层面上予以回答。首先，总体说来，西方兴起的故事在一些根本性的方面也许是误导性的或错误的，即使它的某些部分也许是正确的。例如，关于"欧洲的奇迹"的发生原因，近来最具权威性的解释之一所关注的是家庭以及每个家庭所养育的孩子数量。这种观点认为，在 14 世纪中叶的黑死病肆虐后，各种经济和环境压力迫使欧洲家庭晚婚，这样就减小了家庭的规模。孩子数量减少意味着农业家庭能够开始积累资本，因此把欧洲推上了"勤业革命"（industrious revolution）的道路。根据近来一本历史著作的说法，"由于晚婚，欧洲农民走上了一条把他们与世界上其他居民区别开来的道路"。[21]

也许西欧农民的确晚婚并借此摆脱了那些"本能行为模式"（即无序生育），而这些模式被认为是其他民族陷入人口膨胀和贫穷的罪魁，然而很明显，欧洲农民的这种做法并不是独一无二的。近来关于中国的一部著作表明，那里的农业家庭也限制家庭规模，也许持续的时间还要长一些，虽然所采用的方法有别。[22] 仅仅通过这样一个例子，欧洲人无与伦比的论断和欧洲"兴起"的原因中一个支柱性的观点就被动摇了。实际上，学者们近来的研究表明，那些用于标榜造成"欧洲的奇迹"的各种因素中，几乎每一种都可以在世界其他地区找到，[23] 也就是说，它们并不是欧洲独有的，因此不能用于解释西方的兴起。

本书的叙述是非欧洲中心论的，原因还在于，它的大部分内容将探讨在许多世纪中，至少到大约 1800 年为止，与欧洲最发达地区相比，世界其他地区的发展水平更高，或者至少不亚于前者。如果没有用英文撰写的关于亚洲、非洲和拉丁美洲的大量学术成果的问世，本书是不可能写成的，它们是构建非欧洲中心论叙述的基础。在过去 200 年问世的著作中，大部分是欧洲人为了研究他们自己的历史所写，这是一个偶然事件。但现在，我们非常幸运，因为我们对世界的认知不再依赖于这一偶然事件了。就像一位评论家所说，直到最近，历史学家还像在街灯下努力寻找丢失的汽车钥匙的醉汉，当警官问他为什么在那里寻找时，他说"因为这里才有灯光"。所幸的是，学者们现在把大量的灯光投向世界其他地区，我们不用在黑暗中摸索了。我们现在对于世界其他地区的了解使我们能够对西方兴起的主导性叙事提出质疑，并开始构建另外一个非欧洲中心论的叙述。

如果说西方兴起的概念不能充分解释为什么西方及其制度在过去 200 多年里成为世界的主导力量，那它就更不能解释东亚在过去 40 年的持续攀升了，[24] 继续使用这一概念实则是在延续一种神话。一些神话也许真的无害，或者至少人们认为它们无害，就像我们感觉希腊人或美洲土著人关于星座的故事引人入胜那样。但西方兴起的理论中存在这样的固有观念，即，在几个世纪——如果不是一千年——中，有一群人是优等的，而所有其他人的低劣以这样那样的方式表现出来。如果一个神话是在维持这样一种观念，它就对其他人造成了伤害，应当遭到抛弃。

基于环境的非欧洲中心论叙述诸要素

首先，我们应当把整个世界作为研究的单位，而不是具体的国家甚至区域（例如"欧洲"、"东亚"）。[25] 我们将有机会讨论具体国家和帝国的发展状况，但往往会把它们置于全球的语境之中。比如，我们将看到，虽然工业革命开始于英国（实际上仅仅是英国的一个地区），但与其说是出于英国人的胆量、独创性或政治因素，还不如说是出于包括印度、中国和新大陆殖民地在内的全球进展。换句话说，历史地看，工业革命是全球性力量偶合的结果。

然而，采用全球的视角并不意味着世界始终是一个互相联系的整体，它只有一个中心，发展和进步从那里辐射到欠发达的区域。相反，按以下方式设想1400年的世界会更加合理：它由几个区域体系组成，换句话说是"多中心的",[26]其中每个区域都有人口密集、工业发达的核心地带，这些地带依靠周边地区的供养。虽然贸易和文化交流的确意味着世界大多数区域在边缘地带是相互影响或者相互重叠的（美洲的各区域体系是个例外，它们之间尽管相互影响，但与亚欧非的交流却是在1492年以后的事情），但是这些区域所发生的事情更多地源于各自特有的发展动力。

1400年的世界是多中心的，就发展水平和环境条件来说，亚欧大陆大部分地区在总体上具有可比性。这些假定有助于我们理解一个日益一体化的世界是如何形成的，西方人是如何并为何能够主导它。欧洲中心论模式的实质在于，发展和进步源自欧洲，从那里向外辐射至世界所有其他地区：欧洲人是主动的，世界其他地区是被动的或停滞的（直到被迫对欧洲做出反应）。[27]

相反，在本书的叙述中，我们将发现中国和印度扮演了尤其重要的角色，如果不能理解亚洲的发展，我们就无法理解现代世界如何并为何形成了现在的面貌。我们将知道中国如何并为何会对白银有如此大的欲望，以至于形成了全球性的需求，把全世界的白银都吸纳到中国，并且使世界市场上充斥着中国产品。我们还将考察其他商品及其全球供需情况，特别是糖、奴隶（很不幸，人本身也沦为商品）、棉纺织品，它们最初都生产于——而且更高效地生产于——欧洲以外的世界其他地区。这其中，生态环境至关重要。

本书在构画关于现代世界形成的基于环境的非欧洲中心论图景时，将强调历史的偶然性和历史偶合；中国和印度；白银、糖、奴隶和棉花。

第一章 1400 年前后的物质世界和贸易世界

我们出生和成长的环境（包括人类世界和自然世界）既非我们自己的选择，亦非我们独立的创造。其中的人类世界由社会结构、经济结构、政治结构以及文化结构组成。这些大的结构变化十分缓慢，其变化极少是哪一个人有意而为，在大多数情况下纯粹是一些宏大进程的结果，这些进程不易觉察，往往由大规模的、持久的社会运动所导致，或者正如下文即将看到的，发生在历史偶合出现的时候。除此之外，生物圈是 1400 年世界的另外一个组成部分。它养育着地球上的所有生命，包括人类。人类从所处的环境中摄取足够的能源和营养素，不仅仅是为了生存而且也为了尽可能多地繁衍后代，在这一过程中，环境日益被改变并且日益人类化。

为了理解伴随现代世界起源而发生的一系列巨变，我们有必要从 1400 年人类繁衍生息于其中的某些自然和人类结构开始叙述。当然，我们不可能考察那时人类生活的方方面面，因此我们必须有所选择。我着重选择的是 1400 年世界的两个主要的结构层面。首先是大多数人赖以生存的物质和自然环境，那是一个绝对的农业世界，或者称之为 "旧生物体制"（the biological old regime）；其次是把旧大陆大多数地区联系在一起的贸易网络。因此，本章要介绍两类世界，其一是物质世界，人们在其中的生活受到相当的局限，其二是贸易或商业世界，它把世界的部分地区日益广泛紧密地联系起来。为了说明这两个世界的相互联系，本章最后考察 14 世纪中期流行于西欧和东亚的黑死病的原因和影响，那是降临人类社会的重大灾难之一。

本章还要介绍一些关键性概念，它们将在全书使用。本章大多数内容集中于物质世界，特别是人口的规模和大多数人所赖以生存的经济、社会和环境状况。本章要介绍的概念包括文明的兴起和农业革命，城镇或城市与乡村的关系、统治集团与农民（peasants 或 agriculturalists, villagers）的关系、文明与游牧民族的关系、人类与环境的关系。这些关系总起来构成旧生物体制，它的运行在14世纪中期爆发的黑死病中得到检验。

我们还要考察1400年前后所存在的世界体系。今天，关于全球化的利弊有很多说法。在这种语境下，很多人明显认为全球化是一个新现象，不管他们认为它的总体影响是有利的还是有害的。然而，我希望读者在阅读本书的过程中能够认识到，"全球化"并不是一个新现象，很久以来它一直在展开着。本章的关键性概念还包括"多中心"（该概念用于描述多中心的世界体系）、核心地区和边缘地区（它们被用于描述单一的或多中心的世界体系）。

关于15世纪的世界，另外一个重要观点是，它的大多数居民——不论他们在哪里生活，不论他们的文明程度怎样，也不论他们的民俗如何——所面对的物质世界是基本相同的。原因在于人必须吃饭，而在距今4000—11000年期间发生的农业革命之后，大多数人维持生计的方式是从事农业生产。诚然，人们的主要农作物是小麦、黑麦还是水稻也许会导致生活差异的出现，但所有农民在处理与自然、统治集团以及相互间的关系时都会面临同样的困境。鉴于此，本章的大部分内容将涉及对于理解1400—1800年的物质世界至关重要的社会、经济、政治结构和环境约束。接下来各章将叙述1400年以后所发生的故事；我们在本章构建一种物质生活的背景，以此为参照，可以看清世界所发生的变化。

旧生物体制

地球上人口的数量是衡量人类创造物质条件成功与否的一个重要指

标，在不同的物质条件下，人口的数量会有升有降。当然，人口增长的动力因时间和地点的不同会有巨大的差异，本章将对其中一些予以讨论。但首先我们还是简单估算一下全球的人口总数。

数字的分量

这里我们看一下数字的分量（the weight of numbers），[1]以便得到一幅全景图。今天，地球上的人口已超过70亿。而在六百年前的1400年，人口数量只是这一数字的6%，即大约3.8亿，略多于2010年3.1亿的美国人口。到1800年，人口增长了一倍多，达到9.5亿。[2]不仅如此，在从1400年到1800年的四百年中，有80%的人是农民，他们以土地为生，是自己和其他人所需食物的生产者。世界绝对是农业性质的，用于生产食物的可利用土地和养料是约束任一特定时刻人口数量的恒定因素。在这一时期的大部分时间里，人口的升降形成了延续几个世纪的巨大起伏，尽管在这样长时段的趋势中上升是非常缓慢的，而下降却是陡然的、急速的。把视野放得更宽一些，我们可以看到在过去的一千年中，人口的增长和下降形成了三次大的起伏。以公元900—1000年为开端（中国和欧洲也许是同时的），人口增长一直延续到1300年左右，由于黑死病的影响在1350年左右一落千丈。另一个增长时期开始于1400年左右，直到17世纪中期开始下降。第三次增长开始于1700年左右，至今还没有停止，虽然人口专家预测在2050年人口将达到顶峰的90亿—95亿。

气候变化

现在看起来，气候变化是影响前现代世界范围内人口增长的一般原因。由于关注我们目前所面临的全球变暖问题，历史学家和气候学家重新研究了过去的气候，的确发现了在气温和降雨方面的巨大变化。[3]气候变化与人口增长之间的联系是非常复杂的，但是主要的联系表现在对于食物生产的影响，在一个80%—90%的人口以土地为生的世界更是如此。气温、光照和降雨的变化影响所有有生命的物种，包括小麦、水稻和树木。温暖的气候会提高产量,而寒冷或干旱的气候则导致歉收并酿成灾难。持续的寒冷严重影响到食物的供应,并因此降低了社会供养现有人口的能力,从而导致人口下降。相反,普遍的温暖环境可能意味着庄稼的丰收和人口的增长。[4] 但是正如我们即将看到的,自 1700 年以来,气候变化对人口增长的影响减弱了,在这个时期,新大陆的资源和工业化减轻了以前那种对人口增长的束缚。

人口密度与文明

1400 年的 3.8 亿人并不是均匀地分布于地球的表面,而是聚集在为数不多的几个人口密度较高的区域内。实际上,在地球 6000 万平方英里的陆地上,大多数人只生活在其中的 425 万平方英里上,仅占陆地面积的 7%。原因自然是这些陆地最适合发展农业,而其他地区则被沼泽、草原、沙漠或坚冰所覆盖。

不仅如此,地球上这些人口密度高的地区只相当于十五个高度发达的文明地区,其中最引人注目的是(从东往西)日本、朝鲜、中国、印度尼西亚、印度支那、印度、西亚伊斯兰世界、欧洲(包括地中海地区和西欧)、阿兹特克和印加。令人震惊的是,1400 年的 3.8 亿人几乎全部生活在只占地球表面非常小比例的狭小文明地区内。更令人震惊的是,今天的现实依然如此:世界的 70 亿人中有 70% 仍生活在那同样的 425 万平方英里的土地上。[5]

过去,人口最密集的聚集地在亚欧大陆(今天在很大程度上也是如此),中国在东,欧洲在西,印度在南,而在漫长的历史岁月中,中国与欧洲的人口几乎是持平的。相对世界其他地区来说,这三个地区的人口数量是巨大的,仅仅中国就占世界人口的 25%—40%(在 18 世纪曾经达到 40%),欧洲占 25%,印度占 20% 左右。换句话说,在 1400 年,仅这三个地区就占有世界上约 70% 的人口,而到 1800 年则增长到 80% 左右。这些惊人的数字在很大程度上解释了为什么发生在中国、印度和欧洲的事情在本书中扮演了那么重要的角色。

十五个人口稠密、高度发达的文明地区有一些共同特征,其中最主要的特征是那些居住在乡村提供食物的人们与那些居住在城市消费这种食物生产所带来的剩余物的人们之间的关系,尽管城市的统治集团为保证在乡村生产的食物顺利运到城市所采取的措施也许是千差万别的。城乡之间的这种榨取关系历史悠久,可以追溯到农业出现的时代。

农业革命

大约11000年前,在世界上那个被形象地称为"肥沃的新月地带"(今天的伊拉克)的地方,人们最早学会了自己种植粮食作物和驯养动物,因而增加了可利用食物的数量。从狩猎—采集社会向定居的农业社会的这种转变持续了很长时间,而且至少在世界上的七个地区独立地发生着:大约11000年前在底格里斯河和幼发拉底河流域肥沃的新月地带,大约9500年前在中国北部,大约5500年前在如今中美洲的墨西哥,和大约4500年前在如今美国的东部地区。也许还独立地发生在非洲、东南亚以及新几内亚的部分地区。然而农业并非发生在任何地方:直到进入20世纪后很久,适宜动物放牧的草原仍保留着原有的特征。[6]

可以看出,农业的发展持续了漫长的历史时期,即使在它的发源地也是如此。有人因此反对使用"革命"一词。[7]但从人的生存、社会化以及死亡等方面来说,它毕竟是一个革命性的变化,因为农业的发展使直接生产者所生产的食物数量不断增加,超过他们自身每年的需求,换句话说,使"农业剩余物"成为可能,从而导致不必为生产自己的食物而奔忙的社会集团的产生,如祭司、统治者、军人和外来入侵者,后者一般是游牧民族。这种农业剩余物的存在意味着其他人可以拿走它,必要时可以采取暴力手段,但更通行的手段是税收。不论通过哪种方式,农民与不从事生产的统治集团间的社会分工出现了:农民的工作就是生产食物和剩余物,祭司的职责是解释世界究竟是如何来的、为什么会存在,而统治者的职责是保证剩余物不被外来入侵者侵犯。

农业革命还导致了"文明"的另外两个标志性特征的产生,即城市和文字。由于祭司和统治者不必自己生产食物，他们常常住在自己的大宅院里，与村民分开。统治者还把手艺人集中在他们周围，为他们缝制必需的衣物，制造武器，修建房屋，导致更大的人口聚集地的出现，即所谓的"城市"。在这里，统治集团计算并统计属于自己的农民人数以及他们所生产的食物的总量，特别是他们所欠赋税的数量，以此来管理自己的土地，从而发展起了计算和书写体系。除了计算人口和赋税外，书写还有其他用途，比如便于祭司记录他们的起源故事、推算农业和宗教仪式所需的历法、预测未来。

一个城市及其周围的农业地区通常不能自给自足，因此人们与其他城市或游牧民族通过贸易交换原材料（例如制造青铜器所需的铜和锡，后来还有铁矿石）或牲畜（特别是马匹）。如果所需要的商品还具有战略意义，就是说与军事实力密切相连，统治集团往往就不依赖贸易了，而试图通过控制产地来确保战略物资，甚至不惜采取武力。随着岁月流逝，这种动力导致大帝国的出现，就是那些地理范围巨大的政治单位，由一个统治集团管理和控制，其臣民常常通过租税的形式向统治者和地主缴纳农业剩余物。

1400 年的城镇和城市

虽然世界的大多数人口生活在乡下，但有着不同规模和功能的城镇和城市的确存在着，而且我们可以把城镇和城市的数量与规模当作社会总体财富的大致标志（或者换一种表达方式，当作农民为那些自己不生产食物的人创造足够剩余物的能力的标志）。1400 年世界上 25 个最大城市的名单丝毫不令人惊奇，因为它们中的大多数今天仍然还是大城市，但令人惊奇的是，1400 年世界上最大城市的人口只占世界人口的 1% 强。[8] 然而最令人吃惊的是，当时世界上最大的城市中竟有 9 个在中国，其中包括世界第一大城市南京。第二大城市是南印度的毗奢耶那伽罗，第三大城市是开罗。只是到第四名巴黎才轮到欧洲，欧洲在前 25 个大城市中占有 5 席。其他大城市还包括地中海沿岸的君士坦丁堡，从东向西横贯亚欧大陆的商路上的中亚枢纽城市撒马尔罕，同样是重要贸易城市的巴格达，还有在非洲贸易路线上扮演重要角色的摩洛哥的非斯。

1400年，这些最大的城市（其人口充其量从8万人到近50万人）只占世界人口的1%或者稍多，另有9%左右的人（3000万人）生活在规模从5000人到7.5万人的城镇和城市中。毫不奇怪，它们大多也在亚洲，其中特别是中国、日本和印度。与此形成鲜明对比的是，德国最大的城市科隆只有2万人。依据城市的数量和规模来衡量，1400年世界的财富集中在亚洲。

在乡下人看来，这些城镇和城市令人羡慕，在那里，达官贵人享用着农民梦寐以求的大餐，身着令农民的粗布衣衫相形见绌的华装丽服，大多数人无所事事。毋庸置疑，是农民所交的赋税、什一税和地租支撑起了这些城镇和城市，农民们也知道这一点。食物从生产地农村到消费地城市的转移也离不开环境因素：庄稼中所含有的营养素是从土壤中获取的，如果得不到补充，会导致地力的损耗、农业的破坏，从而导致那些社会的人们陷入危机。

游牧民族

以农业为依托的文明地区占据了亚欧大陆上最适合农业生产的地带。被称为草原的大片牧场，以及沙漠和沼泽，从东向西横亘在亚欧大陆上，由于常常干旱少雨或洪涝成灾，这些地区不适宜农业生产，但并非没有人居住。特别是在草原上，人类群体通过狩猎、采集和放牧来维持生计。[9]对这些游牧民族来说，在马背上迁徙是一种生活方式，哪里草木青青，他们就把成群的马、绵羊、牛和山羊带到那里。他们的生活并不能完全自给自足，因为他们需要城市生产的一些东西，如食盐、锅碗瓢盆、纺织品及其他手工制品。他们用马、肉、蜜或他们能够采集到而城市人也喜欢的其他东西来交换。这样，亚欧大陆上的文明地区和游牧地区就建立了一种共生的关系，它们之间相互依赖。

这两个群体的关系在大多数情况下是和平的，但游牧民族可以形成可怕的战斗力量。作为猎人，他们是熟练的骑手和弓箭手。当气候变化导致草场干枯从而威胁他们的食物来源时,他们会毫不犹豫地抢劫文明地区——不论是城市还是帝国——所储藏的食物。当然,文明地区的统治集团有军队——也有义务——保护食物储备免遭游牧民族的洗劫。对那些生活在文明中心的人来说,这些游牧民族是未开化的:他们没有城市,蛮横无理,目不识丁,也许还迷信鬼神。总之,他们是"野蛮人"。当文明地区由于各种原因衰落时,其厄运就不仅是游牧民族的抢劫了,往往还会遭到入侵,甚至毁灭或征服,所有这些都曾发生过。其中最著名的例子是罗马帝国和中国汉帝国的崩溃(公元300—600年,本书不予论述),还有我们很快会看到的蒙古人在13世纪对中国和欧洲的入侵。自然而然地,当"文明"中心衰落时,统治者有时把游牧民族的士兵编进他们的戍边部队,这就进一步削弱了文明地区,为已被部分同化的游牧民族从内部征服文明地区打开了方便之门。[10]

向文明地区发起挑战的并非只有游牧民族。在森林、沼泽地、灌木丛和山地中,还生存着其他人群。他们与游牧民族不同,通常能够自给自足,能够从所处的自然环境中得到所需要的一切。但是,他们仍然与文明的力量有所接触,尤其是当人口增长导致农民或帝国寻找新土地以安置增多的人口时。例如,中国人就有着长期与这类人群打交道的历史,实际上也慢慢把非中国人的"野蛮人"分成两类,其一是"熟番",即那些愿意接受中华文明的部分要素的人,其二是"生番",即那些一概予以拒绝的人。[11]

野生动物

尽管世界上的人口集中在为数不多的高度发达的文明之岛上,但可以肯定的是在文明区域之间广大的地区还生活着社会组织迥异的人们。差距虽然巨大,但毕竟都属于人类。实际上,到1400年,人类迁徙经过了或几乎到达了地球的任何一个地方。当然,在人口密集的文明地区之外的广大地区生活的狩猎民族和游牧民族人口稀少,彼此之间距离遥远,这就给各种野生动物留下了许多空间。这里用三个例子就足以说明。

狼群曾经在欧洲大部分地区嚎叫,《格林童话》可以证明这一点。但更为可怕的是，当人口数量下降或者严冬造成人类和狼都缺少食物时，成群的狼就会——并且主动——进入城市，1420年和1438年，狼群就曾经进入过巴黎，甚至到18世纪还发生过类似的事件。据当时的一部文献记载，1779年，法国人发动了一场灭狼战役，"就像他们600年前在英国的所作所为一样"。[12]在中国，老虎曾经出没于大部分地区。当人类砍伐森林，给老虎提供鹿和野猪等美味猎物的生态系统遭破坏时，它们就周期性地袭击中国的村庄和城市，掠走猪崽及婴儿。在东北地区老虎如此之多，以至于皇帝的打猎队伍一天能够猎获60只虎，外加1000只牡赤鹿。有报告说，直到1800年老虎还在袭击中国南部的村庄。[13]

在我们如今所考察的从1400年这段到1800年这段时期里，地球上动物种群最多、密度最大的两个地区是非洲和美洲，尽管原因完全不同。在非洲，人类和动物一同进化。尽管土地相对贫瘠，但非洲拥有更多的植物和动物种群，而且总量丰富，每单位面积拥有的数量超过地球上其他任何地方。随着人类日益成为高超的猎手，大型动物（从大象到犀牛、长颈鹿以及狮子）也与人类一起进化，学会了小心谨慎地与人类保持距离。[14]因此非洲的大型动物得以生存并进入现代世界，而在世界其他许多地方，尤其是那些大型动物没有与人相处经验的地方，在人类迁徙到来后不久，它们很快就被杀戮干净，即如专家们所称的"巨型动物灭绝"。[15]

美洲之所以生活着数量惊人的动物，其原因可以从哥伦布1492年航行后美洲土著居民的遭遇来解释。这个故事将会在第三章中给出更多细节，这里简而言之。欧洲人把许多传染病带到美洲，当地的土著——他们没有对付这些疾病的经验——以令人惊愕的数字一个个倒下了。1491年美洲的人口可能多达7000万，但到1600年时只剩下大约800万。当这些人口销声匿迹的时候，森林重回大地，覆盖了弃荒的农田；各种动物，从鱼类到飞禽走兽，在重归的自然环境中都爆炸性地大量增长。第一批到达北美洲的欧洲游客对此一无所知，专门用"难以置信"描述那里的鱼、鸟、鹿、熊以及树木的数量和规模。[16]这一大自然馈赠的状况持续了整个19世纪。

这样，从 1400 年到 1800 年，虽然世界人口从 3.8 亿增加到 9.5 亿，但仍给各类野生动物留下了足够的空间。尽管如此，这两类物种之间的数量关系显然成反比：人口增多，野生动物就会减少，特别是由于"文明地区"的人们想穿戴珍贵动物的毛皮（在中国、欧洲和北美）或想食用奇异的飞禽走兽、鱼鳖虾蟹。大规模的打猎探险队就此开始了行动，所猎取的对象包括鲸、虎、野牛、狸、信鸽、鲨鱼、狐狸等等，且种类与日俱增。目的就是为了获取其皮、肉及其他部位。这种行为一直延续到今天，当然已经灭绝的或在世界上一些地区得到保护的动物不在其猎获范围之内。

因此，地球上人口的扩张意味着其他物种适宜生存的土地和栖息地的减少。尽管我们的生存依赖于环境，但是我们人类也不惜以牺牲其他物种为代价来谋取自己的生存空间。[17] 有些时候，消灭其他物种如同一次步枪射击，物种被清除之后，剩下的物质环境并没有改变，正如狼群在英国、法国或威斯康星遭灭绝，野牛在北美大平原遭灭绝一样。在这些地方，虽然动物少了，但森林或平原依旧。然而，在另一些时候，一个物种的灭绝更像一次大毁灭，在那里，由于人口激增，人类乱砍滥伐，毁林造田，破坏了整个生态系统，华南虎就曾遭此厄运。也有相反的情况，在 14 世纪中期和 17 世纪中期曾出现人口锐减，在每一次机会中，野生动物都得以重新恢复生机并开始扩张。但 18 世纪中期之后，世界上的人口一直在稳定增长，给所有现存的野生动物造成了压力。

人口增长与土地

人口的增长和下降均会给社会带来某些好处，也会造成某些困难。一方面，人口数量的增加标志着人类能够从生态系统中获取更多的食物能量，这一点对所有生物有机体都适用。更多的人口和更大的人口密度使文明、城市、教育和贸易成为可能，同时也使人更加警觉和理解了人类与自然的关系。因此，人口增长可以伴随着生存环境的改善和大多数人生活水平的提高。但这其中有一个度，即土地的数量和土壤的肥力养活日益增长的人口的能力。如果超过这一极限，人口需求就会超过能够养活他们的土地的能力，导致生存环境的恶化，人类死于疾病和饥荒的可能性也会增加。随着人口的减少，需要吃饭的人口数量与给他们提供食物的可利用土地的总量之间又重新恢复了平衡。

日益增长的人口需要更多的食物和能量供应，而在1400年可利用的农业技术条件下，这种供应的增加只能来自三个渠道：增加可耕地；在现有土地上增加劳动力投入（包括选取良种）；增加水和肥的使用。例如，从1400年到1800年，中国人口从8500万增加到3.2亿—3.5亿，差不多是原来的四倍，对增多的人口的供养，部分地依赖于可耕地的增加，同样重要地也依赖于在现有耕地上进行更高水平的精耕细作和肥料利用。[18]

当然，开垦新的土地意味着人口向新土地的迁徙，并且需要与野生动物为敌并取而代之，同时还要与大山、森林和灌木丛中"未开化的"人进行战斗。有些迁徙相对容易，特别是如果新土地人烟稀少、防御状况糟糕，或者迁徙中的人们有作为其后盾的帝国军事力量的支持（中国就是这样）。然而，有些地区几乎在一切方面都受到局限，例如欧洲人就不能过多地把眼光投向东方，因为那些土地已被多支强悍的游牧民族占领，突厥人、鞑靼人和蒙古人都令大多数欧洲人和亚洲人心惊胆战。

总之，生活在1400年的3.8亿人几乎都是农村人口，他们生产食物，也生产手工业需要的原材料，养活自己也养活为数不多的统治集团，后者以赋税（交给国家）和地租（交给地主）的形式从收获物中提取一部分。农民家庭时常从事纺织，不仅自己使用，而且在地方集市上用以交换他们自己不能生产的商品，有时，他们的纺织品还进入一些长途的贸易网络，很快我们就会了解到这一点。如果风调雨顺能够带来连年的好收成，农民家庭也许打算扩大家庭规模，[19]特别是如果邻近的地方有另外可以利用的土地，或者政府鼓励远距离移民并保护他们免受狼、虎和游牧入侵者攻击的威胁。如果人口增加过多或过快，超过土地供养他们的能力，经过几次歉收就会造成饥荒，并且会增加传染病的发病率，这种情况在14世纪初、16世纪末17世纪初都曾经发生过。

饮食和热量摄取，加上瘟疫、饥荒、战争以及其他灾难，使当时人类的预期寿命比今天要短许多。在前现代世界的许多最富裕、最发达的地区，从东亚的中国和日本到欧洲的英国和德国，人出生时的预期寿命一般为 30 到 40 岁，[20] 或者说只相当于今天发达世界中大多数人寿命的一半。当然，那时人的寿命短暂主要是由于婴幼儿死亡率高：女人生下很多孩子，但有一半能活到 15 岁就不错了。一旦逃过儿童疾病所带来的死亡威胁，在良好的农业环境下，很多人就有望活到 60 多岁。

饥荒

食物短缺、匮乏和饥荒是 1400 年大多数人生活（与死亡）的真实写照。把这些灾难仅仅归咎于"自然原因"是再简单不过的事情了。但是在那时，世界上 80%—90% 的人口是广大的农民，这些农村人口为社会生产食物和工业原料，每年必须把收获物的一部分以赋税的形式上交国家的代理人，向地主缴纳地租和服劳役——那些幸运地拥有自己土地的少数人可以免除地租和劳役。[21] 在亚欧大陆人口密集的大部分地区（即中国、欧洲和印度），农民家庭要将多达一半的收获物上交国家和地主。[22]

在年景好或条件改善的时期，农民家庭也许能够收支平衡，能够既满足自己生活所需，又可以应付收税人和征租人，甚至还可以有些剩余拿到集市上出售。但是歉收的时候会是怎样呢？"善良的"政府和"善良的"地主也许会认识到再像往年那样征收会把农民家庭逼到贫困生存线以下，因而减少或取消当年的租税。但如果政府或地主不愿意或不能够——例如他们要向别人还债——这样做，敲骨吸髓的事情就会发生。实际上，日本地主就把农民比喻为芝麻：越榨油也就越多。我们将会在第三章中看到更多此类情况，在 17 世纪遍及亚欧大陆的"全球危机"期间，一些国家的统治者们坚持收取战争税，即使在由于严寒造成庄稼歉收、农民因饥荒而饿死的情况下也不免除。

因此，在农业社会中，饥荒与其说是一个"自然"现象，还不如说是一个"社会"现象。[23] 理解这一点尤为重要，因为正是在这种背景下，农民才慢慢形成了自己的一些观念：他们在社会中应当享有什么权利，在什么条件下他们能够想方设法谋求这些权利。因此,我们一直在讨论的农业社会并不是由统治集团创造的,而是国家代理人、土地拥有者以及农村的农业生产者互相作用、互相理解、互相妥协(有明确的也有不明确的)的结果,也是人类社会和自然环境之间互动的结果。[24]

氮循环与世界历史

1400年的世界受到了我刚才描述的"旧生物体制"的物质条件的限制。在这些限制中,最主要的两个是能量和营养素。我已经谈到过当时世界的这一现状:人类维持生命和从事生产所需的能量,大部分来自于开发利用树木及其他植物的生物质能,用于取暖、烹饪和生产物品。尽管世界上有些地方用马、驴、骡以及其他牲畜耕地和驮运物品,但大部分活是由人来干的。[25] 风帆、水轮以及风车也能干一些活,但大多数情况下,活尤其是农活都靠人力和畜力完成。[26] 因此一位历史学家称此世界为"体能体制"(somatic energy regime,"somatic"指的是"来自身体的")。[27] 要使肌肉形成并运动(做功),需要两种必不可少的东西,分别为食物能量(热量)和氮这种化学物质,氮是形成氨基酸的基本元素,而氨基酸是肌肉组织生长所必不可少的物质。

人类(以及其他动物)通过食用植物获取氮,也可以从动物蛋白(通过食用植食性动物)中获取氮。简单地说,植物利用一种被称为叶绿素的物质摄取太阳能,把二氧化碳和水转化为碳水化合物(一种被人、动物食用后能产生热能的物质)。植物用于制造叶绿素的化学物质之一是氮。没有氮,植物就不能合成叶绿素,因而也不能将太阳能转变成可以利用的形式;没有氮,我们所知道的生命就根本不可能存在。所以自然界在这里为可生长的植物的种类和数量设置了一个界限——可利用的氮的极限,这也是有多少食物可供给人类生产和消耗的极限。

虽然我们所呼吸的空气78%是由氮组成,而且我们可能认为它十分丰富并随时可以利用,但是大气层中的氮是以两个原子紧密结合在一起的氮气分子(N_2)的形式存在,通常表现为惰性;我们吸入呼出,什么也不会发生。在这样的分子形式下，氮是不会与其他物质发生化学反应的，而且也不能被植物用来制造叶绿素和蛋白质。要想对动植物有用，氮必须是能够参加化学反应的单原子（Nr）并与其他原子结合形成其他物质，如叶绿素和植物中的其他氨基酸。问题是，自然界中这种活性氮（Nr）的供应十分有限，因为自然过程产生活性氮的方式只有几种。雷击可以提供足够的能量打破 N_2 的分子结构；死亡并腐烂的植物释放 Nr 回到土壤中；某些豆科植物（例如黄豆、豌豆、三叶草）与一种附着在它们根部的根瘤菌逐渐进化出了一种共生关系，根瘤菌可将 N_2 转化成 Nr 并为该植物直接吸收。在生活中，人类以及动物在新陈代谢中摄取能量和营养素并排泄废物，其中氮以粪便和尿的形式又回到环境中。生物学家把这种利用、再利用、化合、分解氮的过程称为"氮循环"，而且我们现在也认识到，这是一个全球过程。[28]

自然环境中有限的活性氮的供给严重限制着农民们可以种植的食物的数量，这是一个重大的问题，农民及其广大的社会要想生存下去，必须予以解决。农民选择种植某些他们喜爱的植物，是因为它们可被人食用，给人提供能量和营养素，尤其是以氨基酸形式存在的氮，这是蛋白质和肌肉形成的基础。种植、收获这类农作物，并把它们运送到其他地方消费，都通过每一种作物消耗着土壤中的氮。如果不能得到回补，土壤中的氮（以及其他营养素）就会被耗尽，土壤最终会退化，不再适宜耕种。

为了年复一年地在同一块土地上耕种而不必转移到新的处女地上种植，农民们必须解决如何回补自己土地中的营养素问题。在 19、20 世纪的土壤科学发展之前，农民们并不明确知道这些营养素是什么，但他们经过不断探索终于找到了他们认为（通常）能够保持土壤肥力的方法和物质。欧洲农民采用"三田轮作"制度，三年为一周期循环使用耕地，三分之一留作休耕，三分之一用来放牧牲畜（并排便），剩下的三分之一用于耕种。亚洲农民年复一年地在同一块土地上耕种，但他们学会了怎样给土壤增添畜肥和人粪（经常从城市里收集）以及"绿肥"（切碎的豆科植物）来保持土地的肥力。墨西哥中部的阿兹特克农民把从湖底挖出的含氮丰富的淤泥均匀地耙在耕地上。简而言之，旧生物体制下农民必须重视土地的循环利用。

旧生物体制的关键在于，自然过程限制了活性氮的可用性，同时也就限制了人类可用能量和营养素的供给。从1400年到1800年这一时期内，农民及其统治者，主要靠毁林造田（仅次于此的手段是对现存耕地的精耕细作）来竭力增加人类可利用的食物的供给。[29] 在全球范围，但主要在温带地区，在从1400年到1800年的四百年里，人类的耕地几乎增加到原来的三倍，从1.8亿公顷增加到5.4亿公顷，同时世界人口的数量也同倍增长，从3.8亿增加到9.5亿。[30] 我们在第六章将会看到，20世纪初期发明的一种合成氮肥的方法打破了促进植物生长的可利用的活性氮的天然限制，并随之带来更多的食物供给，地球上的人口数量也在仅仅一个世纪的时间里就从16亿飙升到70亿，而且工业生产的活性氮（谁都可以在当地的家用品商店买到袋装的化肥）已经远远超过自然过程产生的活性氮。

瘟疫

旧生物体制下世界人口的80%—90%是农民，不论在中国、印度还是在欧洲各地，甚至在中美洲也是如此，他们支撑着统治集团，后者的职责就是管理、打仗、主持宗教仪式和从事贸易。用一位历史学家的话说，农民的存在使各种类型的人类"大寄生虫"的寄生成为可能。另外，整个人类还要遭受小寄生虫携带的流行病的危害（例如，黑死病的鼠疫病菌，天花和流感病毒，导致登革热或痢疾的病菌，以及所有其他今天已变异或消失因而我们无法为其命名的病菌和病原菌）。[31]

诚然，相对于农民或城镇和乡村的穷人来说，城镇和乡下的富人有更多办法避免死于瘟疫，但是瘟疫能够而且的确影响着整个人类。瘟疫甚至还可以在全世界流行，但最初传播较为缓慢，原因在于那时文明中心间的贸易和接触不太便利，罗马帝国和中国汉帝国刚刚崩溃后的一段时期就是这样，那时，天花和麻疹从它们在欧洲的发源地传播到中国。在13世纪，长途贸易使世界的整体联系增强了，一种瘟疫就可以而且的确能够以比过去快得多的速度从亚欧大陆的一端传到另一端：黑死病在几年内就从东亚传到欧洲，而且一旦到达欧洲，它就在1347年底到1350年的短短三年之内几乎肆虐了整个欧洲。要理解黑死病如何并且为什么如此快速地跨越亚欧大陆并在欧洲蔓延，我们需要理解那时把亚欧大陆大部分地区联系在一起的贸易网络，正是它，使得商品、思想和病菌从大陆的一端传到另一端成为可能。

1400年前后的世界及其贸易体系[32]

在14世纪，旧大陆——包括亚欧大陆和非洲——被三大子体系内的八个相互链接的贸易区连接了起来。[33]东亚子体系连接起中国、热带东南亚的香料群岛和印度；中东—蒙古子体系连接起从东地中海到中亚和印度的亚欧大陆；欧洲子体系以法国的香槟市集和意大利城市国家热那亚与威尼斯间的商路为中心，把欧洲与中东和印度洋连接起来。不仅如此，这些体系还是相互重叠的，北非和西非联系起欧洲和中东子体系，东非又进一步联系起印度洋子体系。（见地图1.1）

三条重要商路把这些子体系连接起来，形成我们所称的整体的贸易体系。这三条商路的终点都在东地中海。北线向北经过黑海，然后在陆地上穿越蒙古帝国，在蒙古人的允准和保护下，一路进入中国。比如，正是通过这条商路，马可·波罗在13世纪后期历尽艰辛到达中国。中间的商路经过巴格达（1258年后被蒙古人控制），然后经波斯湾进入印度洋，这样就给商人们提供了直接获取南亚和东南亚香料和手工制品的机会。南线从马穆鲁克帝国控制的开罗出发，从陆路向南到达红海，再从那里进入印度洋。

13世纪的贸易体系把非洲-亚欧大陆大部分地区联系在一起，该体系由于一系列原因而引人注目。首先，对于那些仅仅关注世界的某一地区——例如中国、印度或法国——的历史学家来说，该体系居然能够存在就足以令他们吃惊不已。直到最近，历史学家们还在以流行的民族国家及

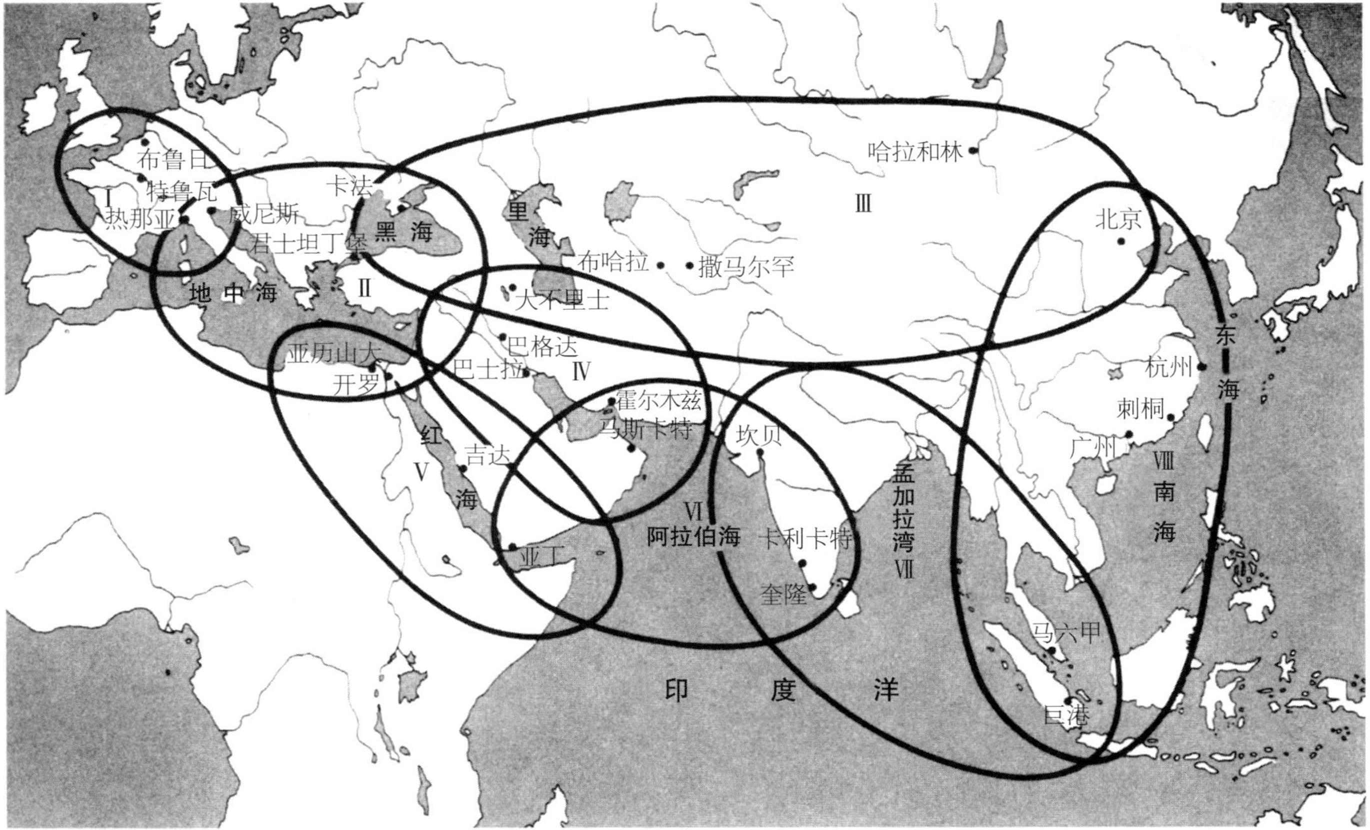

地图1.1 13世纪世界体系中的八个贸易圈

资料来源:Janet L. Abu-Lughod, *Before European Hegemony: The World System A.D. 1250—1350* (Oxford: Oxford University Press, 1989), 34.

其历史发展为研究单位来施展其才华，而不是用更为全球化的视野看待历史。即使那些率先以全球的视野审视1500年后的历史时期并发明"世界体系"这一术语的历史学家们，也主张世界体系只是在哥伦布和达·伽马的航海之后才慢慢形成；在此之前，各帝国往往独占地球的部分区域，而彼此之间联系甚少。[34]他们认为，即使这些帝国之间存在贸易往来，也往往只是专门交换一小撮统治集团所需的贵重商品。今天，很多历史学家已认识到这一早先存在的世界体系，因而引发了关于该体系与1500年后所形成的世界体系之间的联系的诸多问题：1500年以后的体系是全新的还是源于先前体系的某些因素？我倾向于后一种解释，在下一章将予以论述。[35]

13世纪世界贸易体系的另外一个显著特征是它的运行并不靠一个核心的控制或主导力量。对于那些设想现代世界体系是在一个国家或国家集团主导下发展起来的人来说，一个体系如果没有一个控制中心而能保持正常运行简直不可思议。[36]虽然每个贸易圈都有一支居支配地位的力量，如欧洲体系中的意大利人、中东贸易圈中的阿拉伯人、东亚贸易圈中的中国人，但任何一支力量都不能控制整个体系。尽管各地的统治者都给商人、车队或船只提供保护，但并没有使用军队来保证商品在整个体系中的流通。的确，大多数统治者认识到贸易的价值——特别是当他们认识到可以从中收税的时候——因而鼓励和保护它，他们不想用暴力手段强取来自世界另一个地区的商人的货物，就像不愿杀死下金蛋的鹅一样。

因此，14世纪的世界是多中心的。它包括几个地区性体系，其中每个体系都有人口密集而富裕的"核心"，周围是给核心地区提供农业和工业原料的边缘地带，大多数体系之间通过贸易网络松散地联系着。不仅如此，我认为直到我们所讲述的故事的后期，即1800年左右，世界仍是多中心的，那时，欧洲人把在地球大部分地区建立殖民地所必需的一些要素置入各地，如火如荼地创造着拥有一个高度发达的核心地区和一个不发达的边缘地带的全球体系。即使到那时，一些区域——特别是东亚的部分地区——仍然强有力地抵抗着完全殖民化。我们设想世界曾经是多中心的而不是由单一中心主导，其重要性随着我们的叙述将逐步明朗。我们这里要说的是，世界是多中心的这样一个观念有助于我们协调世界众多地区的声音和行动，而不是仅仅考虑欧洲。一句话，这是关于世界历史的非欧洲中心论叙述的至关重要的部分。

最后，1300年前后的非洲—亚欧大陆体系被称为"世界体系"不是因为它真正囊括了整个地球，而是由于它大于任何一个特定的地区。[37]实际上，它的确是一个世界体系，因为它囊括了世界上所有这样的地区，在那里，人们进行着贸易，因而互相之间有所了解——不管这种了解是多么的少。很明显，尚没有与非洲—亚欧大陆贸易体系联系在一起的是美洲以及在那里独立建立起来的几个帝国，或者还有澳大利亚及太平洋岛屿；我们所知道的有关世界这些地区的一些内容将在第二和第三章给出。

我用于描述世界——聚焦于各区域体系之间的联系——的方法强调贸易和商人在缔造这些联系中的作用。毋庸置疑，商人和贸易在创造世界体系中的作用是非常重要的。就像我在下一章将详细论述的，贸易使世界不同地区的人们能够出售他们最好的产品和采集物，不仅如此，商人还充当了文化和技术交流的中介人，在他们的骆驼和船只运载货物的同时，他们的大脑中也装载着思想、书本知识和行事方式。此外，瘟疫和死亡、士兵和战争也沿着商路前行，研究14世纪中期黑死病肆虐过程中世界的遭遇将使我们清楚地认识到这一点，在此之后，亚欧大陆的大多数人在疾病上互通有无了。

黑死病：14世纪中期的历史偶合

14世纪中后期是世界历史上严重的危机时期。蒙古帝国曾经是亚欧大陆大部分地区的黏合剂，但1350年左右该帝国崩溃，这是危机的表现之一。黑死病的严重危害也是危机的表现。这是一种恶性传染病，也被称为腺鼠疫，在14世纪中期带走了数千万人的生命。黑死病为什么会爆发、何时及如何爆发的问题十分复杂并有争议，但是它的后果却非常清楚："黑死病在14世纪中期首次袭击欧洲、中东及北非，导致这些地区大约

40%—60%的人死亡。"[38]我们首先借助导论中所提出的"偶合"这一概念工具,以便更好地理解这一事件为什么会发生及如何发生。

黑死病由一种杆菌,即一种高致病性细菌(鼠疫杆菌)造成。2013年的一项研究表明,它发源于青藏高原,以"大爆炸"("多分支")的形式形成四个菌系,蒙古军队随后把它们传播到中国各地和蒙古。[39]黑死病杆菌以各种各样的鼠类为宿主,虽然对于鼠类不一定有致命威胁,但当人类直接接触到携带病菌的鼠类及其粪便,或者叮咬过这种鼠类的跳蚤而感染该疾病时,其后果是致命的。在传播到欧洲、北非和中东之前,黑死病就被蒙古征服者大军通过人体或粮草带到中国的华北、华南和西南的城市里,13世纪初期在中国的很多地方肆虐。黑死病杆菌是由曾把它传遍中国的蒙古大军向西带入欧洲的?还是通过连接中亚与地中海的贸易线路,或者通过跨越印度洋的海上航线带到欧洲的?至今尚无定论。[40]不论它如何传到西方,活跃在连接亚欧大陆东部、中部以及西部贸易线上的蒙古人及其同盟者都脱不了干系。

不管它是如何在1347年传到欧洲的,当时欧洲的条件已足以使它迅猛地传播。第一,不论由于什么原因,欧洲的鼠类已经在城市和乡村安下了家,黑鼠(家鼠类老鼠)把窝安在人类房屋的阁楼和椽子上。第二,欧洲人口从公元1000年前后开始就不断大幅增加,到1300年,土地和作为燃料的森林的短缺已非常显著。雪上加霜的是气候恶化,使冬季变长而且更加寒冷,作物的生长季节变短,导致人口压力剧增。在欧洲有利于灾难的某些条件成熟了:即使不是黑死病,也会有其他事情发生,也许不会在同一时间或同一地点发生,但可以肯定的是,干柴已备好,所需的只是点燃它的一粒火种。所流行的恰恰是黑死病,而且它蔓延迅速,这也许是由蒙古人在黑海及其周围的军事行动这一偶然因素所致。

欧洲人已经编织起一个由意大利城市共和国热那亚和威尼斯的商人穿针引线的区域性贸易网络。然而,如果没有另外一种情况的发生,鼠疫也许不会传到欧洲。黑海岸边的贸易城市卡法(Caffa或kaffa)是跨越亚欧大陆的商路的纽带:它是来自中国的贸易商队的西部终点,也是威尼斯和热那亚船队贸易的东部起点，而1346年12月两支商队都明显停靠在卡法的码头附近。与此同时，一位蒙古汗的军队正在围攻卡法，如果不是因为蒙古军队中爆发鼠疫导致大多数士兵死于疾病，从而迫使蒙古汗撤军，该城市也许就被攻克了。如果跳蚤、老鼠和染病的意大利人没有登上船只踏上归途，鼠疫也许就止步于此了。意大利人在1346年12月回到家乡以后，鼠疫就在欧洲肆虐开来，并很快通过既有的商路——特别是水路——传播到其他城镇。不仅生活在欧洲房屋中的大黑鼠把鼠疫传给人，染病的人通过咳嗽也直接传给别人。鼠疫在整个欧洲、中东和北非地区肆虐。1347年，一艘装满死尸的船漂入港口城市亚历山大里亚，黑死病因而首次到达北非的埃及。黑死病从亚历山大里亚沿尼罗河传播到周围的农村并传至开罗，导致埃及农耕地区人口减少，灌溉系统瘫痪。[41] 到1350年，它已经一路传播到瑞典，并于当年冬天到达莫斯科。此后，黑死病开始致其宿主鼠类死亡，其自身也偃旗息鼓了。

像饥荒一样，鼠疫也不纯粹是一个"自然"现象，相反，正是由于一系列原因的综合作用，即历史的偶合，才使得它在世界及其历史上造成了如此巨大的影响。在短短几年中，欧洲人口从8000万陡然下降到6000万，在中国，鼠疫连同14世纪50、60年代的战争造成人口暴跌，从1200年的1.2亿人跌至1400年的0.85亿人。鼠疫也蹂躏了地中海世界。它很可能也给伊斯兰世界、印度以及大草原上游牧的蒙古人造成了毁灭性的损失，虽然留存下来的相关史料非常有限。[42]

人口的大量死亡，给幸存的人们留下了永久的记忆。死尸高高地堆集在乡间小路上，被一辆辆车拉去掩埋，或者在驶入大海的木筏上焚烧。这些记忆让人不寒而栗。然而，五十年后生活在1400年的人们的确有了更多更好的土地、更多的燃料和更多的其他各种资源，尽管世界贸易体系的各区域间交易的速度大大减缓，而且在接下来的几百年里小规模的瘟疫反复爆发。因此，14世纪黑死病的故事不仅展现了瘟疫对人类和世界历史的影响，同时也显现出世界各地区间的早期联系。贸易之路承载的不仅有商品、行人和思想，而且还有令人恐惧的疾病。

结论：旧生物体制

统治集团靠农民生存，文明战胜或溃败给游牧入侵者，病菌悄悄繁殖然后杀死游牧民和城市居民，所有这些都发生在环境因素制约着人类能够采集或者生产的营养素和食物这一背景之下。总的来看，人类在与大、小寄生虫的对抗中或者取胜或者丧命，这种势均力敌的状况被称为"旧生物体制"（"biological ancien regime"），或者生物的"旧体制"（biological "old regime"）。[43]在这个世界——不仅包括1400年的世界，还包括几千年前直到进入19世纪很久以后的世界（我们在第五章将予以讨论）——上，人类在很大程度上生活在自然环境之中，必须特别关注环境给人类活动所提供的机会或施加的限制。其结果是，人口增加不至于太多太快而达到威胁社会的环境基础的地步，当然几个例外的情况除外。[44]后来的发展打破了旧生物体制，从而开辟了新的可能性，这些内容本书后面章节将会涉及。

农业不仅为整个社会提供食物，还为那时所有的工业——特别是制作衣物的纺织业——提供大部分原材料。在中国，纺织业最主要的原料是蚕丝和棉花，在印度是棉花和蚕丝，而在西北欧则是羊毛，所有这些原料都离不开土地。取暖和加工这些原料的燃料则来自森林。从这一角度说，旧生物体制是有机的，即，它依靠太阳能，生产供应食物的庄稼和供应燃料的树木。[45]这样，旧生物体制限制了人类可活动的范围，也限制了他们的历史，因为几乎所有的人类活动都凭借太阳每年赐予的再生性能源。

一切有生命的东西都需要从食物中摄取能量和营养来维系生命，随着人口增长，这种需求与日俱增。实际上，农业赋予人类的是控制自然过程，并把其中的能量输送给人类。在旧生物体制中，农业是人类改变环境的主要手段，即把一种生态体系（例如森林或草地）变成另外一种（例如黑麦或小麦田、稻田、鱼塘或鳗鱼堰），以便更有效地为人类输送食物能源。这样，人口的规模受到两方面的限制，其一是可利用土地的数量，其二是人类从土地获取能量以及诸如氮等营养素为我所用的能力。

不论到1300年左右旧大陆的人口数量是否触动了环境极限——有些历史学家持这种观点，随后发生的黑死病使世界人口急剧下降了，特别是在中国和欧洲。此后，从1400年左右开始，世界人口数量又开始上升，并且就像我们将要看到的，四百年后再次触及旧生物体制在某些方面的极限。可以肯定的是，到1800年，世界人口已达到9.5亿左右，是1300年中世纪人口顶峰时期3.6亿人的两倍半多。

为了供养两倍多于过去的人口，人类与可利用土地的关系以及他们利用土地的效率应当有所改变。一方面，欧洲人将面对美洲这样一片蕴含着丰富新资源的新大陆。虽然这个新大陆在1400年已有相当多的人口，其土地也被土著美洲人利用起来，然而广泛的物种交流将从根本上改变这些关系，到1600年美洲成了人口相对稀少的地区。这些情况我们将在第三章涉及。另一方面，全球贸易关系的重新确立，使得一个区域贸易网的人们能够集中生产最适宜在他们的环境中生产的商品，并通过市场与无数其他生产地区性产品的人互通有无，即出现了地区性分工，从而提高了总体的生产数量和生产效率。尽管市场专门化传播开来，使全世界的经济总量超过以往任何时代，但仍然没有逃脱旧生物体制的局限。这种全球贸易网是怎样重新建立起来的将是下一章的部分内容。

第二章　从中国说起

历史学家们一致认为，克里斯托弗·哥伦布于 1492 年横渡大西洋和瓦斯科·达·伽马于 1498 年绕过非洲好望角进入印度洋这两个事件在现代世界形成过程中起到了重要作用。事实的确如此。他们的分歧仅仅在于这两次航行究竟有多么重要：它们代表着一个新纪元吗？它们所带来的改变真有那么多吗？欧洲中心论的解释倾向于把它们看作西方必然崛起过程中的重要步骤。与此相反，一些历史学家（包括我本人）认为，把这些探索性的航海活动放到 1500 年前后世界财富和实力的真实结构这种广阔的全球视野中来认识是很重要的。从这一视角出发，印度洋可以被看作是全球商品、思想和文化交流的最重要的十字路口，在那里相会的中国、印度、中近东的伊斯兰国家充当着主角，而欧洲只是一个渴望接近亚洲滚滚财源的边缘性配角。[1] 因此，我们这一章的故事就从亚洲的中国开始。

中国

1398 年，中国明朝（1368—1644 年）的开国皇帝驾崩，继承帝位的不是他的儿子而是他的孙子。皇帝生前曾想让他的长子继位，以建立一个严格的长子继承制度让后代传承，但在长子死后，他又宣布让他的长孙作为帝位继承人。这个决定没有制约住他的第四个儿子——拥兵自重的燕王。燕王在他父亲死后仅十八个月便开始篡夺他的侄子——新继位皇帝的皇位。在一场历时近三年（1399年末到1402年中期）的内战中，燕王打败了侄子的军队并夺得帝位。但这一事件有些环节是含糊不清的，因为有关他侄子从烧毁的王宫中逃脱的谣言到处流传。

燕王成为新的皇帝永乐。他力图全方位扩大中国的实力和影响。他向北方和西北方的蒙古人开战，试图把中国的前统治者赶到遥远的草原深处，使他们再也不能威胁中国。作为这项政策的一部分，他把首都从位于长江之滨的南京（"南都"）千里迢迢北迁至北京（"北都"），这里距长城和抗击蒙古入侵的最后防线不足一百英里。他向遥远的中亚各国派遣使节，让那里的统治者俯首称臣。他干涉越南的事务，不仅希望把中国所喜欢的统治者扶上台，而且实际上还试图把安南（当时对越南北方的称谓）并入中华帝国。他还组织了规模庞大的海上探险队进入印度洋，这是世界历史上最伟大的航行之一。

郑和的航海（1405—1433年）

1405年秋天，一支船队在中国东海岸的长江口集合。这是有史以来世界上最大的船队，也是以后五百年里世界上最大的船队。[2] 由2.7万名水手操控的300多艘船只等待着如期而至的冬季季风从西北方刮来，带着他们向南驶向印度尼西亚，然后向西穿过马六甲海峡进入印度洋，目的地是印度西海岸的重要贸易城市卡利卡特。

船队由郑和指挥，肩负着三个主要任务。第一，当朝皇帝命令追捕他的侄子——谣传逃跑了的被罢黜的皇帝。第二，皇帝具有开阔的胸襟，试图在那个地区的所有国家面前"宣扬国威"。他相信中国是世界上最富裕和最强大的文明国家，因此试图予以证明。第三，皇帝试图推动海外贸易。

在这一点上，永乐皇帝与先朝的皇帝们相类似，尤其是唐朝（618—907年）和宋朝（960—1279年）的皇帝，甚至包括在元朝（1279—1368年）时统治中国的令人憎恨的蒙古人。他们都鼓励海外贸易，清醒地认识到它能给国家和社会带来财富。但永乐皇帝的做法与父亲和侄子截然不同，他们试图把中国拉回到他们所赞赏的具有坚定的保守主义和内向的儒家哲学色彩的农本社会。[3]

但当这位燕王正式登基成为永乐皇帝时，中国正经历着一些经济困难。可以肯定的是，其父的"以农为本"的政策已取得了一些成效，农民们开垦了土地并开始为自己和供养帝国而种植农作物。然而，中国的基于纸币的货币制度已随蒙古帝国一道彻底崩溃了。起初，新建立的明朝政府只是简单地印制了大量纸币，造成通货膨胀和货币信誉丧失的双重后果。不久，政府又决定彻底放弃纸币，导致货币的严重供不应求。

明朝初期，前朝的铜币仍在使用，但朝廷最终重新开放了银矿并允许使用未经铸造的银条支付私人交易。由于中国本土的白银产品已经不够使用，所以就从日本进口更多的白银。这才终于有了充足的白银在帝国的一些地方流通，以致政府把税收从以前的用各种物品（如谷物、丝绸等）支付改为用白银支付，这样，在中国就形成了对白银的巨大的国内需求。[4]我们将在下一章再回到这个故事中。这里主要讲述，14世纪中叶蒙古帝国的崩溃导致了连接亚欧大陆东西两端的陆上贸易通道的中断，并使皇帝认识到一项积极的外交政策也许会给中国带来好处，这就是把蒙古人赶到北方以及到中国人称为"西洋"的印度洋去寻求机会。

为了准备这些航行，中国经历了一场"造船热"。在1404到1407年间，多达1681艘船只被建造，其中最大的是船队统帅郑和的九桅"宝船"，大约400英尺长，160英尺宽，比一个美式橄榄球的球场还要长。船队的其他船只大小和用途不一，上面装载着马匹、准备交易的货物、补给品、水箱以及士兵；还有一些船只是装满火炮和火箭筒的战船。由于建造这样一支船队需要的木材非常之多，以致东南沿海很多地方的森林被砍伐殆尽，致使木材不得不在长江上漂流一千多英里才能运到造船厂。

1405年秋季的某一天，船队统帅郑和率领的第一支庞大船队整装待发，宏大的场面令人难忘：几百艘油漆得五颜六色的防水船扬起了鲜艳的红色绸帆。在1405年到1433年间，中国人先后七次远航，每次为期两年（他们必须等待合适的风返回中国）。那段时期里，中国船队航行最远到过非洲东海岸的莫桑比克，进入过波斯湾，环绕过印度洋，走遍了东南亚的香料群岛。他们驾驶着大船穿过鲜为人知的水域并进入陌生的港口，与当地的统治者交易、收集诸如宝石等奇珍异宝（甚至还有一只长颈鹿），还有几次为了扶植对中国更友好的统治者而干涉当地的事务。（见地图 2.1）

第四次航行（1413—1415 年）的目的地是阿拉伯港口城市霍尔木兹和波斯湾，船队统帅随船带上了马欢——一位精通阿拉伯语和古汉语的中国穆斯林。中国的穆斯林并不罕见，郑和本人就是穆斯林，其父名叫哈只，说明曾到麦加朝觐过。其实，在前几次的航行中都有讲阿拉伯语的领航员相随，因为进入印度洋后，从东非到香料群岛，商务和航海的通用语言是阿拉伯语，而且中国人随处走走也需要阿拉伯语向导带领。第四次航海有一个明确的目的，就是与伊斯兰世界建立外交关系，于是皇帝授意郑和带了自己的翻译马欢。[5] 确实，作为第四次航海的结果，许许多多来自穆斯林国家包括东非国家的使节随船队返回中国首都。第七次航海（1431—1433 年）过程中，当船队进入红海后，埃及苏丹会见了船队统帅郑和，并允许他访问吉达港，从这里到阿拉伯半岛的麦加仅仅需要几天的路程。在返航途中，中国又与二十多个国家建立了正式关系。

到 1435 年，一切已显而易见：实力强大的中国人在印度洋水域的存在是确切无疑的，一条海上航路开辟出来，把亚欧大陆东西两端与印度和非洲的贸易网络联系在一起，并把世界上大多数的远洋贸易置于中国人的监督——如果不是控制——之下。然而，令人惊讶的是，第七次航行竟是最后一次，而且，此后中国的海上实力快速并且全面地下降，以致到 1500 年时不仅印度洋中没有中国军舰，甚至中国本土的海岸也不见了中国海军的踪迹。[6] 所幸的是在印度洋水域的商业活动在大多数情况下是安全的，所以即使是在中国海军撤走以后，中国商人们仍能留在那里从事商业活动。

世界上最为强大的中国海军曾在印度洋及周围地区定期巡逻。正如我们将看到的，这支海军的撤出对世界历史的进程具有重大影响。在本章，我们关注的是中国朝廷为什么放弃印度洋。简单的答案是中国内部的政治斗争。这些斗争在帝国朝廷内部两派之间已持续了很久，其中一派想要继续航海，而另一派试图把帝国的财力用于对付蒙古人在北方日益增大的威

段从1000年前后开始持续到1500年,在此期间中国商人感受到贸易所带来的好处,因此不管是否得到本国政府的支持,都航海进入印度洋与阿拉伯人展开竞争。

中国人进入印度洋把印度洋的贸易分成了三个相互部分重叠的贸易圈,这在很大程度上取决于季风的模式(也就是航行的机会)。阿拉伯商人在整个地区仍很重要,但他们已不再是往返于印度洋水域的唯一人群了:在从东非到红海、波斯湾及印度西海岸的西部贸易圈,虽然印度商人也参与其中,但阿拉伯商人是最活跃的;从锡兰到孟加拉湾再到东南亚的中部贸易圈是印度商人控制的,虽然阿拉伯人和其他穆斯林在那儿也很活跃;中国人控制的是从中国到印度尼西亚和马六甲海峡的南中国海贸易圈。

在这三个贸易圈内部和之间,形成了一些专门从事贸易的大型贸易城市。在西部贸易圈,亚丁、霍尔木兹、坎贝、卡利卡特、摩加迪沙和基卢瓦(后两个在非洲的东海岸)等港口城市是最重要的。连接东部和中部贸易圈的是马六甲,它是兴建在具有战略意义的海峡内的贸易港口城市,由于季风在那里转换,因此成为等待下一段航行的商人们中途停留的便利去处。[9] 对于15世纪初期的中国人或一个世纪后的葡萄牙人来说,马六甲仍然具有重要的经济和战略地位,再没有别的理由能说明这座城市兴起的原因。(见地图2.2)

在这两个阶段(从650年到1500年),印度洋的贸易似乎一直是自我调节的。没有任何政治力量支配或试图支配连接着这三个地区的贸易;即使在中国人郑和航海期间也是这样,因为阿拉伯商人和印度商人继续从事自己的商业活动,中国人没给他们制造任何麻烦,也没有为了中国商人的利益而把他们排除在外。这种贸易的另一个显著特征在于,所有贸易都不是凭借武力进行的。非洲传统的独桅三角帆船、中国的平底帆船、印度和阿拉伯的商船,都是在没有本国军舰的护航下航行的。任何一个贸易大港——亚丁、霍尔木兹、卡利卡特、布里、亚齐或马六甲——都是不封闭或不设防的。可以设想,在这种地域广阔的贸易中武力保护商船或强迫

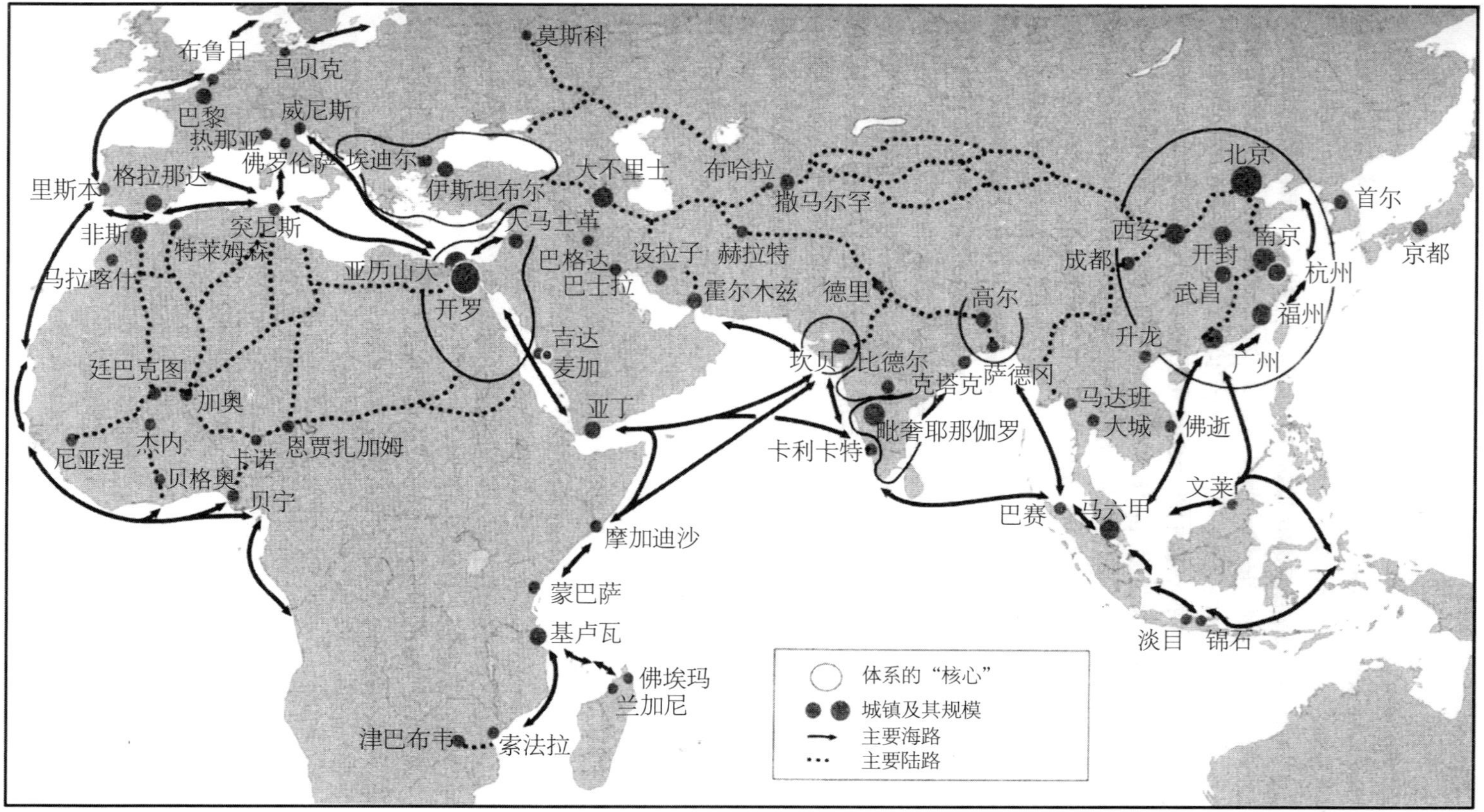

地图 2.2　15 世纪欧亚大陆与非洲的贸易世界

资料来源：Philippe Beaujard, "The Indian Ocean in Eurasian and African World Systems before the Sixteenth Century", *Journal of World History* 16, no. 4 (December 2005), map 5, p. 429.

交易似乎是不需要的。

在从 1500 年到 1750 年的第三阶段中，一切全都改变了。首先是葡萄牙人，接下来是荷兰人、英国人和法国人，他们把"武装贸易"引入印度洋，迫使那里的传统商人要么武装保卫自己，要么给入侵者支付保护费（这个话题将在本章接下来的内容中更详细地介绍）。欧洲人确实是在努力强行介入广阔的、有利可图的印度洋贸易，靠武力控制航道和港口城市，如有可能就垄断某些受欧洲人青睐的商品的贸易。[10]然而，欧洲人尽管为印度洋贸易引入了新的元素，但一时还无法完全控制巨大的印度洋贸易，直到 19 世纪后期蒸汽船的出现才使他们完全限制住了阿拉伯、印度及中国船只所从事的贸易。

四个重要的文明和经济实力中心为印度洋贸易提供了原动力：伊斯兰教的中近东，印度教的印度，中国，印度尼西亚或香料群岛。中国人把制造品——其中特别是丝绸、瓷器、铁器、铜器——运到马六甲，换取香料、异域食品、珍珠、棉织品及白银带回中国。印度人带来棉织品换回香料。印度出口棉纺织品和其他制造品到中东和非洲东部，其中有一些纺织品还远达非洲西部。从非洲和阿拉伯人那里，印度人得到棕榈油、可可、花生和贵金属。通常，农产品和其他未加工的或原生的海洋、森林或矿产品（包括金、银）流到中国和印度，而这两个地区出口的是制造品，尤其是纺织品（印度的棉布和中国的丝绸）。

这种巨大的全球贸易的引擎主要是中国和印度。用一位历史学家的话说，在 15 世纪：

> 中国仍然是世界上最大的经济强国。它拥有可能超过 1 亿的人口、生产能力极强的农业部门、庞大而复杂的贸易网络、在生产手段和产品质量的几乎每一方面都超过亚欧大陆其他地区的手工业。例如，15 世纪初一位欧洲外交官在访问了中亚著名的政治和商业中心撒马尔罕后，把他在那里所见到的中国商品描述为"所有［进口到该城市的］物品中最奢华和最珍贵的……因为［中国］的工匠被誉为技艺超群，

比其他任何国家的工匠手艺高超得多"。[11]

作为一个农业帝国,中国能够生产自己所需的大部分东西,虽然它的确不得不通过贸易换取马匹、一些原材料、珠宝以及白银。在大多数情况下,帝国统治者们认为对外贸易是有用的,因为它能给国家带来财富的增加,或者满足消费者对黑胡椒(已变成中国人厨房中不可或缺的一部分)以及诸如燕窝、海参等其他异域食品的需求。中华帝国的统治者发现这些进口品大部分是有益的,但也认识到中国商人和外国商人巨大的潜在威胁,所以大部分时间里中国通过官方垄断的朝贡贸易体系控制对外贸易,附带的结果是为帝国的国库获得了大量的税收。然而,从15世纪初开始,为了保证国内经济的正常运转,中国出现了对白银的新的、不断增长的需求,而仅靠本国矿井的开采已不能满足这种需要。正是为了获取白银,中国才不得不从事对外贸易,起初,大部分白银是从日本获得的,但在16世纪逐渐转为从欧洲人那里获得。这一点我们将在下一章中探讨。

印度有三大纺织业中心,分别为西海岸的古吉拉特、南部的马德拉斯和东部的孟加拉。农民们用商人提供的棉花在家里纺线织布,商人们把线和布收集起来后印染,然后拿到市场上出售。这些棉布大部分用来满足印度本土的需求,但也有相当一部分是为出口生产的。正如我们已看到的,其中有一些销往中国和非洲,但也有部分远销到波兰和地中海地区。白银、黄金以及其他商品流向了印度,去购买那里的体感舒适、色彩艳丽的棉纺织品。[12]为了满足国内外对棉纺织品的需求,印度人当时已建立了从棉花种植到织成布匹的完整的生产体系。相应地,那些参与纺织业的印度人必须依赖市场满足自己的食物需求,这进一步促进了印度经济的商业化,提高了产量和生产率。与中国经济非常相似,印度也是高度发达的,是旧大陆许多地区所需的既精美又重要的制造品的生产地。

然而,与中国不同的是,这时的印度不是一个统一的帝国,而且从其历史上看,其分裂或统一往往是外来征服者强加的。虽然印度以它独特的地理位置在地图上看起来像一个"地区"(place),但直到16世纪中叶才有了真正政治上的统一,而且还是暂时的,因为到 18 世纪中叶又分裂了。印度文明的中心在北方,特别是印度河流域。这是一个富饶的农业地区,但暴露在来自喀布尔走廊(Khyber Pass)的入侵者面前。首先是 6 世纪匈奴人的入侵,征服过后留下的是众多贫弱的、战火连绵的小邦。

8 世纪,传播伊斯兰教信仰的阿拉伯人入侵印度北方,并在 10 世纪末再次入侵。12 世纪末,北印度再遭入侵,这次是突厥穆斯林所为,他们建立了一个新王国——德里苏丹王国,该王国存续了二百年。因此,伊斯兰教在印度西北部——也就是今天的巴基斯坦站稳了脚跟,不仅如此,在苏丹势力扩张所及之处,清真寺也建造起来。德里苏丹王国持续到 1398 年。那一年,跛子帖木儿入侵、蹂躏印度北部并洗劫德里。南印度从未被轻易征服过;它有自己的语言(泰米尔语)和政治史。尽管政治上分裂,但 7、8 世纪印度教的宗教思想在南方传播,而且政治领袖们也很快发现印度教对于他们在那里的统治是有帮助的。因此,印度不仅政治上分裂,穆斯林和印度教徒间严重的宗教裂痕也出现了。

因为印度大多数邦国的统治者都支持贸易,政治上和宗教上的分裂并没有妨碍经济活动,正如我们已经看到的,当 15 世纪早期中国船队统帅郑和开始访问印度港口时,可交易的货物是很多的。讲阿拉伯语的穆斯林商人能够很容易地在一个语言区域内进行交易,这个区域包括了从东非到红海和波斯湾的广大地区,一直延伸到亚齐和马六甲,这两个地方的统治者都在 13 世纪皈依了伊斯兰教。到此为止,穆斯林已在我们的故事中扮演了重要角色,现在是我们探讨伊斯兰教怎样兴起并且如何能够从其发源地阿拉伯半岛大规模向外传播的时候了。

Dar al-Islam,"伊斯兰之家"

1325 年,一位名叫伊本·白图泰的 21 岁年轻穆斯林男子离开了在北非海岸丹吉尔的家乡到圣城麦加朝觐。他由陆路到达开罗,随后访问了大马士革和麦地那,于 1326 年 10 月到达麦加。但此后伊本·白图泰并没有选择返回家乡，而是决定更多地看世界，从而开始了长达29年行程达73000英里（几乎是环绕世界的距离的三倍）的旅行。他到过伊拉克和波斯，去过非洲东海岸，穿越过安纳托利亚（土耳其）和中亚，横渡印度洋并中途在锡兰群岛和马尔代夫停留，到过印度北方和南方，还可能到过中国南方，后来返回非洲北部并穿过直布罗陀海峡到达格拉纳达城，随后折返回来，穿过撒哈拉沙漠到达西非的马里王国。[13]

无论用什么标准来衡量，以下事实都令人惊讶：伊本·白图泰的旅行之所以对我们意义深远，原因在于他在14世纪中叶旅行所到的每个地方实际上都是dar al-Islam，即"伊斯兰之家"，也就是世界上信奉伊斯兰教、受教育的人说（或写）阿拉伯语——《古兰经》的语言——的地方。伊本·白图泰每到一处，都遇到相似的文化上和语言上的路标，很像今天北美洲人到西欧旅行一样。尽管他所访问的那部分"伊斯兰之家"地域辽阔，但仍不是全部，因为伊斯兰教也已传播到印度尼西亚和东南亚的部分地区。15世纪的一个基本事实就是伊斯兰世界的辽阔疆域以及它对这个世界如何运转的决定意义。（见地图2.1）

伊斯兰教在7世纪早期突然来到这个世界上，在公元632年先知穆罕默德去世后的一个世纪里，穆斯林（意思是"信仰者"）军队统一阿拉伯半岛，夺取波斯的许多地方，占领美索不达米亚、巴勒斯坦（包括耶路撒冷）以及埃及和北非。虽然亚欧大陆上几乎所有其他政治力量在穆斯林来到之前已变得非常软弱，但西方的拜占庭（信奉东正教，首都是君士坦丁堡）和东方的中国仍有足够的力量制止穆斯林的前进。然而，穆斯林骑兵加强了对北非的控制，后来用七年的时间占领了伊比利亚半岛的大部分地区，直到被法国人阻止；与此同时，穆斯林还推进到印度北部。到750年，一个庞大的新伊斯兰帝国（"哈里发国"）已在亚欧大陆中部兴起了。

伊斯兰教的传播对于世界历史的进程具有深远的影响。首要的是，它建立了一个具有共同语言和风俗习惯、覆盖旧大陆许多地方的区域，贸易、思想和文化在其中得到了发展。所幸的是，对于世界其他地区来说，伊斯兰世界热爱书籍和图书馆；的确，8—15世纪世界上最大的图书馆就在伊斯兰的土地上,最著名的也许就是埃及亚历山大里亚的图书馆。这些图书馆不仅保存着伊斯兰世界的宝藏,而且也保存着古希腊罗马的古典作品。第二,在长达几个世纪的时间里,伊斯兰帝国在地中海的扩张隔断了欧洲与印度洋这个生气勃勃的世界贸易中心的联系。据说,只要穆斯林统治着地中海,欧洲人"连一块木板也不能在海上漂浮"。按这种观点,伊斯兰世界的繁荣导致了欧洲内部贸易的枯竭及自称的"黑暗时代"。

然而之后不久,中央集权的伊斯兰帝国开始崩溃,为数众多的地区实际上宣告独立,而另一个新的更稳定的伊斯兰王朝——首都在巴格达的阿拔斯王朝建立起来,有效地控制着核心地区并声称是"伊斯兰之家"的权威性中心。尽管如此,那些摆脱了这种中央集权的地区仍然信奉伊斯兰教,伊比利亚半岛上的科尔多瓦埃米尔王国就是其中的代表。1258年蒙古军队占领并蹂躏了巴格达,杀死阿拔斯王朝最后的哈里发,严重干扰了伊斯兰世界的秩序。在这种混乱之中,三个新的伊斯兰帝国兴起:首先是奥斯曼帝国,它继承了伊斯兰世界西部的许多地方,然后是萨法维帝国,它于16世纪早期确立了对波斯的统治权,最后是莫卧儿帝国,它征服了印度的大部分地区。

奥斯曼帝国兴起于13世纪末。那时突厥游牧民族在奥斯曼·贝伊("奥斯曼"一词因此而得名)的领导下开始在安纳托利亚半岛(现在的土耳其)巩固自己的力量。14世纪,奥斯曼的继任者靠新式火药武器发展起强大的军事力量,并建立起一支以奴隶为基础的军队,被称为新军。依靠这支军队,他们把马穆鲁克势力赶出了埃及。在争做伽吉(ghazi,穆斯林宗教勇士)欲望的驱使下,奥斯曼人向拜占庭帝国占领下的、属于基督教世界的巴尔干地区施加了强大压力,于1389年夺取塞尔维亚,并于1400年到达多瑙河。

然而,真正的诱惑是君士坦丁堡。君士坦丁堡是拜占庭帝国的首都,基督教世界的东部前哨——虽然是东正教的而非罗马天主教的。它横跨博斯普鲁斯海峡,控制着地中海东部和黑海的贸易。几个世纪以来,东正教和拜占庭帝国一直抵挡着奥斯曼帝国和伊斯兰教向西的扩张。然而,奥斯曼帝国的军队在 15 世纪中叶围攻君士坦丁堡，并在 1453 年攻陷该城市后，把它变成自己的首都，改名为伊斯坦布尔，而圣索菲亚大教堂改为清真寺。以此为基地，奥斯曼帝国完成了对包括希腊和阿尔巴尼亚的巴尔干半岛的征服，夺取克里特岛，占领热那亚在黑海的各个港口，甚至还计划夺取罗马。

1453 年君士坦丁堡的陷落对基督教的欧洲是一个巨大的打击。作为基督教在地中海的东部前哨，君士坦丁堡曾是向黎凡特地区发动十字军远征的平台，代表着许多基督教徒最终收复巴勒斯坦和耶路撒冷的希望。但在君士坦丁堡落入奥斯曼的控制后，它就作为一个标志郑重地向世人昭示：伊斯兰的实力犹在，欧洲人可能会比以往更加边缘化。奥斯曼帝国阻断了欧洲通往东地中海道路，也因此阻断了通往中国和印度洋的贸易圈的道路，迫使欧洲人去寻找另外的通往富饶的亚洲的道路。

非洲

伊本·白图泰的旅行表明了伊斯兰各帝国在近代早期世界的雄厚实力和辽阔统辖范围——甚至远及非洲。的确，北非、撒哈拉以南非洲以及东非都是"伊斯兰之家"的组成部分。伊本·白图泰在非洲旅行时，所考察的不仅仅是"伊斯兰之家"所在的一个又一个地区，而且还包括所有这些地区的高度发达的文明：多产的农业、城市、统治和被统治阶级、地区贸易体系，以及先进的采矿业，其中包括炼铁业。到公元 500 年，高度文明的社会、经济以及文化等诸多特性已遍布整个非洲，不久，许多大帝国出现了，其中最大的是西非的加纳。加纳地处热带大草原、热带雨林和撒哈拉沙漠三种不同生态系统的交界处，因此能够利用所有这些地区的物产，鉴于此，在穆斯林到达北非的时候，加纳是战略位置最重要的国家。7 世纪穆斯林的扩张跨越地中海后，在公元 10 到 12 世纪之间，所有穿过撒哈拉沙漠与北方交易的非洲帝国都改宗伊斯兰教。[14]

加纳的国王改宗伊斯兰教后，王国仍在继续扩张。加纳王国自己生产黄金，但穆斯林们对黄金的需求十分强烈，而且，他们所带来的货物（来自印度的棉布，以及马匹、珠子、镜子，还有最为重要而当地又不出产的盐）在西非有广阔的市场，这导致黄金流进加纳的首都昆比-萨利赫，促进贸易更加繁荣。

取代加纳的马里帝国地域更为辽阔。从13世纪到15世纪初，马里几乎控制了所有西非贸易并对其征税，这的确是非常可观的收入。由多达25000匹骆驼组成的庞大的商队在沙漠上连绵数英里，把金银和奴隶运出非洲，同时也把印度棉纺织品（还有其他货物）运进马里。不仅首都尼亚尼繁荣了，马里的其他城市也繁荣起来。商业把廷巴克图变成一个著名的交流中心，吸引学者、建筑师、诗人和天文学家到那里的大学，穆斯林神学家们也纷纷来到那里的一百多所研究《古兰经》的学校。

曼萨·穆萨统治时期（1312—1337年），马里的繁荣和影响达到顶峰。作为一位穆斯林，他于1324—1325年带着一个庞大的队伍和大量黄金到麦加朝觐，据说他在开罗逗留期间，向他所遇到的每一个人赠送黄金，数量如此之大以致金价暴跌百分之二十五。大部分来自非洲的黄金首先设法运达开罗这个连接亚洲与地中海及北欧的大贸易港口，从那里通过贸易运到印度和意大利城市国家威尼斯和热那亚，后者进一步把它向北运到西欧。14、15世纪，对欧洲人来说，得到非洲的黄金是至关重要的。按一位学者的话说，它"对于地中海经济的货币化及其与［印度］贸易的平衡来说是生死攸关的"[15]。

穆斯林进入非洲的另一条路线是沿海贸易线，从开罗和红海向南沿非洲东海岸到达贸易城市摩加迪沙、马林迪、蒙巴萨、希尔瓦和索法拉。早在希腊和罗马时代，就有船只在非洲东部港口靠岸，所以穆斯林商人的到来，除了在带来货物的同时也带来伊斯兰教并使东非人逐渐改宗伊斯兰教外，并没有带来太大的变化。这些城市具有很强的国际性，汇集了来自非洲内地的商人、阿拉伯人、波斯人、南亚人、来自印度尼西亚的马来人，甚至还有中国人（他们中的许多人也许是郑和的船队离开后留下来的），他们在那里相互通婚，产生了一种新的海岸文化和一种深受阿拉伯语影响的叫作斯瓦西里语的地方语言。像西非一样,东非是世界经济中许多物产的原产地,尤其是象牙、动物皮毛、黄金和奴隶。

一些大帝国在非洲的存在并不能掩盖这样一个更重要的事实:就非洲大部分地区而言,政治权力是极度分裂的,仅在西非就有上百个领土不足四百平方英里、仅有3000—5000居民的"微型国"。中等国家的规模也许十倍于此,但为数甚少。虽然非洲国家间战争不断,但在非洲社会,交战国并没有太多地感到有必要把邻国土地据为己有。按照历史学家约翰·桑顿的观点,其原因是土地不被认为是私有财产,土地也不是非洲社会财富的基础。[16]更确切地说,与中国、印度或欧洲截然不同,在非洲掌握劳动力才是财富的源泉。正是在这种语境下,我们必须了解非洲的奴隶制度。

奴隶制度

本书到此为止所涉及的几乎每一个社会——欧洲、伊斯兰诸帝国、中国和印度——都曾使用过奴隶。通常,奴隶在有权有势的人家作为家庭仆人来使用,其地位与肤色毫无关系。实际上,奴隶的主要来源之一是东欧,尤其是黑海周围地区,那里居住着一个被称为斯拉夫人(Slavs)的高加索民族,奴隶(slave)一词就来源于此。威尼斯商人贩卖到马穆鲁克帝国的"商品"中一个重要的部分其实就是这些"斯拉夫人",在开罗的市场上用以换取香料和黄金。简而言之,有一个买卖奴隶的世界市场,而且欧洲和穆斯林商人都积极地为其提供货源。

非洲人也蓄养奴隶。由于土地不被私人拥有因而不是财富和实力的来源,所以非洲精英(大部分是政治领袖和商人)拥有劳工,即奴隶。土地这种私人不动产的缺失使奴隶制遍布非洲。奴隶们被当作家庭佣人、干农活的苦力、部分国家军队的主体,或用于交易。奴隶所从事的并不一定是社会中最卑贱、最费力的工作,他们通常被认为是"永久的孩子",尽管是能由自己的亲生子女继承的那种"永久的孩子"。因此,非洲有巨大的本地奴隶市场,其中许多奴隶用于国与国之间的战争。[17]据学者们估计,从公元750年到公元1500年的几百年中,每年多达一万非洲人沦为奴隶,在这750年里，总数可多达500万到1000万。[18]当然，有关非洲奴隶的故事的主要部分与欧洲的大西洋奴隶贸易——销往美洲——联系在一起，这将在下一章详细论述。

到15世纪，撒哈拉以南非洲的各文化区域养育着大约4000万人口，这一人口数量略少于欧洲，可能和美洲差不多，但只相当于半个中国或南亚的人口数量。此外，因为非洲的面积非常辽阔——三千万平方公里，等于美国大陆、中国、印度、欧洲以及阿根廷的总和——所以人口密度较低。在非洲，尽管人口密度低，但中心城市、社会阶层、核心国家的确发展起来了：在尼罗河上游的努比亚（这里有富饶而多产的农业），在厄立特里亚和埃塞俄比亚；在西非，横贯撒哈拉的贸易路线把加纳及其继承国马里和桑海与地中海世界联系起来；在东非，斯瓦西里港口把非洲和印度洋世界连接起来，尤其是在公元900年伊斯兰扩张到非洲之后。尽管如此，非洲的环境——贫瘠的土地，扰人的疾病，凶猛的大型动物——也给人口的增长造成了许多障碍。[19]除此之外，后来发生的跨大西洋奴隶贸易还把数百万非洲人运送到美洲，这是第三章将讲述的故事。

关于非洲，有许多有趣的、有意义的事情需要了解，但出于本书的目的，有两点引人注目。第一，在欧洲人15世纪登上非洲舞台的很久以前，非洲人就已拥有庞大而成就非凡的帝国、覆盖面广的内部贸易网络（见地图2.2）、多产的农业和工业，特别是采矿和精炼。第二，非洲已成为世界贸易体系的一个组成部分，提供黄金和奴隶、换回制造品，许多制造品来自亚洲，如来自印度的色彩鲜艳的棉纺织品和来自中国的瓷器。虽然非洲不像印度和中国那样是推动全球经济的发动机，但欧洲同样也不是。

欧洲和黑火药史诗

虽然我使用了"欧洲"和"中国"这两个术语，仿佛两者是具有相似性的可比较单位，然而，它们在政治上毫无共同之处。在漫长的帝制时期，中国在大多数时候是由单一君主统治统一帝国，版图与今天的美国一样大,在 1400 年就拥有 8500 万至 1 亿人。与此相反,"欧洲"只不过是对于亚欧大陆最西端的半岛的便利而简明的称呼。[20]虽然我使用"欧洲"这一术语,好像其中有些一致性,真实的情形是 1400 年的欧洲分裂成了几百个政治单位,从城市国家(如威尼斯或热那亚),到公国、主教管区、公爵领地、王国,在伊比利亚半岛甚至还有穆斯林哈里发统治区。它们彼此心存异念,时不时地与邻邦进行战争,所有政治单位都在努力建设陆军和海军以自卫——即使不是为了以牺牲别国来扩张自己。

这种四分五裂的政治局面是 6 世纪末罗马帝国的最终崩溃和 8 世纪伊斯兰教传播所留下的历史遗产。罗马帝国的衰亡和地中海贸易机会的丧失,使现在我们称为欧洲的许多地方退回到农业的封闭状态,贵族们住在可以抵御侵略者和掳掠者的城堡里,从被束缚在土地上的农奴化的农民那里征收租税。军事力量用于防止外来者入侵、防备其他不可靠的贵族、防备觊觎权力的封臣、镇压造反的农奴,在十字军东征中则用于抗击占领圣地的"异教徒"——穆斯林。在这个世界里,掌握("拥有")一片土地(以及从它上面的农奴那里得到的农产品)是最基本的需要,而城堡是保护这片土地的主要手段。

中世纪欧洲人所能利用的最致命的武器就是剑、刀、骑枪、长矛和长弩,鉴于此,这些高高耸立在小山上俯瞰肥沃的河谷的石头城堡能够保护并控制住一片区域。这些设施从本质上说以防御为目的,到 11 世纪,其效用已充分显现出来,以致被推广到整个西欧。在此后的三个世纪里,战胜敌人意味着要夺取其城堡,而这通常需要漫长的围攻。这期间,城镇已开始在各地发展起来,它们也建造围墙以自卫,其中最著名的在意大利北部和中部。

无休止的战争、城堡、设防城镇,正是在这样的环境中,一种新的军事技术——靠黑火药发射的大炮——在 14 世纪末被引入欧洲。[21]大炮何时被欧洲人用于战争之中,确切时间难以说清楚,但我们清楚地知道欧洲人得到它的手段。蒙古人不仅在 1347 年把黑死病传到欧洲,而且在前一个世纪的某个时候把大炮的技术传给了欧洲人,1327 年的一幅欧洲早期大炮的图片可以为证。

黑火药和大炮是中国人发明的，其发明过程开始于公元1000年前后，那时的中国史书提到了"火枪"和其他一些武器，包括炸弹、火箭筒、喷火器、地雷和毒气。对中国人来说不幸的是，蒙古人获得了这项新技术，并加以改进，制造出叫作"石炮"的早期大炮，不仅如此，在13世纪末期征服中国的决战中，他们用这些大炮对付中国城市。蒙古人还把这些发明用于他们13世纪对欧洲的进攻，一些有进取心的（或者被吓坏的）欧洲人从蒙古人那儿偷窃或购买了这一技术。

石炮在投弹的远度和准确度上都不太有效；事实上，它们最初大多用于惊吓马匹。但欧洲人很快改进了它们。首先改进的是炮弹，起初是用圆石头造的，但后来改用铸铁造。其次，对欧洲的统治者来说，幸运的是他们的辖区内有铸造教堂大钟的能工巧匠。而铸造大炮的技术与铸造大钟基本相同，所以不久之后，由于铸钟工匠们在改进大炮方面的辛勤劳动，大炮变得更坚固、小巧、轻便，搬运更为方便了。[22]在欧洲统治者之间战争连绵不断的背景下，这种新技术是非常有用的。

从1000年到1500年，欧洲统治者的主要活动就是战争：备战、筹集战争经费、战后恢复。雪上加霜的是，由于大炮和其他枪炮的引入，战争变得更加昂贵。这种形势迫使欧洲各国政体日益趋同，形成城镇和城市提供充足的财富、众多的人口提供充足的兵源的领土国家。在一段时间里，那些小而富裕的国家（如荷兰）能够使用雇佣军，而那些大而穷的国家（如波兰）能够征召农奴参军并迫使他们作战。但总的来说，在欧洲战火连绵的国际秩序下，最为成功的是那些两者兼备的国家：既有城市的财富支付战争，又有年轻男子从农村走向战场。那些拥有枪炮的人能在自己的领土上宣示主权，而且用武力——如果需要——迫使他人俯首称臣。在15世纪，由于大炮扫清了道路，政权（不仅限于欧洲的统治者）的巩固加速了。

1453年奥斯曼土耳其帝国用大炮夺取了君士坦丁堡，同一年，法国国王也用大炮夷平了英国人的防御工事，迫使他们经由英吉利海峡回国，从而把他们逐出法国，迎来了百年战争的结束。到 1453 年，大炮已向遍布欧洲的几百个大大小小的政治实体的领袖们证明了自己的价值。几十年后在西班牙，"天主教双王"斐迪南和伊莎贝尔用 180 门炮组成的围攻军队把穆斯林从格拉纳达——穆斯林在伊比利亚半岛上的最后堡垒——赶走。

由于欧洲在政治上四分五裂，没有一个领袖能实现或保持对这些新式武器的垄断，并凭借它们在欧洲建立一个帝国。然而，15 世纪末曾短暂地存在过这种可能性，只不过由于意大利人发明的新防御手段而消失了。法国国王们靠新的军事力量先后加强了对勃艮第和布列塔尼的控制，然后于 1494 年决定入侵意大利以扩张领土。意大利城市国家长久以来一直处于彼此之间的战争中，当佛罗伦萨人 1500 年用新式大炮进攻比萨时，他们发现对方在石头防御工事后面有一堵用壕沟里挖出的松土筑成的新墙——确切地说是一道护堤。炮弹打到松土上，毫发无损，比萨人仍然占据着工事。不久有关这种新的防卫策略的消息传遍全欧洲，围城战再次成为欧洲战争的主要特征。[23] 无论法国国王、神圣罗马帝国皇帝，还是西班牙的斐迪南和伊莎贝尔，都无法吞并所有小的领地并成功地把欧洲统一成一个帝国。我们在下文中将会看到，这种努力在不久的将来还会再一次尝试。

地中海的武装贸易

这类战争大多是为了获得、维护或扩大财富和权力。虽然对这两个概念的理解在不同的时间和地点有不同的内涵，但事实是大多数统治者（和其他人）都发现财富的增加是件好事。对 15 世纪的欧洲人来说，麻烦在于他们繁衍生息的这部分世界相对贫穷。当然，一个统治者也许能靠武力夺得邻邦的土地，但那块土地及土地上的人往往同样贫穷。欧洲大地人烟稀少，许多地方变成了牧场，用来饲养拉犁耕翻粘重土壤的马匹。欧洲农民面临的种种困难之一是他们几乎没有足够的食物让自己的家畜度过冬天，所以通常只好宰杀相当数量的役畜。为了防止那些肉食浪费，欧洲人不得不设法保存它，所以盐特别是胡椒就成了关键的用品。盐在当地可以获得，但胡椒只能从印度运来，而且特别昂贵。在大多数情况下，欧洲人几乎没什么可卖的东西以换取胡椒。

但欧洲人的确为了争夺来自亚洲的香料控制权进行着持久的战争，特别表现在意大利北部的城市国家热那亚和威尼斯这两个地中海的港城之间。几个世纪以来，威尼斯和热那亚为了独霸亚洲货物在欧洲交易的控制权而不断竞争。这种竞争不仅表现在经济上，而且也表现在军事上。它们彼此互相劫掠，并向北非"海盗"寻求保护，每一方都开始建造战舰以保卫自己的商船，船只也不单独离港，而是结伴而行。这种保护由每个城市的政府提供，通过举公债支付。不仅如此，政府还试图把所有水手变成战士。地中海上的贸易因而成为武装贸易。

13、14世纪的一系列事件使威尼斯占了上风，到1400年终于为它的商人们争得了对亚洲香料和纺织品的实质性垄断权。[24]威尼斯的胜利和武力的使用不仅把热那亚人，也把其他欧洲人赶出了地中海。尽管如此，以航海为业的欧洲人一直幻想着一条直达亚洲的航路，既可绕过横亘在中间的伊斯兰国家，又可避开威尼斯人对香料的垄断。蒙古人曾一度开辟了一条可利用的陆上通道（它使马可·波罗到达中国），但它在14世纪末随着蒙古帝国的崩溃而中断了。到15世纪，欧洲人到亚洲的路线仅存一条：经由埃及的威尼斯通道。

葡萄牙人的大西洋探险

这样，伊斯兰世界阻断了欧洲人获取亚洲香料和制造品之路，除非经过埃及的威尼斯合伙人控制的路线。为了找到绕过这些障碍通往亚洲的另一条海上航路，欧洲大西洋海岸的葡萄牙水手们明知穆斯林海军在直布罗陀海峡巡逻，仍在阿韦斯的亨利——人们更多地称他为"航海者亨利"——的领导下开始南下探索大西洋。阿拉伯人相信在非洲的南端有一个海角可以绕过去，直接通往印度洋。亨利非常清楚这一点，并决定找到这条路线，这样一方面可以建立与亚洲的直接贸易，从而排挤威尼斯人和埃及人；另一方面可以对穆斯林形成夹击之势，从而继续十字军把穆斯林赶出地中海和圣地的事业。

1415年,"航海者亨利"向穆斯林阵地发起进攻,从而开始了其探险事业,此后每年都派船只到非洲海岸进行考察。到1460年亨利死的时候,葡萄牙船只已到达靠近赤道的塞拉利昂,并与非洲人建立了贸易关系。葡萄牙人在非洲找到了黄金和奴隶,并用棉纺织品和枪炮交换。他们也"欧洲化"了亚速尔群岛、马德拉群岛以及加那利群岛的一些远离西非海岸的岛屿,为欧洲市场生产糖及其他商品(我们将会在第三章中更多地了解这些探险的相关情况及其环境后果)。由于还有更伟大的事业需要完成,即经由印度洋到达亚洲,因此葡萄牙人继续南下,直到1488年巴托罗缪·迪亚斯最终到达并绕过好望角。[25] 大礼就要送到葡萄牙人手中了,因此,当一个名叫克里斯托弗·哥伦布的热那亚水手进入葡萄牙王宫向国王陈述他横渡大西洋到达亚洲的理想时,他被拒绝了。正如我们所知,西班牙统治者斐迪南和伊莎贝尔最终同意给哥伦布以委任。1493年,哥伦布成功的消息传到西班牙(和葡萄牙),促使葡萄牙人加倍努力去绕过好望角,并在1497年派出一个由瓦斯科·达·伽马率领下的新使团。(见地图2.1)

就在1415年"航海者亨利"开始他的航海的时候,船队统帅郑和已经确立了中国人对整个印度洋的控制。要是中国人自己决定绕过好望角并向北沿非洲海岸前进——本可以这样做,因为他们拥有应对非洲西海岸附近多变风向的技术和能力——他们本来会在15世纪20年代与正努力沿非洲海岸南下的葡萄牙人遭遇,难以想象葡萄牙人能给中国船队造成多大威胁。倘若那样,也许就是中国人,而不是葡萄牙人,建立了亚洲和欧洲间的水上通道,从那里的贸易中获利,并使欧洲人不能远离家门。当然,正如事实所表明,中国人并未这样做,而是决定让自己的海军回家。印度洋仍然是一个开放的、和平的区域。葡萄牙人没有遇到可以轻而易举地打发他们回家的令人畏惧的中国船队,相反,他们于1498年堂而皇之地进入印度洋,没有遭遇到任何海上力量的阻挠,也没有见到以城墙或堡垒设防的城市。

印度洋的武装贸易

1498年绕过好望角后,瓦斯科·达·伽马带着会讲阿拉伯语的领航员向印度西海岸的卡利卡特(读者也许还记得,这是与船队统帅郑和相同的目的地)航行,并于5月18日抛锚停船。1499年他返回葡萄牙首都里斯本后,葡萄牙国王得知他开辟了通往亚洲财富的道路,很快又派出另一支远征队,这次由阿尔瓦斯·卡布拉尔率领。带着大炮和把穆斯林从卡里库特赶走的命令,卡布拉尔炮轰卡里库特达两天之久,阿拉伯船只也是炮轰的目标。据阿拉伯编年史记载,1502—1503年"(葡萄牙人的)大船出现在前往印度和霍尔木兹的航线及相邻水域。他们抢夺了大约七条船,杀死船上的人,一些人被俘。这是他们的第一场战斗,愿安拉诅咒他们"。[26]

葡萄牙人把武装贸易带入印度洋,按一位历史学家的话说,"作为这一地区显著特征的和平航海体系被突然终结了"。[27] 到1515年,葡萄牙人已靠武力夺取了多个贸易城市,包括马六甲和霍尔木兹。为了巩固对印度洋的控制,葡萄牙人打败了埃及和印度联合舰队,该舰队试图打破葡萄牙人对红海的封锁。葡萄牙人的人数较少,不可能控制很多土地,但他们能够(并且已经)夺取海上航路:首先靠武力,然后靠向印度商人出卖通行证来征收保护费。虽然葡萄牙人根本不可能完全控制或垄断印度洋的贸易,但他们靠武力取得了在那里的至尊地位。

夺取马六甲后,葡萄牙人进入南中国海,为了得到在广州的贸易权与中国人发生纠纷,终于得到中方割让的在中国南部边陲的澳门。葡萄牙人还与日本进行贸易,并且,由于日本与中国的贸易已被禁止,他们就把白银和黄金从日本运到中国,返程时则装载丝绸,潇洒地从中获利。1494年,教皇把世界分成了归属西班牙的和归属葡萄牙的两半,葡萄牙人从中得到鼓舞。在16世纪的大部分时间里,葡萄牙人称霸印度洋,尽管他们获取对欧洲的香料贸易垄断权的目标一直没有达到。[28]

一些亚洲沿海贸易城市的统治者亲身体会到欧洲式的武装贸易的威力,于是做出了反应:在自己的地盘上筑起防护墙,并为自己购买枪炮。

香料群岛上的穆斯林统治者尤其如此,其中最典型的是苏门答腊西北端的亚齐。在亚齐,穆斯林统治者于16世纪初建立了令人生畏的海军,目的是打破葡萄牙人的封锁、夺取其船只和武器。16世纪后期,通过与奥斯曼帝国接触,亚齐进口了几门大型而且制作精良的奥斯曼大炮,不仅足以保证免受葡萄牙人侵略,而且还可以威胁葡萄牙控制下的马六甲。葡萄牙人的武装贸易也许给印度洋带来了很多变化,但是"伊斯兰之家"一直在限制着欧洲人在这个世界上为所欲为。

结论

除美洲、非洲最南端及大洋洲的大部分地区外,由于贸易的推动,世界上的各种社会在15世纪已形成了广泛而且系统的交往和联系。这个近代早期世界体系是由三个因素促成的。[29]第一,世界的一些地方,尤其是中国和印度,拥有超过其他国家的技术优势,因而与其他任何地方的任何人相比,更有能力生产出价廉物美的工业品,尤其是中国的丝绸和瓷器以及印度的棉纺织品。第二,气候和地理条件的限制,使一些天然产品被局限在地球的一个和几个地方,例如产自印度尼西亚群岛的香料、非洲的象牙、中东的几种熏香,以及非洲的黄金和日本的白银等。第三,消费者的爱好和社会习俗形成了诸多需求:奢侈品(例如丝绸、香料、珍珠和原宝石等),以棉纺织品为代表的日益走向大众市场的产品,作为金融体系基础的贵金属(如白银在中国)。世界各地的贸易联系之所以出现,就是这三个因素间复杂地相互作用的结果。

不仅如此,这种确实存在的联系——特别是在印度洋——大部分是相互认可的、和平的。世界上没有一个地方试图强行控制整个体系,虽然伊斯兰教在7、8世纪的扩张导致数量众多的人改宗。15世纪船队统帅郑和的航海短暂地扩大了中国在印度洋许多地方的影响。世界是多中心的,存在三个分别以中国、印度和伊斯兰世界为中心的重要区域,其他地区则与这些强权中的一个或几个联系在一起。

大多数社会都能通过生产和出售他国想要的东西参与这一世界体系。

然而，欧洲人却特别的先天不足，也许除了羊毛和与非洲交易的火器外，他们几乎没有什么东西可以与世界其他地区进行交换。欧洲人主要拥有的是武装贸易这一特殊手段，它首先使葡萄牙，稍后——正如我们将在下一章看到的——使荷兰、英国、法国挤入了本应是和平贸易的印度洋。为了找到一条绕过非洲之角和横渡大西洋的航线，欧洲人锻炼成了真正"深海"的水手；就是说，他们能够远离陆地航行，借此确立起在印度洋上的巨大优势。除此之外，欧洲人后来在美洲大陆偶然发现了大量贮存的白银和蕴藏丰富的银矿，使他们能够，用一位分析家的话说，"买到一张登上亚洲火车的车票"。[30]这究竟是怎样发生的，将是下一章要讲述的故事。

第三章 帝国、国家和新大陆，1500—1775 年

1500 至 1775 年间，世界的组织结构在许多方面开始发生变化。首先，世界大部分地区卷入了惯常的、不间断的交往，这是前所未有的。世界上原先存在着几个"世界"：中国世界，印度洋世界，地中海世界，还有到那时为止尚不为亚洲人、欧洲人和非洲人所知的美洲。而在 1500 年之后，两条新的纽带第一次将全球连成了一个单一世界。1492 年，克里斯托弗·哥伦布的航海开启了新大陆的大门，并且在美洲、欧洲和非洲之间建立起新的联系。还有另一条名气稍逊的太平洋航线，它自 1571 年西班牙人在菲律宾建立殖民地之后，把新大陆与中国联系在一起。这些新纽带促进了商品、思想、病菌、食物和人口在世界各地之间的交流，并在这一过程中创建了一个充满生机但又非常特殊的——与旧大陆（即非洲—亚欧大陆）颇为不同——新大陆。我们可以顺理成章地把 16 世纪的这些发展视为"第一次全球化"。

第二个大的进程是亚欧大陆上诸帝国持续发展并保持旺盛的生命力。在 16 世纪，帝国仍然是将地球上大部分地区置于人类控制之下的最为普遍的政治形式。在人类曾经设计出的向土地要收成、增加人口数量的各种各样的政治和经济体制中，帝制是到那时为止最成功的一种。值得思考的是为什么我们现在不生活在帝国中，而生活在民族国家里呢？这是因为西欧发展起了一种新型的国家体制。诚然，西班牙人最初曾因控制新大陆的许多地区、获得大量资源而试图建立一个帝国，但这一企图遭到欧洲其他

国家的强烈反对,结果不仅扼杀了欧洲帝国的前景,而且推动了欧洲国际政治新秩序的建立。

第三个主要进程涉及欧洲主权国家体制的成长以及这一成长过程与战争之间的关系。与亚洲帝国相比,欧洲国家显然既小又相当脆弱,不可能与更大的帝国相抗衡。它们的统治者如此贫穷,以至于不得不经常靠贷款维持军队给养;它们如此弱小,以至于在边界之内征集不齐自卫所需的所有资源。如果西班牙人在欧洲成功地建立了帝国,并消除国家之间的战争,独立的欧洲国家很可能根本发展不起来。但事实上,欧洲内部国家战争体制有利于一种特别类型的国家形态,它在16、17世纪的英国和法国发展起来,并且致使两国在18世纪陷入了长期的冲突。

第四个进程主要是在17世纪"全球危机"的背景下展开的。这一时期发生了"小冰河期"这样一个全球气候现象,它与连年不断的战争和内战交织在一起,导致全世界的人口下降,并且改变了统治者和国民对国家和政治秩序之宗旨的看法。小冰河期可能早在14世纪就开始出现了,由几个自然因素——它们减少了到达地球表面的太阳能量——所致,很可能一直持续到19世纪初期。与之相比,17世纪的人类危机虽然仅持续了很短一段时间,但由于寒冷气候对农业收成的负面影响和国家统治者对国民榨取沉重的战争税赋,使得危机愈演愈烈。历史学家杰弗里·帕克把17世纪气候变化与社会危机的"偶合"称为"致命的协同效应"(fatal synergy),它所导致的很多重要结果对于理解现代世界的兴起大有帮助。[1]到18世纪晚期,英国将出现在欧洲国家体系的巅峰。在亚洲,印度和中国的帝国的不同发展动力将导致印度渐趋衰弱,中国渐趋强大。从全球视野来看,如此说是不为过的,即在18世纪末,两个结构相当不同的世界将开始发生碰撞:一个是以中国为中心的东亚世界体系,一个是以英国为中心的欧美世界体系。[2]19世纪将见证势力的天平向英国倾斜,这一部分内容将在第四和第五章讲述。本章我们需要详述以上四大进程。

帝国缔造者和征服者

1500年之后,亚欧地区的五大帝国——东部的中国、中部的俄罗斯、南部的印度莫卧儿帝国、西南部的伊朗萨法维帝国和西部的奥斯曼土耳其帝国——急剧扩张,重新划定了亚欧大陆的政治边界,并且几乎结束了亚欧大陆游牧民族的武士角色。它们的扩张势头如此强劲,以至于到1775年,亚欧大陆的所有地区——欧洲最西边除外——几乎都在这个或那个帝国的控制之下,尽管它们并非同时或以同样的速度扩张,甚至有的帝国还经历了不止一次的重大挫折。

俄罗斯和中国

帝国扩张最明显地体现在俄罗斯和中国,自1500年至1800年,俄罗斯领土面积扩大了三倍多,中国也扩大了一倍多。俄罗斯帝国的扩张始于莫斯科公国。1300年的莫斯科公国仅仅是用栅栏圈起的一块地方(称为"城堡"),四周围绕着绵延几千平方英里的森林,许多农场点缀其间。在此后的150年里,莫斯科公国征服操罗斯语的其他公国,扩大自己的领地。最为迅猛的扩张发生于16世纪,当时莫斯科公国的统治者伊凡四世("恐怖的伊凡",1533—1584年在位)把帝国向东推进到乌拉尔山,向北至巴伦支海,向南达里海。在经历了17世纪全球危机的"困难时期"后,新建立的罗曼诺夫王朝(统治俄罗斯至1917年)使俄罗斯帝国向东扩张至西伯利亚,然后一路推进到太平洋。18世纪的统治者彼得大帝(1682—1725年在位)和叶卡捷琳娜大帝(1762—1796年在位)又把俄罗斯帝国的边界向西推进,占领波罗的海诸国,瓜分波兰,并且粉碎了乌克兰和克里米亚地区的叛乱。

中国拥有世界上历史最悠久的帝国传统,中国的帝国始建于公元前200年左右,结束于20世纪初期,持续2100年。尽管经历过分裂和被少数民族征服的不寻常时期,中华帝国的统治传统和统治技巧却一直延续着。1368年，明朝建立，到1500年仍统治中国。17世纪，明朝在政治上陷入衰落，加上小冰河期的寒冷气候，造成的农业收成和财政税收的急剧下降，客观上创造了有利于满族从长城以北入侵的条件。满族经过40年的征服战争，在中国建立起一个新的王朝，即清王朝。[3]新建立的清朝旋即开始了一系列军事征服，乾隆皇帝时期（1736—1795年在位）尤甚。乾隆皇帝曾在西北部和西部用兵，打败了几个少数民族，特别是回族准噶尔部和藏族，并把这些部族及其土地并入帝国。至18世纪70年代征服战争结束为止，清帝国在把西藏、蒙古和其他少数民族地区并入统治区域后，疆域扩大了一倍，尽管新增加的领地是人烟稀少的大草原、半沙漠地带或者山区。

中国是"朝贡贸易体系"的中心，该体系包括东亚大部分地区，其中包括那些未被正式并入中华帝国之内的邻近地区。北部、西部和西南部地区种族特点各异且尚未建国的民族，需要定期派遣使团到清帝国都城北京，真正地和象征性地向中国皇帝进贡。中国统治者还把越南、朝鲜、爪哇甚至日本等邻国看成属国，希望也能接待它们的朝贡使团。朝贡使团不仅认可了中国在东亚的主宰地位，而且为官方和私人提供了诱人的贸易机会，把中国和属国联系在一起。所以，中国对远远超出它直接统辖范围的地区发挥着直接和间接的实质性影响，东南亚大部分地区都纳入了东亚朝贡贸易体系之内。[4]

莫卧儿帝国、萨法维帝国和奥斯曼帝国的扩张

莫卧儿帝国、萨法维帝国和奥斯曼帝国彼此相连，跨越亚欧大陆南部和西南部。它们有许多相似之处。首先，它们都经历过突厥王朝的统治。最初，突厥人是中亚地区游牧民族的一支，后来发展起足够的军事力量，逐渐征服人口较为稠密的农业地区，如印度北部、波斯半岛和安纳托利亚高地。在前一章，我已经论述了奥斯曼帝国的兴起，在此再补充一点1453年征服君士坦丁堡之后的情况：奥斯曼土耳其人以地中海为中心继续向周边扩张，其中包括地中海北部海岸的希腊和巴尔干半岛，黎凡特地区的叙利亚、黎巴嫩和巴勒斯坦,以及从埃及到阿尔及利亚的整个地中海南部海岸地区。与此类似,在 16 世纪早期,突厥种族的领袖们征服波斯,从而建立了萨法维王朝;征服印度,从而建立了莫卧儿王朝。

第二,这三个王朝都信奉伊斯兰教的某个教派。奥斯曼土耳其人是逊尼派的虔诚信徒,萨法维人则信奉什叶派,而莫卧儿人(波斯语对"蒙古人"的称呼),至少在最初,既容忍伊斯兰教的各种派别,也容忍印度教的宗教活动和信仰。因此,这三个帝国都可以说是兴起于 8 世纪的第一个伊斯兰教帝国的继承国。尽管如此,逊尼派的奥斯曼土耳其人和什叶派的萨法维人之间教义差别甚大,以至于双方之间不断发生军事冲突,先是 1514 年的查尔迪兰战役,而后双方的冲突又断断续续地持续了 200 年之久。

第三,这三个伊斯兰帝国有着相似的政治和经济结构。发动征服战争的首领建立了新王朝,死后由他们的儿子以非常类似于中国制度的方式登上王位。另外,像中国一样,这些伊斯兰教国家也依靠任职于全国各地并对皇帝负责的官僚集团进行统治。这三个帝国都依赖多产的农业经济,统治者以向农民和大土地所有者征收租税的方式剥削农业产出的剩余物。

帝国的发展动力

这些帝国都面临困境,尤其是源自"17 世纪全球危机"[5]的那种困境。但事实上,在从 1500 年至 1775 年的这段时期里,尽管时有兴衰起落,帝国依然是具有扩张性的管理辽阔疆域之政治和经济的成功的组织形式,并向人们彰显出,它们完全有能力调动所控制的资源来提高和扩大当政王朝的权力并将其延伸至新的地区。的确,到 1700 年为止,亚欧大陆的大部分地区都处于这种或那种帝国的控制之下。颇具讽刺意味的是,除了俄罗斯帝国,其他所有帝国都是由来自大草原的征服者所建立。而反过来,这些扩张性的帝国又通过把存留的游牧民族控制在帝国之内的方式,终止了游牧民族对帝国生存的进一步威胁。诚然,直到 19 世纪,这些游牧民族和其他民族仍能"造反",甚至给帝国带来实质性的破坏,不过大的核心国家的势力正逐渐削减着游牧民族的力量。游牧民族入侵——它常常带来崩溃或破坏——曾是帝国的发展动力之一,而现在,这一动力消失了。[6]

不过特定帝国本身固有的其他发展动力继续对帝国的兴衰发挥着作用。印度莫卧儿帝国的势力在奥朗则布统治时期(卒于1707年)达到顶峰。他死后不久,印度王公纷纷挑战莫卧儿帝国的统治,并且实际上宣布独立。这导致了政治力量的分裂,为欧洲人插足印度提供了可乘之机,我们在下一章将会看到这些内容。中国的统治在18世纪似乎是非常稳固的,尽管我们今天反思历史,会发现那时最高统治阶层的腐败正开始腐蚀政治意志,而人口增长与经济困难的矛盾在18世纪末引发了一场大叛乱。镇压白莲教起义的代价则使帝国面临着其他困难,这些困难在19世纪初显现出来。

从1500年到1800年,跨越亚欧大陆大部分地区的这几个帝国繁盛了三个世纪。尽管每个帝国都有自己独特的历史和文化,但它们的确具有某些共性。最为重要的是,帝国是一种统治大片疆域的政治体制,统治权归一个人所有(通常称为"皇帝")。帝国的疆域如此辽阔,包含了语言各异的众多民族,以至于皇帝只能通过中间人实施间接统治而并非依靠中央任命的地方官员进行直接管辖(尽管中国皇帝的确试图以这种方式进行统治)。帝国在统治人民方面已被证明是相当有效的,所以出现下面的结果毫不令人惊奇:帝国获得发展,而且世界其他地区也建立起帝国,特别是在西部非洲和哥伦布到达之前的美洲。而且,正如我们即将看到的,就连欧洲也抱着建立统一帝国的梦想。在第二章,我已论述过西部非洲的帝国,这里,我将把美洲和欧洲介绍到故事中来。

美洲

南北美洲在欧洲人到达之前居住着许多民族。人类于公元前15000年左右首次移居美洲之后的若干个世纪里,[7]在那里建立了各式各样的社会和经济制度,从狩猎和采集社会到高度发达的农业社会,并且极具创造性地利用亚马逊热带雨林为农业服务。[8]这些民族也能创建旧生物体制下最高水平的政治组织形式——帝国，这一点应该不会让我们太感意外。在我们讲述的故事中，尤为重要的是两个帝国：墨西哥中部的阿兹特克帝国和地处山区，也就是位于今天秘鲁和智利的印加帝国。（见地图 2.1）

阿兹特克帝国

墨西哥中部谷地曾存在许多光辉灿烂的文明，且经久不衰。最早的文明是出现于大约公元前 1500 年的奥尔梅克文明。玛雅人在尤卡坦半岛创造了璀璨的文明，包括城市、大金字塔和高度发达的农业，并于公元 600—900 年左右达到鼎盛时期。之后的玛雅国分裂成众多小邦国。公元 1100 年，托尔特克人控制了墨西哥谷地，并在谷底北端建立了都城图拉。由于土壤肥沃，再加上周边山脉冰雪融化汇流成河，水源供应充足，使墨西哥谷地农业发达、物产丰富，吸引着北美各地的民族蜂拥而至。

1350 年左右移居墨西哥谷地的民族中有一支被称为墨西哥人，也被称为阿兹特克人。[9]由于是文明程度低、农业生产能力差的后来者，墨西哥人被排挤到最贫瘠的土地上，确切地说是一片沼泽和一个湖泊，而且被看作是其他民族的附庸。墨西哥人由于用一位酋长的女儿献祭而酿成大错，被驱逐到特斯科科湖的一些岛屿上。他们从湖床中挖掘淤泥，堆成了一块块漂浮土地（称为"浮田"），逐渐在特斯科科湖中部造起一个岛屿，位于其上的特诺奇蒂特兰城（今墨西哥城城址）最终发展起来。作为外来者，墨西哥人不得不自卫，因而变成了优秀的武士，尽管有时被别人雇佣，但他们一直在建造自己的防御工事，壮大自己的力量。

1400 年时，墨西哥谷地散布着许多好战的城市国家，其中有三四个国家是主角，而墨西哥人则充当外国雇佣兵和次要角色。直到 1428 年，他们与另外的两个部族建立了三方同盟，情况才发生了改观。这时墨西哥人已变得足够强大，他们开始征服和压制邻邦，并要求他们向首都特诺奇蒂特兰城进贡。15 世纪中期，墨西哥的两个统治者伊茨夸特尔（1428—1440 年在位）和孟蒂祖玛一世（1440—1469 年在位）领导联盟，逐渐控制了整个墨西哥谷地及其周边地区。在 16 世纪早期的鼎盛时期，帝国约统治了489个附属国，总计人口2500万，所有附属国都得向特诺奇蒂特兰城的墨西哥人进贡。

因此，墨西哥的统治者从附属国中积累了相当数量的财富，食物、纺织品、珠宝、毛皮、橡胶球、宝石和金银都流向特诺奇蒂特兰城。不过，被征服的民族并非心甘情愿这样做，而是因为他们害怕会遭到惩罚。墨西哥人并不依靠官僚机构和同化政策统治帝国，而是使用恐怖手段，哪怕有一点反抗的迹象，他们都会当作发动战争的借口，并且杀死俘虏，向他们的神灵献祭。[10]所以，墨西哥人把帝国建立在向臣服民族收取贡物、定期发动战争以及每天屠杀数百名（如果不是数千名的话）俘虏献祭的基础之上。尽管特诺奇蒂特兰城或许已经是一个相当富庶的城市，但是帝国自身的基础并不牢固，帝国的安宁在很大程度上依赖于墨西哥人给臣服于它的民族所造成的恐惧心理。

印加帝国

印加人在美洲建立的另一个帝国则呈现出不同的状况。与墨西哥人和玛雅人不同，印加人没有创立书写文字，我们所知道的关于印加人的大部分历史来自16世纪早期欧洲征服者的描述，尽管如此，故事依然令人印象深刻。在13世纪中期，印加人（这个名称最初是他们首领的称号，不过后来欧洲人使用时将其意义扩大，代指整个民族）定居于环绕的的喀喀湖的秘鲁高地上，15世纪发动了一系列战争征服邻邦，创建了一个大帝国，帝国疆域自北向南从现在的基多城延伸至现在的圣地亚哥，纵贯约2500英里。

与墨西哥人不同的是，印加人有意识地用自己的文化吸收、同化被征服民族，强迫他们说同一种语言（盖丘亚语），并且任用职业化行政官员直接统治他们。印加帝国疆域狭长，覆盖南美洲太平洋高地的大部分地区，不仅如此，它还是"垂直"的。秘鲁山脉高达13000英尺，一些城市坐落于9000英尺之上，印加人的村庄则次第分布在大山和山谷中。"垂直"不仅对帝国管理构成挑战，也给农作物生产制造了麻烦。由于不同海拔的生态系统差异很大，不同地带只能种植不同的农作物。为了保证这样一个不寻常帝国的统一，印加人用碎石铺成山路，保证帝国信使和军队的来往。

令人惊奇的是，印加这样一个庞大帝国竟然没有真正的书写系统，反而发明了依据绳子颜色和绳结数量记事的独特方式，统治者据此记录重要的信息（人口、赋税以及政府征派的劳役），以保持帝国的统一。村庄之间的迁徙是被禁止的，货币和私人贸易的缺乏限制了私人财产和财富的增长。尽管这样，帝国本身却很富有，统辖着1600万人。

不过，与墨西哥帝国一样，伴随着扩张，帝国内部也出现了紧张局势。印加人相信他们的统治者是太阳神的后裔，为了使统治者在死后也能高兴（也为了农作物生长），他的遗体被制成木乃伊，以便在重要场合或做重大决定时将它抬出来，从而保持与太阳神的联系。不仅如此，为了维持这类仪式，还要把被制成木乃伊的统治者的所有土地和财产赐予他的直系子孙。因而一个新的王位继承者只能领取贫瘠的土地，使他不得不靠征服来夺取属于自己的新领地和臣民，这就等于赋予印加帝国一个特殊的扩张动力。当所有可获得的土地皆被征服，或印加军队遭遇挫败——他们穿越安第斯山东麓向亚马逊的热带雨林地区进军时被赶了出来——时，帝国扩张的脚步放慢了。王室内部的紧张局势也随之升温，1525年一位印加皇帝死后不久就公开化了，引发了王位继承危机和两个同父异母兄弟之间争夺王位的战争。

到1500年为止，阿兹特克帝国和印加帝国都已牢固地建立起来，并且相当强大，尽管两者都有缺陷。阿兹特克人把帝国建构在强征勒索被征服民族剩余产品的基础上，而印加人则因为一项制度，需要不断向外扩张，为新统治者夺取新领地以供养其家族。但就在那时，西班牙人来了，当然首先是1492年的哥伦布，不过更为重要的是1519年的埃尔南·科尔特斯和1531年的弗朗西斯科·皮萨罗，他们的到来使一切都发生了改变。

美洲的征服和西班牙帝国

1500 年，阿兹特克帝国的首都特诺奇蒂特兰城的人口达到 25 万，是世界上最大的城市之一。城市里拥有金字塔、植物园、运河、动物园、排污系统，还有每天需要约一千人打扫的街道。特诺奇蒂特兰城是一个令人敬畏的地方，阿兹特克武士给被征服民族造成畏惧心理，以保证食物和货物流向首都。但是这个庞大、复杂而强大的帝国却被埃尔南·科尔特斯率领的区区 600 名西班牙"征服者"所摧毁。而在 16 世纪 30 年代，弗朗西斯科·皮萨罗甚至率领着人数更少的"军队"征服了印加帝国。事情究竟是如何发生的呢？

1519 年，科尔特斯在今天的韦拉克鲁斯城附近的墨西哥海岸登陆。他听说内地有大量的黄金，并且得知被阿兹特克人征服的人们将给他提供帮助，为他提供情报、食物、船只和战士。阿兹特克皇帝孟蒂祖玛二世最初认为科尔特斯是一个下凡的神，拿出许多黄金作为礼物赠送给西班牙人，希望他们离开。但是，按科尔特斯的话说，"我们患有一种心脏疾病，只有黄金可以治愈"，因此，他们开始跨越陆地，远征特诺奇蒂特兰。

利用被征服民族对阿兹特克人的仇恨，科尔特斯将他们收编，并在他们的帮助下，进入特诺奇蒂特兰城，攻打阿兹特克人。尽管阿兹特克武士英勇善战，而且还发明了许多在墨西哥谷地行之有效的战斗武器，但最终还是败在西班牙人的巨大技术优势之下：西班牙人有钢剑和盔甲，阿兹特克人只有青铜武器和布盔；西班牙人有大炮，阿兹特克人没有；西班牙人有带轮的车，阿兹特克人没有；西班牙人有马匹，阿兹特克人没有；西班牙人有"战犬"*，阿兹特克人没有；西班牙人战斗是为了杀敌并征服其领地，阿兹特克人只有在敌我力量不相上下时才开始战斗，而且并不杀死所有的敌人；最后，西班牙人无意中带来了天花病毒，在 1520 年夏天引

---

* 战犬指雇佣兵。——译者注

发了一场瘟疫，致使特诺奇蒂特兰城过半的居民死亡，阿兹特克士兵士气大落，而纪律严明的西班牙士兵则瞅准时机发动进攻，占领了特诺奇蒂特兰城。

同样是几个因素凑合在一起，帮助弗朗西斯科·皮萨罗率领的一小帮人征服了印加帝国。[11]早在皮萨罗到达之前的16世纪20年代，天花瘟疫就已从墨西哥传播至秘鲁，夺去了安第斯山脉大批印第安人的生命。皮萨罗登陆后，利用印加王位继承人之间的不和，诱使他们落入圈套，几乎将他们全部杀死。皮萨罗对最后一位印加统治者许诺，只要他交付足够的黄金就饶他不死，但在目的达到之后却用绳子勒住他的咽喉，致使他窒息而死。

尽管我们用"征服"这个词来描述16世纪里发生在阿兹特克人和印加人身上的事实，但西班牙人的胜利既非迅速又不彻底，因为美洲的土著坚持不懈地抗击欧洲入侵者。印加人的反抗又持续了一个世纪，实际上，西班牙人在与佛罗里达的塞米诺尔人交手中曾几遭失败，而且美利坚合众国的历史也充满着与印第安人的战争。甚至在某些方面，土著美洲人的反抗至今尚未结束，正如20世纪90年代发生于墨西哥恰帕斯的事件所给我们的警示。即使未被彻底打败，即使持续的反抗为土著美洲人赢得了与对方谈判的机会，甚至在边缘地区赢得让步，但是，欧洲人和非洲人最终取代了土著美洲人成为美洲人口最多的民族仍是一个不争的事实。对此，下文将详细予以论述。

哥伦布交换

美洲的征服导致人员、病原体、天然物产以及食物的全球性交流，尤其是新大陆的食物进入旧大陆的农耕经济中。玉米、马铃薯、番茄、辣椒以及其他食品迅速传遍亚欧大陆，丰富了平民和上流人士的饮食。例如，甘薯于16世纪中期传至中国，使所到之处的农民有可能省下大米用来出售。毋庸置疑，新大陆的农作物传到旧大陆，使那里人口的增长成为可能，超出了原先的食物总量所能供养的人口。

不过，哥伦布交换是一种双向的交流，在其中，新大陆的土著部落似乎是输家，因为新旧大陆的碰撞使到那时为止相互隔绝的两个病源之间发生了联系。土著美洲人的祖先在最后一个冰河时代移居美洲，那时有一大陆桥将阿拉斯加与西伯利亚相连。数千年后，亚欧大陆发生了农业革命，将人类和家畜聚集在一起，为动物病原体向人类的转移提供了便捷途径，引发了包括天花、水痘和流感在内的一系列人类疾病。亚欧人染上了这些疾病，并且随着时间推移产生了针对这些疾病的免疫力。而新大陆的人们却没有进行这种尝试的机会，当冰河时代结束，融化的冰川使大洋的海平面上升，高过白令海峡的大陆桥后，美洲的人们就与这些疾病隔绝了。这期间，这些疾病已经成为亚欧大陆物质世界中日常生活的一部分，一些疾病对那里的人们来说只是"小儿科"，大部分人都能很容易恢复健康。欧洲人经过数世纪已产生免疫力的疾病对于没有免疫力的美洲人（以及后来太平洋岛屿的人们）而言将是致命的伤害。[12]

大灭绝

天花的蔓延削弱了阿兹特克帝国和印加帝国，为西班牙人征服这两个帝国铺平道路，但这仅仅是持续一个世纪之久的大灭绝的开始。大灭绝几乎将美洲土著居民根绝，据多种估计，它造成了美洲人口由征服前的大约4000万至1亿人锐减到800万人。从1518年到1600年，有17种主要流行病出现在新大陆，传播范围遍及从当今南美洲的阿根廷到当今美国的得克萨斯州和卡罗来纳州的广大区域。不仅天花，其他几种致命的疾病——麻疹、流感、淋巴腺鼠疫、霍乱、水痘、百日咳、白喉和热带痢疾——同样毁灭着南北美洲的人口。[13]不过，疾病并不是西班牙征服后的这一世纪里美洲人口减少的唯一原因，征服本身、美洲土著居民之间的战争、征服者的镇压、印第安人劳动力的强制征用、低生育率以及幸存下来的土著的低落情绪都加剧了这一灾难。[14]

单就墨西哥一地而言，1519年，那里有2500万人，50年后降到270万人，100年后，就仅剩75万人了，只占最初人口总数的3%。同样的厄运也降临到印加人、加勒比群岛居民（从埃斯帕尼奥拉的阿拉瓦克人开始）和（现在的）美国东南部的印第安人头上，尽管程度有所不同。从欧洲带来的疾病是否在17世纪之前毁灭了美洲东北部、密西西比河上游地区和美洲西北部的印第安人，这依然是学者们争论的一个话题。不过，自欧洲殖民者在北美洲永久定居之后，疾病也随之折磨着那里的土著居民。简言之，在欧洲与新大陆发生接触的这个世纪里，大片地区的人口锐减，使美洲失去了占1500年之前人口总数90%的土著印第安人。尽管我们未能确切知道在与欧洲发生接触之前美洲到底有多少人口，不过，到1600年美洲千百万人的消失似乎是一个不争的事实。

气候学家威廉·鲁迪曼认为大灭绝很可能促成了小冰河时期的全球变冷。由于没有人类管理农田以及周期性地燃烧树木，森林重新覆盖美洲大陆。鲁迪曼辩称，大片树木生长起来，从大气层中吸走大量二氧化碳——我们今天称之为"温室气体"——进而促使地球变冷。在人类引发20世纪全球变暖的问题之前，人类的行为——或其后果——也许曾经导致过相反的后果，即小冰河时期的气候变冷。[15]

劳动力供应问题

即使没有大灭绝，西班牙人在新大陆也将会面临劳动力缺乏问题，因为他们自己不愿意从事体力劳动，而让土著印第安人心甘情愿为他们劳作也不那么容易。天主教会内部关于印第安人是否有灵魂问题的争论尘埃落定（裁定他们有灵魂）之后，奴役印第安人已不可能。尽管印第安人不再是奴隶，但他们却被强迫在西班牙人的田地或煤矿里劳作，由西班牙人给他们提供食物、住处，承认他们的基督教徒身份，这种剥削制度被称为"监护制"（encomienda）。征服战争和大灭绝结束后，又出现了另一种补充性的制度——"征派制"（repartimento）。鉴于印第安人人数稀少且相隔甚远，征派制把印第安人驱赶进西班牙人所熟悉的以坐标方格形式排列的小镇里。这两种剥削制度的结合为西班牙征服者和他们的后继者提供了衣食来源。

白银

美洲的"发现"当然是一个偶然事件,哥伦布向西航行是为了到达亚洲,途中偶然发现了一片新大陆。不过,哥伦布寻找亚洲的原因同样也是那些追随他到达美洲的人的目的:发财。这些西班牙人不仅偶然发现了南北美洲,而且偶然发现了无以计数的金银,阿兹特克人和印加人用它们做成了许多工艺品、武器和实用品。阿兹特克人和印加人被打败后,这些金银制品皆被西班牙人占有。

最初,印第安劳动力缺乏的问题是不存在的,因为西班牙人所做的仅仅是掠夺已汇集在特诺奇蒂特兰城和库斯科城(原先印加帝国在秘鲁的首都)的金银,并加以熔铸,再用船只运回塞维利亚。因此,与大灭绝相伴随的是大掠夺,这也是美洲被征服后的几十年里,西班牙人影响新大陆经济的显著特征。不过,随着原印加帝国(今玻利维亚西部)和墨西哥地区大量银矿的发现,情况很快就发生了改变。

1545年在波托西城发现了最大的银矿。到1570年,波托西城就已经发展成一个拥有15万人口的新兴城市(尽管海拔高达11000英尺)。在接下来的一个世纪里,尤其是水银提炼技术引进之后,成千上万吨白银从波托西城运出。印第安人开采矿山,提炼矿石;他们或者是被强迫劳作,或者是受利益驱使赚取工资。对于西班牙人而言,波托西城是一个传说中的财富源泉("值一个波托西城"成为富裕的固定用语),而对印第安人来说,它是"地狱之口",首先采矿本身就相当危险,而使用水银更是致命的(水银是一种有毒物质)。波托西城如此运转了三个多世纪,据估计,总共有800万印第安人——在银矿工作的每十人中就有七人——死于非命。

大量白银从新大陆流出,其中有一半来自波托西城。从1503年到1660年,3200多万磅白银和36万磅黄金从这里运出。它们流向了何方?是谁对白银有着如此大的需求,以至于波托西城这个荒僻之地能蓬勃发展起来,并促使西班牙人为了获得白银情愿驱使800万印第安人劳作至死?[80]

毕竟征服者曾经贪图的是黄金，并非白银，而他们目前在这里生产的却是白银。为什么？这一切可以从两个方面回答。

西班牙帝国及其崩溃

由于新发现的巨额财富唾手可得，西班牙统治者试图将整个欧洲置于自己的支配之下。帝国观念（和理想）在16世纪的欧洲绝非不切实际。确实，自罗马帝国衰亡以来，一些欧洲人一直渴望重建以基督教为基础的统一的政治秩序。在很长一段时间里，人们把希望寄托于地中海东部的拜占庭帝国，它是东正教的维护者。但是，1453年奥斯曼土耳其人夺取君士坦丁堡并把它变成一个穆斯林城市，希望随之破灭了。

在西欧，帝国观念被神圣罗马帝国传承下来。公元962年，一个半野蛮的日耳曼入侵者夺取意大利，并被教皇封为"神圣罗马帝国皇帝"，帝国的称号又恢复了，尽管更多的是名义上的和希望中的而非事实上的。"神圣罗马帝国"的称号一直维持到1806年，在地域上主要包括奥地利和德意志，尽管德意志本身在政治上甚至比意大利还支离破碎。

不过在16世纪早期，西班牙似乎极有可能在欧洲建成一个真正的帝国。斐迪南和伊莎贝尔的孙子查理五世不仅继承了西班牙王位，而且号称拥有遍及欧洲的哈布斯堡王朝领地（奥地利、尼德兰、西西里和撒丁尼亚），占有新大陆的新西班牙（墨西哥）和新卡斯蒂利亚（秘鲁）。新大陆的财富开始源源不断地流向西班牙，最初只是掠夺阿兹特克和印加帝国的珍宝所得，而在波托西城的银矿开采之后，那里成为西班牙财富的固定来源。这些使得查理五世和他的继任者腓力二世有了足够的金钱尝试统一他们的领地。不过，西班牙君主统一其领地的企图遭到法国和西属尼德兰领地的新教徒的阻挠，英国也在必要时援助西班牙的敌人。

西班牙和法国之间接连不断的战争以及荷兰独立战争（新教的荷兰人反抗天主教的西班牙人，尤为激烈的战斗发生于16世纪70年代）都使西班牙元气大伤。尽管有大量的白银从新大陆流向西班牙，但战争的消耗如此巨大，以至于西班牙王室不止一次宣布破产（最早在1557年和1560

年，之后又发生过许多次）。1588年，英国打败西班牙无敌舰队，紧接着西班牙又在欧洲（1618—1648年的三十年战争）和新大陆遭遇了更大的挫败，由此注定了西班牙人创建欧洲帝国之企图破灭的命运。新生事物——主权民族国家间的竞争体系——将取而代之，西班牙将不再是中心。许多历史学家认为创建帝国机会的丧失和民族国家的出现是西欧历史的一个重大转折点。[16]我们将在本章后面的内容讲述这个问题。现在，我们需要回来解释人们乐此不疲地在新大陆挖掘白银的第二个原因。

中国对白银的需求

哥伦布冒险穿越不为世人所知的大西洋，瓦斯科·达·伽马绘制好望角周边新水域的航海图，都是为了绕过奥斯曼人和其他穆斯林所控制的从东地中海到亚洲的陆路，而直接到达富庶的亚洲。当然，哥伦布从未到达过亚洲（尽管他认为自己到了那里，并把土著美洲人称为"印第安人"），而当葡萄牙的船只驶入印度洋和中国海域时，他们发现自己太穷了，几乎没钱购买亚洲的香料和制成品（所以他们以"武装贸易"保护的伎俩勒索商品）。不过，当西班牙人偶然发现新大陆的白银时，他们几乎找到了获取亚洲财富的钥匙。可以这么说。

问题是，正如一句俗语所说，西班牙"养着奶牛，却喝不到牛奶"。确实有大量的白银从新大陆流向塞维利亚，但是西班牙的统治者，尤其是查理五世和腓力二世却持续不断地进行战争，试图将整个欧洲置于其帝国的控制之下。结果白银从西班牙流出，流入了荷兰军火商和英国、意大利金融家的手中，然后，这些人就用新获得的白银资本资助到中国和印度洋去的贸易使团。不仅如此，西班牙人并不能有效地控制直接通往亚洲的航路，那些路线被葡萄牙人、荷兰人、英国人和法国人控制着。这种状况至少维持到1571年，那一年，西班牙人占领菲律宾的马尼拉，并在那里建立殖民地，这样西班牙人就可以把满载白银的西班牙船只从阿卡普尔科直接开往马尼拉。

众所周知，在从1500年到1800年的三个世纪里，"大约3/4的新大陆白银"最后都辗转流入中国。[17]原因在于中国对白银有着巨大的需求，既把它当作货币体制的基础，又用它便利经济的发展。中国珍惜白银，所以白银在那里非常昂贵，而在南北美洲却非常廉价（掠夺而来的白银仅消耗了生产成本，而800万印第安矿工的死亡证明白银的生产成本相当低廉）。因而，白银从新大陆流出，辗转欧洲和太平洋到达菲律宾，最终流向中国。中国拥有当时世界上最强大、最高效的经济实力，是带动近代早期大部分地区经济发展的引擎，新大陆的白银为其供应能量。毫不夸张地说，没有中国，就不会有波托西城（或者说至少波托西不会发展成这么大的一个城市），没有波托西城，西班牙人就不会抱有在欧洲建立帝国的野心。简言之，用当今一位世界史学家的话概括，白银"围绕世界转，并促使世界运转"。[18] 中国施动，欧洲从动。

在1500年至1800年这段时期里，尽管欧洲人在新大陆和亚洲有了新的开端，但世界人口、经济活动和贸易的主体都在亚洲。[19] 事实上，亚洲人口占世界人口总数的比例从1500年左右的约60%上升到1750年的66%，1800年的67%。直到1800年，世界上2/3的人口都是亚洲人，主体在中国和印度。正如第一章所讨论的，在旧生物体制下，人口增长是国家成功地生产出剩余财富以供养更多人口的标志。

但是，亚洲不但人口增长了，经济产量和经济生产率也都提高了。从1500年起亚洲经济持续增长，到1775年，世界上所有产品的大约80%都在亚洲生产，换句话说，占世界人口总数2/3的亚洲人生产着世界上4/5的产品。从另一个角度来看，1775年，占世界人口总数1/5的欧洲人，与非洲人和美洲人一起生产着世界上1/5的产品。所以，在1500年之后的三个世纪，亚洲人拥有生产力最发达的经济。

在一些意想不到的地方，包括新大陆，都可以看到这方面的证据。在16世纪，中国的制成品与欧洲的相比，质量好得多，价格便宜得多，"它们很快打破了西班牙受商业利益驱使而在当地建立的市场垄断"。秘鲁的西班牙总督在1594年对马德里当局抱怨说：

中国商品价格如此便宜，西班牙商品价格如此昂贵，要通过阻止贸易的方式使西班牙王国没有中国商品，我们认为这是不可能的。既然一个人可以用 200 雷阿尔（25 比索）购买中国丝绸为其妻做衣服，他就不可能花 200 比索为妻子买西班牙丝绸。

在利马，市民们也穿中国丝织衣服，而在墨西哥城，妇女们身穿名为"普埃布拉的中国姑娘"（China poblana）的裙子，它到今天一直是墨西哥妇女的"民族服装"。的确，进口的中国商品如此物美价廉，以至于破坏了墨西哥的丝绸工业，即使墨西哥丝织业因为中国输入的丝线价格便宜而得到发展。[20]

英国人也发现便宜的印度棉纺织品大大优于他们在本地购买的任何纺织品（不管是羊毛织品，还是亚麻织品），以至于 17 世纪时印度进口商品在英国稳步增加。确实，至 1700 年，英国已从印度进口了大量的棉纺织品，在英国纺织品生产商看来，英国纺织业疲于竞争，前景暗淡。因此，他们于 1707 年成功地迫使英国政府禁止印度棉纺织品的进口，而不是成为效率更高的生产者来同印度竞争。印度色泽艳丽的印花棉布在法国妇女中也相当受欢迎，为了保护本国工业，法国于 1717 年颁布法令，禁止穿着印度棉织品或中国丝织品。巴黎一位商人做得更为出格：只要愿意"在大街上剥光妇女所穿着的印度棉织衣服"，任何人都可以从他那里得到 500 里弗赫。[21]

下一章，我将用更多的篇幅阐述纺织品在工业化进程中的地位问题。在此仅需说明：尽管拥有来自新大陆的财富，但是到 18 世纪末，欧洲人在与亚洲人所进行的全球经济竞争中仍然处于劣势。事实上，可以用这样一种方式理解当时的全球形势：欧洲人相对于亚洲人而言如此贫弱，距离工业财富和工业生产的真正创造者仍然如此遥远，以至于在他们内部互相展开了激烈竞争，而目的只是为了争夺在亚洲市场进行贸易的优先权。欧洲的边缘地位，换句话说，加剧了的欧洲国家之间的激烈竞争，促使欧洲人在这个仍被亚洲支配的世界里竭力寻找积累财富和实力的途径。新大陆再次进入了我们的视野。

新大陆经济

蔗糖、奴隶制和生态

新大陆经济的兴起得益于种植园制的建立和发展，它使用从非洲输入的奴隶劳动力，最初从事甘蔗生产，[22] 在 17 世纪逐步转向烟草生产，18 世纪又转向棉花生产。葡萄牙人在这一过程中起到了至关重要的作用。他们曾在巴西试验掠夺殖民地财富的最佳方式，由于没有几个葡萄牙人愿意移民到巴西，葡萄牙人除了依靠土著图皮人外别无他法。不过，说得婉转些，图皮人并不愿在农场劳作，纷纷逃进森林里。即使将图皮人变成奴隶，对于解决葡萄牙人的劳动力短缺问题也无济于事。而且，由于欧洲疾病的传播导致图皮人进一步减少，这一问题变得更加尖锐。走出困境的办法就是使用非洲奴隶。

早在新大陆发现之前，葡萄牙人就已经发明了奴隶制种植园，在非洲沿海的岛屿——他们在寻找通往亚洲的海路的过程中征服了那里——上进行甘蔗生产（借鉴此前西班牙人和热那亚人在地中海的成功经验）。搞清 15 世纪 20 年代以后这种制度得以产生的具体情况，对于理解后来发生在新大陆的事情具有十分重要的借鉴意义，因为这种制度涉及热带雨林变成甘蔗种植园所引起的巨大生态变化，涉及土著居民（关契斯人）的奴隶化和灭绝，涉及在甘蔗种植园劳作的非洲奴隶的输入。[23] 所有这些都是在哥伦布发现美洲之前发生的，但是它的确为葡萄牙人建立奴隶制种植园提供了经验，他们很快就把它推广到人口锐减的新大陆，至 16 世纪 80 年代，奴隶制和种植园已经成为巴西经济的显著特色。

法国人和英国人也很快在加勒比海诸岛屿建立了依靠奴隶生产的甘蔗种植园。1640 年夺取巴巴多斯之后，英国殖民者立即开始开垦土地，建立甘蔗种植园，并在 17 世纪 50 年代将大量蔗糖运回母国。蔗糖业在英国殖民地传播得很快，特别表现在英国从西班牙人手中夺取牙买加岛（其面积是巴巴多斯的三十倍)之后。法国人也在加勒比地区——从马提尼克岛开始——建立了甘蔗种植园,把蔗糖运回法国。到17世纪晚期,如此多的英国和法国蔗糖运回母国,由此导致的市场竞争将巴西蔗糖挤出了北欧。其结果是,由于英国人和法国人为生产甘蔗把加勒比海几个岛屿的森林砍伐殆尽,土壤肥力遭到严重破坏(有海地岛为证),当地的气候也发生了改变。[24]

由甘蔗种植业所造成的生态变化还导致其他始料未及的严重后果,尤其是导致蚊虫传播的致命疾病——黄热病、疟疾的流行,而这些疾病在1492年以前的美洲是根本不存在的。每一种疾病都是由病毒引起的,因某种蚊子的叮咬而传给人类。不论是黄热病还是携带它的蚊虫以前在美洲都不存在,所以这种疾病在美洲大陆的产生并传给人类的前提是把这两种东西传输进来。就疟疾而言,传播该疾病的至少三种蚊子已在美洲存在,所欠缺的仅仅是疟疾病毒。

在美洲产生这些疾病的生态学上的共同病源是甘蔗种植园。在巴西和加勒比海的群岛上,砍伐森林造成了蓄水量很大的沟渠和低洼湖泊,牲畜和其他有蹄动物留下的脚印注满了雨水。非洲奴隶随身携带着疟疾病毒,美洲当地的某类蚊虫叮咬他们之后就会带上病毒,当它再一次叮咬别人时就把病毒传给了人类。就黄热病的传播而言,蚊子是通过船上饮用水的木桶带到美洲的。为了给奴隶们提供食物,稻田应运而生,从而提供了便利疟疾进一步传播的生态条件。

历史学家约翰·麦克尼尔认为,这些疾病作为哥伦布交换的组成部分传播到美洲,而且它们的存在对于在美洲发生的战争和革命的结果造成了重要的历史影响。他认为原因在于一个事实:黄热病的幸存者获得了对此病的后天免疫力,而且非洲人已具备对疟疾的抵抗力,并且每当他们再一次被此类病毒感染时,免疫力也会随之更新。问题的重要性在于,那些没有免疫力和抵抗力的人——例如由北欧人组成的军队——就会受到这些疾病的严重影响。麦克尼尔认为,这一事实解释了为什么西班牙帝国在墨西哥和加勒比地区能够抗击英国或法国的进攻而且持续时间如此之久——正是由于这些疾病的帮助。类似的情况是，美国东南部的反叛者已经获得了对疟疾的免疫力，然而英国的红衣兵却没有；在海地的主要城市，海地革命（1791—1804年）的领导者非裔海地人（主要是城市人）对黄热病具有免疫力，而法国人则没有。当然，所有隐藏在这些事实之后的故事肯定是极为复杂和有趣的并具有偶然性，远非这一极其简单的概述所能传达的，但是它确实表明，在1492年以后的美洲历史的背后，真实的情况是相当复杂的，充满了各种因素间的互动。[25]

输往新大陆种植园进行劳动的非洲奴隶数量之多确实令人瞠目，至19世纪奴隶贸易结束时为止，被贩卖的奴隶总人数超过900万；到1650年，"非洲人已经是定居于新大西洋世界的新移民的主体"。[26]在近三个世纪的时间里，欧洲奴隶贩卖商——最初是葡萄牙人和荷兰人，但后来主要是英国人——每年将数千名非洲奴隶带到美洲。这不仅给非洲社会，也给美洲社会（南美和北美）留下了持久影响。这些影响在历史上具有重大意义，[27]但在这里，我们的兴趣点主要落在奴隶种植园制如何适应世界经济发展这一问题上。

有两组三角贸易路线——三角贸易兴起于17世纪，完善于18世纪——连接了大西洋世界。第一组，也是最著名的一组，是连接英国、非洲和新大陆的三角贸易。美洲商品（不仅是蔗糖，也包括来自北美洲的木材和鱼）运到英国（并从那里到达英国的贸易伙伴手中）；制成品（其中来自印度的棉纺织品日渐增多）运达非洲，交换奴隶；奴隶运到美洲。另一组三角贸易路线走的是另一个方向，首先把英属北美殖民地的朗姆酒运往非洲，交换奴隶；然后把奴隶带到加勒比海地区；最后再把从甘蔗中提炼出的糖浆运到新英格兰，生产出更多的朗姆酒。[28]

在这些交易中，欧洲人和北美殖民者赚取了钱财，积累了财富。我们将在下一章中更加详细地论述奴隶制和种植园经济如何有助于欧洲人，并促使他们在世界经济中更具竞争力。现在我们只需知道，17、18世纪的欧洲人不仅参与被亚洲生产商主宰的世界经济竞争，而且彼此之间也展开激烈竞争。西班牙人创建欧洲帝国之企图的破灭很快就导致了一种新体制的建立,它连接了欧洲各国,并且推动了国家的发展及其力量的壮大。

17 世纪全球危机和欧洲国家体系

历史学家很早之前就知道,在 17 世纪,世界的许多国家陷入了叛乱、革命、社会危机、人口骤降和经济锐减的"17 世纪普遍危机"之中。我们现在还知道,这一危机与全球气候变冷即所谓的小冰河期有着必然、偶然的联系。[29]本章所讨论的亚欧大陆的许多帝国——尤其是中国、俄国以及奥斯曼——都陷入 17 世纪的危机之中。伴随小冰河时期到来的气候变冷使得农业收成暴跌,农业人口陷入一种危机模式之中。中国和俄罗斯的内战加剧了食物供给的压力,因为这些国家的统治者不但拒绝承认食物供给的下降,反而继续榨取税赋以支付战争费用和供养战略地位重要的中心城市。毫不奇怪,这一气候变化与战争的协同作用造成了难以计数的农村人口的消亡。那些在战争的屠杀中幸存的人——据各方面统计占人口的三分之一到一半——死于饥荒。在这些亚欧帝国中,唯一认识到严寒使农业人口陷入食物短缺危机的是印度的莫卧儿统治者,他们不仅在那些情况下延迟收税,而且实际上还减免了部分税赋。[30]

对几乎所有的欧洲国家而言,它们的内部危机不比那些亚欧帝国少,而且互相间战争不断。"三十年战争"(1618—1648 年)几乎把所有欧洲国家卷入战争,统治者目光短浅、贪婪,人们对统治者充满恐惧,这就意味着整个欧洲不仅要遭受严寒造成的收成下降的打击,还要承担更加沉重的战争税赋。历史学家杰弗里·帕克在关于 17 世纪全球危机的论著中讲述了欧洲统治者的愚蠢和唯利是图。这尤其表现在德国,那里大概有一半的人口死于由战争和气候带来的饥荒,凸显出欧洲人为达成 1648 年的《威斯特伐利亚和约》所付出的惨重代价,这一和平条约把欧洲从 17 世纪战争、饥饿和死亡的恐怖中解脱出来。[31]

因此,战争决定了欧洲国家体系的出现。17 世纪中期之前,战争主要是为了阻止西班牙建立帝国或者是支持新教徒（荷兰和德意志诸邦的新教徒）摆脱西班牙天主教君主的控制以获得独立。历经灾难深重的危机，亚欧的各农业帝国渐渐恢复了元气，或者至少是得以重组，与之相反，欧洲的国家体系因17世纪危机而发生了巨大变化。自1648年结束三十年战争的《威斯特伐利亚和约》签订以来，战争主要针对法国，因为西班牙衰落之时，法国国势日盛。17世纪晚期以来，战争主要在英法两国之间进行，在1754—1763年的七年战争（美洲人称之为法国印第安人战争）时期达到顶峰，英国最终战胜了法国。《威斯特伐利亚和约》确定了国家"主权"的含义并开启了多国体系的制度化——尽管其显著特征是"战争规则"——最终决定了欧洲的走向。

在本章所考虑的时期内（即从1500年到1775年），欧洲各国之间的战争在许多方面具有历史意义。首先，这些战争实际上涉及欧洲所有国家，战争把它们都连接在了一个单一体系中，《威斯特伐利亚和约》签订以后更是如此。这可以从历史学家查尔斯·蒂利绘制的两张图中相当清楚地看出（见图表3.1）。[32]这两张图分别代表两个不同的时期（1500年前后的欧洲和1650年前后的欧洲），其中细线代表相关国家间发生了一次战争，粗线代表发生了两次或多次战争。1500年，欧洲还存在两个子系统，其中西欧以意大利为中心，但到1650年，所有欧洲国家都纷纷卷入一系列共同的战争纠纷中。

第二，欧洲的战争不仅将欧洲各地区并入日益减少的几个政治单元中，而且促进了一种特定类型的民族国家的发展，使之成为欧洲最成功的国家模式。蒂利的图表再次为我们提供了基本数据，约从公元1000年开始，大约有3000万人居住在我们现在称之为欧洲的地方，他们生活在一系列令人眼花缭乱的政治单元里，受"皇帝、国王、诸侯、公爵、哈里发、苏丹和其他统治者"的统治。蒂利警告我们，这些称号并不能掩盖欧洲政治支离破碎的事实：在意大利一地，就有200到300个城市国家。500年以后，约在1500年，"欧洲的8000万人口分属于大约500个国家（states）、准国家（would-be states）、雏形国家（statelets）和类国家

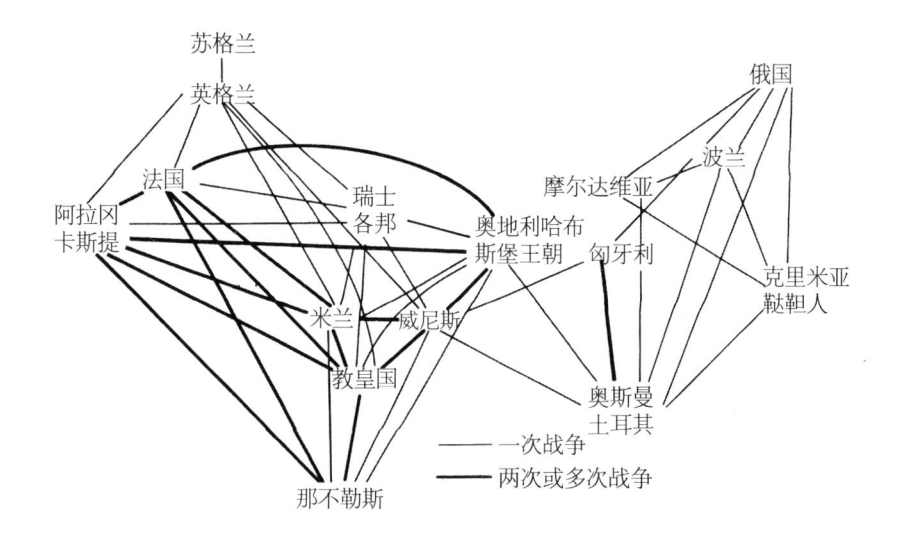

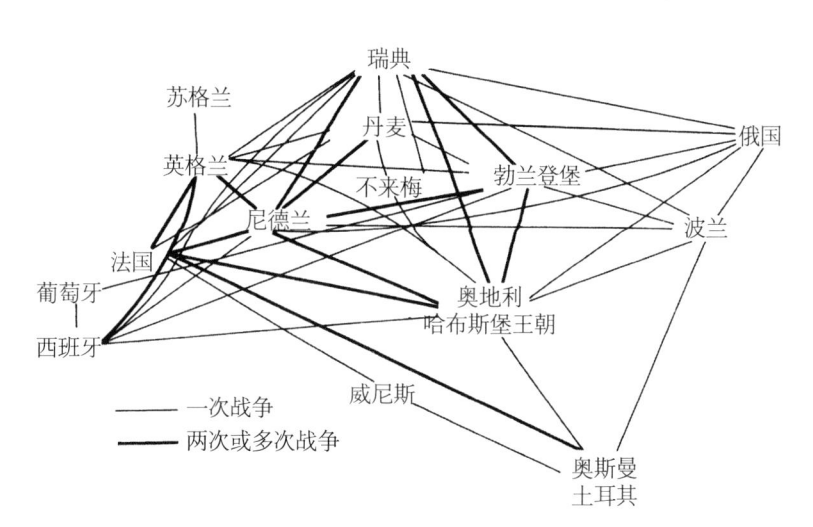

图表 3.1 欧洲国家共同参加大国战争，
1496—1514 年（上图），1656—1674 年（下图）

资料来源：Charles Tilly, *Coercion, Capital, and European States, A.D. 990—1990* (Oxford: Basil Blackwell, 1900), 176—177.

(statelike)的政治组织里"。自此以后,战争不断削减欧洲国家的数目,直到现代,仅剩下 30 个左右。[33]

西班牙哈布斯堡帝国疆域太大、效率极低,难以调集自身的资源对抗英国人或法国人,而富裕的意大利城市国家则因缺乏人力而无力跨出意大利与更强大的敌人抗衡。同样,德意志各邦尽管彼此之间足以自卫,但要阻止更强大的国家干涉其内部事务却相当困难。而像瑞典或荷兰之类的小国家,虽然靠自己的资源在 17 世纪的国际舞台上崭露头角,但到了大国开始主宰欧洲政局的 18 世纪,也逐渐走向了政治边缘。从另一方面说,像波兰这样的地域广阔、人口众多的国家,由于一小撮贵族统治着大批的农奴化农民,难以派发足够数量的军队进行战争,所以波兰在 18 世纪末被瓜分了。

在这一背景之下,战争的第三个有趣的后果在于,它以其独特的方式影响着欧洲各国的内部发展:它有利于某些类型的国家而不利于另一些类型的国家。欧洲国家的统治者并不富裕,而战争消耗却极大。从根本上讲,欧洲统治者可以开发两种收入来源。首先,他们可以征税。不过税收经常遭到土地所有者的反对,尽管土地所有者可以通过转嫁把税赋增加到农民头上,但要冒着引发反抗的风险。因此为了获得征税和使用税款的权利,大多数欧洲统治者不得不与大土地所有者协商,结果常常导致某种代表会议的创立,在征税或提高税额之前,统治者须征求它的意见。除大土地所有者的会议之外,另一种与税收有关的机构成长起来,该国家官僚机构对于向已知臣民分派和征收税款是十分必要的,可以避免把征税权"承包"给私人团体。在这两个进程中出现的紧张局势是 1500 年至 1800 年间欧洲许多国家国内政治史的主要内容。

第二种收入来源是向银行家或其他富豪贷款。例如,16 世纪的西班牙君主不得不靠贷款资助战争,而大多数贷款都来自外国的或不受西班牙控制的银行家。由于所有的欧洲统治者都得靠短期和长期贷款进行战争,所以他们乐意鼓励那些携带资金的人定居在本国的城市里,英国君主和荷兰君主在这方面最为成功,部分原因是他们实行宗教宽容政策,愿意吸收在天主教世界里不受欢迎的富有的新教徒和犹太人。不过即使贷款来自本国臣民也得偿还,这促使英国在 17 世纪末创立了"国债制",这项发明在增强英国扩张势力方面具有重大意义。

实际上,英国的国债是由英格兰银行作担保的长期贷款,或者换句话说是"债券"。其他欧洲统治者常常试图把短期债务变成长期债务,以解决财政困难,但是这样做是否成功依赖于统治者的偿还能力。英国的发明是通过英格兰银行(创建于 1694 年)发行债券,以银行的认购资本作担保。国债不仅为英国统治者预先备好进行战争的现金,而且给了投资者相对保险的投资手段,从而也为英格兰银行吸收了更多存款。

总而言之,欧洲各国之间的战争耗资巨大,远远超过了欧洲人在购买亚洲商品之后手中所剩余的白银数量,致使欧洲出现了常备军和海军、税收和负责征税的国家官僚机构、纳税人为了在税收数额上施加影响而要求建立的各种代表会议(尽管欧洲的"绝对君主"尽最大努力不理睬或随意停止这些会议),以及公共债务和国债制度。所有这些都是 17、18 世纪欧洲"国家建构"历程的组成部分,这一历程开始于欧洲帝国的终结和小冰河期影响欧洲各国之时。

国家的建构

欧洲统治者为了获得战争所需的资源,在必要时不惜诉诸武力,但是他们更乐意臣民们更加自愿地把那些资源交给国家。因而统治者发表各种合法性的声明,即宣扬臣民应该自愿服从统治者的思想。在 16、17 世纪,这些合法性声明是以宗教为依据的,表述成"国王的神圣权利",即这是基督教上帝赐给他们的统治权利。因此,在 17 世纪全球危机期间,即使是在农业收成下降和农业人口被压迫到接近饥荒和灾难的边缘的时候,国王们仍然在他们的"神圣权利"之下不顾百姓死活地横征暴敛以满足战争的需要。这些宗教性权利也促使欧洲君主们,特别是天主教君主从领地中驱逐异教徒。西班牙的斐迪南和伊莎贝尔对犹太人和穆斯林(被称为"摩尔人")的驱逐是一个较早的例子,17 世纪后期法国人对新教徒(胡格诺派教徒)的迫害也是如此。西班牙宗教法庭也参与进来,以保证西班牙在欧洲和美洲属地的子民信奉天主教，忠诚于皇帝。

作为17世纪危机的后果，17世纪末至18世纪的欧洲启蒙运动开始挑战君主统治的"君权神授"思想，设想了许多以个人权利的建构为基础的更为民主的政体。在反对法国绝对君主制和天主教会的斗争中，法国"启蒙哲人"对这些思想进行了深刻的阐释，开始把被统治者即"公民"的同意也纳入国家建立的合法性基础中。到18世纪末，在1789年法国大革命的影响下，法国人正是利用这种思想来证明处决国王、建立共和国的正当性。[34]

在欧洲这样一个竞争激烈、战争频繁的环境里，一些国家脱颖而出，最终致使一种特定类型的国家——它既有积累了巨额财富的大城市，也有人口众多的边远乡村，从资金和人员两方面维持军队给养——成为成功的政治模式。由于某些我们在此不需关注的原因，大约在公元1000年之后的几百年里，欧洲城市逐渐发展起来，且在地域排列上呈带状结构，从意大利的托斯坎尼开始，向北穿越阿尔卑斯山，延伸至根特、布鲁日和伦敦，巴黎也发展起来了。直到今天，这一带状地带仍是欧洲最为城市化的地区。城市为本国统治者提供了发展的机会，他们可以征收城乡贸易税，获得银行贷款，从而可以摆脱对乡村贵族的依赖，并从整体上壮大自己的势力。总而言之，他们可以比远离城市的运气较差的竞争者支配更多的资源，尤其是钱财和人力。[35]尤其需要提到的是英国和法国的统治者，他们最有能力建设这种类型的国家：把在伦敦或巴黎发现的资金资源与从乡村人口中发掘的人力资源结合起来。强大的国家建立之后，英国和法国在17世纪晚期开始成为激烈竞争的对手。

英国统治者愿意而且有能力利用国家权力服务经济目的。在与竞争对手荷兰的斗争中，英国于17世纪中期颁布了一系列《航海条例》，旨在垄断新大陆英属殖民地的贸易，而且为了推行这些条例，必要时不惜诉诸武力。[36]1688—1689年的光荣革命使新教君主登上英国王位，他们同意遵守议会制定的以保护国内制造业利益为主旨的法令。1707年，英国议会又通过了一项限制印度棉纺织品进口英国的法令，以维护英国生产商的利益，鼓励本国棉纺织业的发展。到 18 世纪，英国已经有了一个非常愿意利用国家政策去扶持纺织业的政府，而且，我们在下一章中将会看到煤炭工业和炼铁工业也同样受到了保护。[37]

重商主义

至于法国，也建立了一个强大的国家，而且于 17 世纪末，在财政大臣让-巴蒂斯特·柯尔培尔的领导下，推行后人所谓的重商主义经济政策。欧洲统治者似乎总是缺少足够的钱来支付战争费用，早在 16 世纪 80 年代西班牙人就抱怨说，"经验表明，在从西印度返回的船只到达西班牙的一两个月之内，所有的钱都已花得一干二净"。到 17 世纪 20 年代，一位英国商人同样抱怨"钱币短缺"。[38]原因是，尽管欧洲的货币储备增多了（尤其是从 1580 年到 1620 年这一段时期），但是随着欧洲银矿开采量的暴跌、美洲白银的减少、流向亚洲的白银的日渐增多，到 1620 年，欧洲货币储备量可能已减少。所以，欧洲各国不仅在战场上互相厮杀，而且竞相吸引和储备尽可能多的金银货币。

在欧洲这样竞争激烈的环境中，似乎只有一个国家有所失，另一个国家才会有所得：这是一个国家对抗所有国家的战争，"力争第一"是最高原则。根据重商主义者的理论，一个国家获得优势的最好方式是尽可能多地吸收和储备世界上的贵金属，特别是白银（后来是黄金）。需要储备金银的原因很简单：战争耗资巨大，武器需要购买，在许多情况下还得向本国之外的武器制造商购买，[39]以外国为战场的战争需要大量白银或黄金。为了在自己国内储备贵金属，就需要制定经济政策禁止购买任何进口商品，尤其是消费品和非战争用品，以防止贵金属外流。

所以，欧洲国家几乎向所有进口商品征收关税，命令所有商品必须由本国船只运送，并强制欧属美洲的殖民者只与母国进行贸易，尽管走私贩卖使这一政策有些许漏洞。重商主义思想也引发了这样的政策，即国家应该使用本国的原材料在国内生产所有需要进口的商品，我们看到英国在 18 世纪早期就采取了这样的举措来抵制印度棉纺织品。尽管重商主义经济政策的确导致了工业在欧洲各国的建立,但是工业化本身并非重商主义的目标,它的目标是阻止金银外流富裕他国。欧洲各国普遍痴迷于储备白银,一个德国人曾经说:"白银越多,国家越强。"[40]

在欧洲内部的这些战争中,各种类型的国家都走过了兴衰荣辱的命运历程。就像我们已经看到的,16世纪末,西班牙的势力开始衰落,葡萄牙因为国家太小,在欧洲无力挑战法国(或西班牙),在亚洲海域难敌荷兰。而荷兰,作为最先在亚洲和美洲投资发展贸易事业的欧洲国家之一,在17世纪进入发展的巅峰期,那时正值法国和英国积蓄力量的时期。但是,因为没有人力建立足够庞大的常备军对抗法国,荷兰人最终被迫与英国结盟共同对抗法国在欧洲大陆的势力。到18世纪,英国和法国从17世纪的危机中脱颖而出,成为欧洲国家中最强大、最有竞争力的两个国家。(见地图3.1)

1756—1763年的"七年战争"

作为欧洲最强大、最成功的两个国家,英国和法国不仅在欧洲竞争,也在美洲和亚洲展开争夺。在从1689年到1815年的"漫长的"18世纪里,英国和法国共进行了五次战争,其中只有一次不是英国率先发动的。1713年《乌特勒支条约》的签订结束了英法参与(还有其他国家)的西班牙王位继承战争,建立了欧洲"势力均衡"原则,即,不允许任何一个国家主宰其他国家。尽管如此,英国和法国之间周期性的战争仍在继续。

两国之间最著名的战争是1756—1763年的"七年战争",美洲人称之为法国印第安人战争,并以它对1776—1783年美国(反英)独立战争的影响这一视角来阐释这场战争。诚然,英法两国开战的导火索在美洲殖民地,事实上是22岁的乔治·华盛顿点燃了它。[41]但是它却演变成一场全球性战争,或者说是第一次真正意义上的世界大战,法国和英国的军队在美洲殖民地的原始森林里、在加拿大、在非洲、在印度和欧洲全面展开激战。结局对法国人而言是灾难性的:他们丧失了在北美(英国人夺取加拿大)和印度的殖民地。相反,英国的势力更加强大,最终确立了在北美和

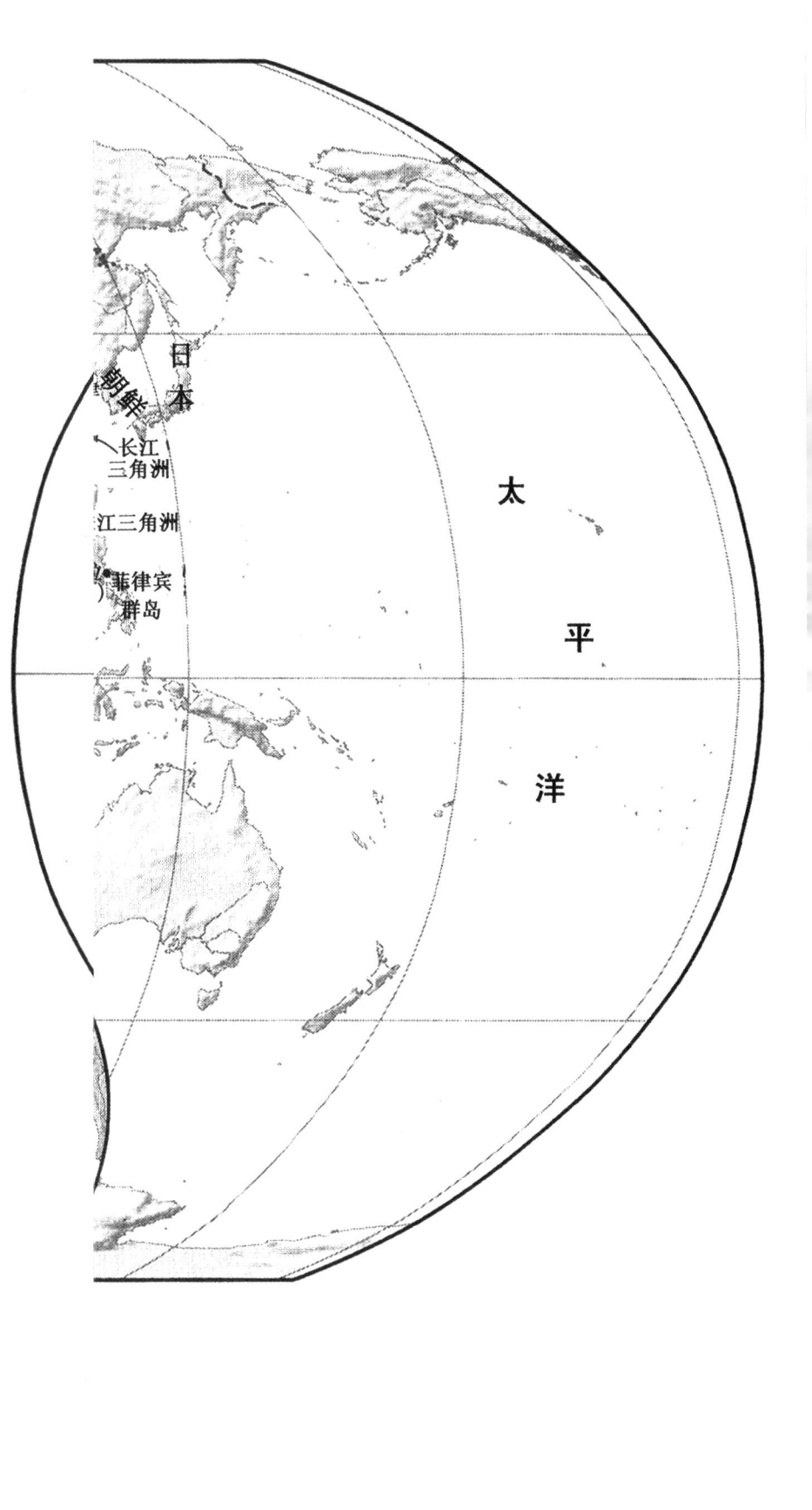

日本
朝鲜
长江
三角洲
江三角洲
菲律宾
群岛

太平洋

印度的主导地位。[42]

因此，至1775年，欧洲国家的建构进程导致了一种打上战争烙印的制度的创建，它有利于某种特定类型国家的发展，英国和法国国家的建立可以引为例证。主权国家之间势力均衡——而不是一个统一帝国——成为欧洲的既定原则，英国成为欧洲最强大的国家，不过，这并非意味着英国是世界上最强大、最富裕的国家，它距此目标还相差甚远。诚然，印度莫卧儿帝国在18世纪早期正日趋衰落，而且在下一章中我们将会看到英国也已经开始在那里创建一个殖民帝国。但是，英国的势力还是太小，仍然无力挑战中国在亚洲确定的贸易原则。不过英国人曾经试图这样做，最为人所知的一次发生于1793年，马戛尔尼勋爵带领使团觐见中国皇帝，结果遭到一番冷嘲热讽，无功而返，而英国对此却无可奈何。尽管如此，大不列颠岛却非常幸运地成为工业革命的发源地，当马戛尔尼乘坐的船只返回伦敦时，那里甚至已经出现了蒸汽机。当英国学会把工业革命的成果运用到战争时，英国和中国之间的全球力量对比倾斜了。这将是下一章的内容。

第四章 工业革命及其影响，1750—1850 年

1750 年，全世界 7.5 亿人中的每一个成员——不论他们在哪里，也不论他们处于怎样的政治或经济制度之下——均繁衍生息于旧生物体制之中。生活所需的一切，包括食物、衣物、住房以及取暖和做饭所用的燃料，都来自土地，取自太阳光每年赐予地球的能量。[1] 同样，以纺织业、皮革业和建筑业为代表的工业也依赖于农业或森林的产出。即使在旧生物体制下所冶炼的铁和钢也离不开由树木加工而来的木炭。因此，旧生物体制不仅限制着人口数量，而且也限制着生产能力。

这些限制在 1750 年到 1850 年的一百年里开始被突破，那时，人们逐渐用煤炭来提供热量，并把这种能量用于推动蒸汽机的往复运动，来代替以往依靠力气所做的工作。使用燃煤蒸汽动力机械是一个重大的突破，把人类社会从旧生物体制下解放出来，进入一个不再年复一年地仅仅依靠太阳光提供能量的新时代。煤几亿年前被埋藏在地下，是储存的太阳能。它在蒸汽机上的使用使人类社会摆脱了旧生物体制的局限，使生产能力和人口数量能够成倍增长。燃煤产生的蒸汽代替风、水和畜力来推动工业机械，这成为工业革命[2]开始的标志。从对历史进程的重要性来说，工业革命完全可以与很早以前发生的农业革命相提并论。化石燃料的使用——首先是煤炭然后是石油——不仅改变了整个世界的经济而且还增加了向地球大气层排放的温室气体。这一重要的改变是如何发生的？为什么会发生？影响如何？这些都是世界历史上至关重要的问题，同时也将是本章及下面

两章的中心内容。

为了理解工业革命,我们将再一次利用"历史的偶合"这一概念为工具,其含义是,本应独立存在的历史发展和进程在一个特殊的时刻汇聚到一起。在工业革命这一个案中,偶合在一起的因素有:旧生物体制之下的发展潜力在世界范围内的枯竭,欧洲国家间的冲突在全球的扩展,新大陆殖民地的独特自然环境,英国煤矿的绝佳位置以及开采煤所遇到的挑战。我这里特别强调的是棉纺织业和英国对煤的需求是如何推动工业革命的。

棉纺织业

一般认为,工业革命开始于18世纪的英国,其标志是纺棉线和织棉布过程的机械化。珍妮纺纱机、水力纺纱机和"骡机"都被视为英国人发明创造能力的体现,也因此成为关于西方兴起的欧洲中心论阐释的组成部分。诚然,在使用蒸汽机械给棉纺织业带来革命性变化的过程中,英国的地位首屈一指。但问题是,只有在全球的语境中才能理解它是如何发生的,为什么会发生。[3]

17世纪后期,英国对通常称为印花棉布的印度棉纺织品的需求大增。有人这样评论:"突然间,我们发现我国所有的妇女,不论是富人还是穷人,都穿上了印花棉布,既印花又染色,怎么艳丽就怎么穿。"还有人抱怨说:"它悄悄走进我们的房间、我们的衣橱和卧室,窗帘、坐垫、椅子及床上,除了印花棉布或印度其他纺织品外几乎没有别的。总之,那些曾经以羊毛和蚕丝为原料的纺织品,不论是用于缝制女性的服装还是制作家庭的用具,现在几乎全部换成来自印度的贸易产品。"[4]人们在1700年前后的这些评论给我们提出了诸多有趣的问题:英国人为什么进口那么多印度棉布?是如何运到英国的?英国人后来怎样创造了棉纺织业并使其实现了工业化?

1700年前后英国人如此大量进口印度棉布的原因在于,这种棉布不论在质量还是在价格方面都优于本地的纺织品(特别是亚麻布和羊毛织品)。它贴身穿感觉舒适,夏天穿感觉轻便,能够吸收亮色染料。最为重要的是,它比英国人自己生产的任何纺织品都便宜。的确,1700年前后印度是世界上最大的棉纺织品出口地,其纺织品生产不仅是为了满足英国的需要,而且也是为了满足全世界的需要。除印度广大的国内市场外,东南亚、东非和西非、中东和欧洲都是其主要的出口市场。不足为奇,18世纪对印度棉纺织品的需求"超出了该国所有织工的生产能力",1750年印度的纺织品生产量占据了全世界产量的四分之一。[5]

正如欧洲人所需而由亚洲人供给的许许多多东西——先是统治集团所需的丝绸或瓷器等奢侈品,接下来日益变成满足大众市场的产品,如中国的茶叶[6]——那样,印度的棉纺织品物美价廉。而英国的纺织业厂主只关注"便宜"这一方面,并抱怨由于工人工资相对较高,他们无法与印度抗衡。18世纪印度的竞争优势在于:在世界市场上能够以低于几乎其他任何纺织品的价格出售产品。有人认为印度纺织品之所以便宜的原因在于那里的生活水平较低,或者那里广大生产者的工资被严重克扣,但所有这些原因都已被证明是不真实的:18世纪印度纺织工人的生活水平与英国工人一样高。[7]如果不是低生活水平造成了印度的竞争优势,那又会是其他什么呢?

答案只有一个词:农业。印度农业非常高效,所生产的食物数量多,价格明显低于欧洲。在前工业化时代,工人家庭的收入有60%—80%用来购买食物,食物的花费就成为他们实际工资的首要决定因素(比如,1英镑、1美元、1雷阿尔、1印度帕格达能买多少东西)。在印度,粮食收获量与所用种子的比例是20∶1(例如,每播下1蒲式耳种子能收获20蒲式耳稻米),中国和日本都是如此,而在英国最多是8∶1。因此亚洲农业生产率两倍于英国(甚至整个欧洲),亚洲人购买食物——生活花费的主要组成部分——的开支较少。因此,虽然印度的名义工资也许低于英国,但其购买力——实际工资——却大于英国。

在旧生物体制下,多产的农业是亚洲的竞争优势,甚至在工业生产上也具有优势。其因果关系链大致是这样的:每英亩土地的高产出→低廉的

现代世界的起源

食物价格→相对较低的工资→竞争优势。在英国，因果关系链也许是这样的：每英亩土地的低产出→昂贵的食物价格→相对较高的工资→竞争劣势。因此，现在的问题就变成，英国是怎样开始扭转这一相对劣势的？

正如在上一章已经看到的，英国人的对策之一是提高进口印度纺织品的关税以及全面禁止某些印度棉纺织品进口的政策，即重商主义的贸易保护政策。假如英国人在18世纪初没有采取这种举措，我们就没有理由相信他们在与印度制造商的竞争中以及建立可以称得上是最早的棉纺织工业方面会取得那么大的成绩。[8]但是另外，英国人在美洲拥有殖民地，在印度也得到了他们的"宝石"。这两者都与英国棉纺织业的兴起紧密相关。

印度

的确，1650年的英国还远称不上海上帝国，但它很快就后来居上，在东印度和西印度（即印度和加勒比海地区）抢夺葡萄牙和西班牙的属地，在新旧大陆与荷兰竞争，在18世纪与法国搏杀。欧洲国家间冲突在世界范围内扩大开来，但奇怪的是，其执行者最初并不是欧洲国家的政府，而是私人贸易公司，其中第一批是荷兰东印度公司（Vereenigde Oost-Indische Compagnie，VOC）、英国东印度公司（EIC）和法国西印度公司（the Compagnie française des Indes occidentales）。

虽然它们组建的时间不同，在组织上也稍有差别，但它们都是政府特许的拥有与亚洲贸易垄断权的私人公司，都秉承着重商主义观念。与纯粹的商业冒险活动不同，它们组建时就有永久性的资金和可以上市的股票，从这个意义上说，这些东印度公司是现代股份公司的先驱者，它们在组织贸易和扩大利润方面的成功意味着股份公司在欧洲工业化的进程中将起到日益重要的作用。但在17、18世纪，它们的目标是在与亚洲的贸易中获取利润。

虽然总体情况如此，但荷兰东印度公司把自己视为新教荷兰利益的延伸，因此极端仇视西班牙和葡萄牙的天主教势力，认为贸易和战争是密切相连的。荷兰东印度公司总督在1614年写给董事的简明信件中评论说：

"绅士们，你们应该从经历中认识到，在亚洲开展和维持贸易应当得到保护，并得到你们的武力援助，……因此，没有战争贸易就无法维持，没有贸易战争也是难以为继的。"[9] 在整个17世纪，荷兰卓有成效地实施着这一战略，从葡萄牙手中夺取马六甲，占领爪哇并把它建成生产蔗糖的殖民地，并且还试图在中国的台湾岛建立殖民地。

与荷兰不同，英国东印度公司更感兴趣于贸易及其利润而不是战争，至少最初是这样。在它1600年成立之后的一个世纪中，董事们坚持认为"我们的工作是贸易而不是战争"。[10] 为避免冲突，英国东印度公司把贸易集中在印度，因为那里各地政权虚弱，欧洲竞争对手也不多，特别是在孟加拉和马德拉斯。但到17世纪末，由于法国人在周围建起堡垒，情况就发生了转变。当英法在欧洲打仗的时候，它们的军队（不论规模多么小）也在印度发生摩擦，而法国人通常占据上风，原因在于他们已经开始从印度人中征召常备军——通常称为印度兵（Sepoys）——加入他们的军队，以提高发动战争的能力。18世纪50年代，英国东印度公司也如法炮制，到七年战争前夕，双方在印度海岸都各自集结了由近一万荷枪实弹的士兵组成的军队，其中大多是印度人。

与此同时，曾经盛极一时的莫卧儿帝国在政治和军事实力上已严重下降。在最强盛时期它能调动大约一百万的军队，而在其最后一个杰出领袖奥朗则布1707年死去之后，帝国江河日下，一些地区的政治和军事领袖纷纷宣称独立于莫卧儿帝国。其中一位领袖是孟加拉的地方行政长官，他控制着英国在加尔各答的贸易港口，并因英国人在那里所享有的贸易特权而向英国东印度公司日益加大勒索。

为此，英国人派遣罗伯特·克莱武率领两千人左右的军队前往予以抵抗。在1757年的普拉西战役中，这支军队与反抗孟加拉的其他印度军队一起，击败了由法国支持下的该地方行政长官的军队。他们俘获并处死了该地方长官，以更为顺从的官员取而代之，并于1765年获得了从孟加拉征收巨额税收的权力。与此同时，七年战争爆发了，法英军队在印度海岸附近不断交火，在1760年的本地治里战役中，英国人取得了决定性胜利。

这是在印度的英帝国的开端，在此后的 50 年中，英国控制的范围日益扩大，到 1857 年，整个次大陆成为其正式的殖民地。（见地图 3.1）

七年战争——或者更确切地说英国在美洲和印度的胜利——对于英国变成棉纺织品生产国，而不再是棉纺织品进口国，至关重要。曾几何时，英国政府在 1707 年阻止印度棉纺织品的进口，以保护兰开斯特城周围地区棉纺织业的生存，而且目的也达到了。但是由于模仿印度染色工业时遇到的技术性难题，同时也由于较高的工资及其所导致的较高的价格，兰开夏郡（兰开斯特周围地区）的棉纺织品主要供应英国国内市场，而在世界市场上，则不敌由英国东印度公司经营的印度纺织品。英国棉纺织业要想发展，必须有出口市场。而在新大陆，由于其独特的奴隶制度、种植园制度和重商主义贸易限制，一个日益扩大的市场在那里存在着。

作为独特边缘地带的新大陆

欧洲人控制下的新大陆农业从一开始就以出口为主。在整个加勒比海地区和南美洲，几乎所有的蔗糖、烟草和棉花都在使用非洲奴隶的种植园内生产，其原因在于大灭绝造成了美洲劳动力短缺，而欧洲人又不愿意移民新大陆。与印度和中国的农民或东欧的农奴不同，在美洲的非洲奴隶所需的食物大多不是自己生产的。食物特别是鱼和粮食只能依靠进口，特别是从北美殖民地进口。奴隶们也需要穿衣，这就为廉价的棉纺织品提供了市场。日益增多的印度纺织品被运到西非，在那里换取奴隶，然后把他们卖到加勒比海地区。最后，新大陆的产品如蔗糖、烟草和原棉运回英国。[11]

在跨大西洋三角贸易的每一个环节上，英国都能获取利润，并且通过殖民立法以保证新大陆永远只是原料生产地和英国工业品的消费地。与敌人——不论荷兰人还是法国人——的走私或贸易是随处可见的，但到 18 世纪初，"殖民贸易的每一个环节都纳入了航海体系……走私商品在所有进出口商品中所占的比例变得微不足道"。显而易见的是，在加勒比海地区和北美洲，殖民者都是英国人，他们也试图通过一种制度，避免其他国家的商人，尤其是荷兰人和法国人从英国殖民地贸易中捞取油水，以最大限度地获取利润。[12]

这种三角贸易，特别是奴隶贸易与纺织业的互相联系，刺激了英国航运业的发展，确立了兰开夏郡作为棉纺织中心的地位。原棉主要从奥斯曼帝国的黎凡特和英国在加勒比海地区的殖民地进口，到18世纪80年代，纺线过程都已在新式"工厂"进行，那里以水为动力，几百个工人在一起劳动。随着兰开夏郡纺织业生产效率的日益提高和纺织品价格的不断下降，工厂主甚至把产品出口到非洲，特别是当印度的纺织品昂贵的时候。英国棉纺织业的真正繁荣时期开始于1793年美国独立以后，那时伊莱·惠特尼发明了轧棉机，它能够加工纤维短因而也相当便宜的美国棉花。就像我们很快将要看到的，由于蒸汽动力的应用所导致的又一轮技术革新，纺和织在1815—1840年都实现了机械化，兰开夏郡的纺织工厂的生产效率再次猛增，从而导致价格不断下降，进一步提高了英国棉纺织品在世界市场上与印度棉纺织品竞争的能力。印度纺织业生产者曾经建成的全球棉纺织品市场如今被英国占领了。[13]

随着这一切的发生，英国又变成了"自由贸易"的倡导者，抛弃了重商主义的理论与实践，也放弃了进口关税。的确，"自由贸易"是19世纪处于全球霸权顶峰时期的英帝国的意识形态咒语。从美国人在独立战争中摆脱英国以来，重商主义失去生命力，至少在大西洋世界是这样。对英国人来说，他们从前的美洲臣民和殖民地居民变成了"外国人，因此也应该遵守《航海条例》的所有规定"，[14]而该法律限制原棉进口，这无异于在悄悄扼杀英国纺织业，从而引起了"自由贸易"呼声。1783年后与新兴美国的自由贸易表明，只有垄断殖民地市场英国制造业才能发展的言论是荒谬的，而由非洲奴隶及其后代耕种的美国南部种植园则成为兰开夏郡纺织厂所需原棉的重要供应地。

这里所讲述的英国棉纺织业获取全球竞争力的故事，听起来好像是欧洲中心论的腔调，但其实不是，因为英国的成功是由一系列的全球发展决定的，而这种发展并不完全是英国人自己所为。首先，英国人在与印度生产者的竞争中曾处于劣势，如果不是有几个巧合，这种局面也许会存在下去。但是1688—1689年的光荣革命，把一个乐意用国家力量保护本国制造业的政府推上前台，与此同时新大陆由于大灭绝和殖民立法所造成的机遇而变成英国制造品的市场，从而发展成为一个独特的边缘地区。其次，英国非常幸运地发明了以煤为燃料的便于使用的蒸汽机，进一步推动了棉纺织业的革命性变化，大大提高了生产效率，使得英国人能够以低于印度纺织品的价格出售产品，不仅在非洲出售，非常有趣的是还出售到了印度。要了解故事的这一部分内容，我们还得从煤和蒸汽机的革新说起。

能源和动力的新来源

直到大约1830年，棉纺织业的发展很大程度上还囿于旧生物体制之下，就是说，它所需的一切都有赖于太阳每年供给的热能以及人类对它的利用。[15]当然，英国早期的"工厂"已开始使用水力，但它对于棉纺织品产量的提高作用有限。煤的开采、蒸汽机的使用、铁和钢的生产才真正导致了工业革命并使英国挣脱了旧生物体制的束缚。我们有各种理由假设，如果没有这些，棉纺织业在旧生物体制下将会山穷水尽，最终结果不是工业革命而只能是一个经济的死胡同。为了搞清究竟，我们需要近距离考察旧生物体制下最发达的经济地区所面临的问题，从中国开始然后走入英国。我们将会发现，所有旧体制下的经济都已触及生态的极限，而这种极限本应阻止所有这些地区进入工业革命。如果没有一些偶然事件的发生以及一次广泛的全球偶合，我们所有人也许至今还只能生活在旧生物体制下。

中国

对于发生在欧洲的工业革命的原因，人们所钟爱的理由有两个：人口的推动和自由市场的发展。通过各种各样的技术和实践，特别是晚婚，欧洲家庭能够控制规模，使其小于"自然"可能性。小型家庭意味着较小的人口总量，使农民家庭有更多的剩余物投入农业和工业生产的改进。靠更少的人、更勤奋地工作来增加可用于投资的剩余物，人们称之为"勤业革命"。工业革命因此不可避免地发生了。[16]

市场推动导致工业化的观点认为，商品、土地、劳动力、资本市场在欧洲的建立和发展使欧洲制造商的生产更为高效，因而能够积累足够的资金用于农业和工业生产的改进。成功的市场还需要国家对私人财产权的保护（至少是尊重）。按照现代世界起源的欧洲中心论解释，这些因素综合起作用，导致工业革命自然而然地发生了。

当然，以人口为动力和以市场为动力来解释工业化并不矛盾，许多历史学家把这两者融合起来解释为什么只有欧洲人能够发动工业革命。他们还时常把中国作为反例。他们推断，中国存在"一种前工业时代人口机制"，其中没有任何控制出生率的措施，造成中国人口暴涨，除能勉强糊口外别无剩余，不可能进行工业革命所需的投资。[17]他们还同样推断，中国是"专制的"，其国家干涉私人事务，财产权得不到尊重，市场不能有效运转。他们据此得出结论，中国不存在工业革命的任何可能性。

这些关于中国"出了什么问题"的推断只有一个错误，就是它们全错了。下面的论述将揭示，中国家庭实际上有很多办法——尽管与欧洲人不同——来限制家庭人数，因而保证了中国人总体来说在最低生活水平线以上。还有，各种类型的中国市场不仅存在着，而且可能比欧洲市场运转更灵活、更有效。如果这两者都存在于中国，用它们来"解释"工业革命为什么发生在欧洲，其价值就值得怀疑了。要搞清究竟，我们必须近距离考察中国。

正如本章前面所提到的，中国（还有日本和亚洲其他许多地方）的农业非常高产，每种下1蒲式耳种子就能收获20蒲式耳稻米。水稻有一种直接从水里而不是从土壤中吸收养分的独特性能（因此在"水田"生长），这就免除了欧洲人传统的以土地休耕来培养地力的做法。另外，中国农民懂得如何耕地、如何浇灌、如何施肥、如何控制病虫害，以获得最好收成。不仅如此，中国南半部地区的农民在同一块土地上一年可以收获两到三次,引起了 18 世纪初到中国来的欧洲旅行者的好奇。18 世纪 20 年代,法国人皮埃尔·普瓦夫尔就发出这样的疑问:"靠什么诀窍才使得土地能够供养这么多的(人口)呢?"

>中国人在增加粮食和其他人类生活必需的食物方面有什么秘诀吗?为了解答我的疑惑,我仔细研究了他们的土地,并融入农民中间,他们一般说来都很随和、客气、知识渊博。我考察他们的劳动过程,跟随其中的每一个环节,发现他们的秘密仅仅在于:给耕地施肥合理,耕翻土地到一定深度,在适当的季节播种,充分利用每一寸可以收获大量粮食的土地,尤为重要的是,他们喜欢将谷物与其他作物间作。[18]

这种给人印象至深的高产农业自然给中国人口增长提供了可能,从 1650 年的 1.4 亿人增长到 1750 年的 2.25 亿人,进而增长到 1850 年的 3.8 亿—4 亿人。这些数字也使欧洲观察家,特别是亚当·斯密和托马斯·马尔萨斯——他们关于市场和人口的观点造就了现代世界的欧洲中心论——相信,中国人根本不可能控制人口增长。马尔萨斯深信,中国人不能控制人口增长,终将突破土地所能承载的人口极限,直至出现某些抑制人口增长的"消极因素"——如饥荒和战争——减小人口规模。马尔萨斯还相信,欧洲人由于采取了抑制人口增长的"预防性"措施从而避免了这种命运。

马尔萨斯对欧洲的理解无疑是正确的,但他对中国人的看法却是错误的。事实是,中国人能够——而且确实——控制了家庭规模,尽管其方式与欧洲有很大不同。虽然大多数中国妇女都结婚且结婚较早,但中国家庭有很多办法控制孩子的数量。避免性接触——特别是在结婚初期——是一种常见的举措,而且与父母住在一起的新婚夫妻不得不遵守。溺婴——特别是女婴——是另外一种控制家庭规模的办法,当然这也导致了人口中男女比例的失调,迫使许多贫穷男性成为光棍。詹姆斯·李和王峰(Wang Feng)这样总结中国的人口体系:

在欧洲的人口体系中，婚姻是唯一自主控制人口增长的办法，与此形成对比，中国人口体系中存在着许多有意识的控制措施，因此要比马尔萨斯及其继承者所想象的复杂得多、周密得多。最终结果是……人口从没有把经济推到最低生活水平线上。[19]

尽管如此，由于农业的高生产率和中国经济的能力能够生产出超过人口需求的食物，所以正如上面提到的，中国人口的确在增长着，而且从1750年到1850年增长迅速。[20]在中国南部东南沿海的珠江三角洲这一高人口密度的核心地区，在长江三角洲地区，人口规模如此之大，以至于逐渐有人开始向人口较少地区迁移。有些新家园土地特别肥沃，通过开荒就可以用于农业生产，从上海沿长江逆流而上到湖南就会发现这种情况，在广西的西江（West River）流域情况也是如此。而有些新开发的土地则是贫瘠有余而肥沃不足，长江南岸的江西山区就是这种状况。[21]

就这样，新土地到处被开发，用于农业生产，尤其是到1800年时新开辟的土地已不像高人口密度的核心地区那样肥沃和高产，所有这些都表明已达到了旧生物体制下的发展极限。但这并不意味着马尔萨斯式灾难就要临头了——中国人其实在相当程度上控制着自己的生育能力，而只是说明肥沃的农业用地短缺了。原因在于生活的四种必需品——食物、衣物、住房和燃料——皆来自土地，因此它们之间处于竞争之中。开辟生产食物的土地就减少了提供燃料的树木的数量，不论这些燃料是用于做饭和取暖还是用于制作工业所需的木炭。把棉田变成稻田也会给生产衣物所需原棉的供应造成压力，同样，把稻田变成棉田则会减少可供食物的数量。当达到旧生物体制极限的时候，根本不可能有太多的机动空间，18世纪后期中国的情况就是如此，[22]就像我们将要看到的，英国也同样如此。

要满足人口持续增长，意味着耕地面临的压力增大以及以生产食物为代价而减少其他物品的用地，不仅如此，在保持食物生产增加的同时还要保证衣物、住房和燃料的充足供应，这就意味着需要在农业上投入越来越大的资金量和越来越多的劳动力。例如，开垦荒地、建造水利工程或在山坡上修建梯田都十分昂贵，而所有这些在18、19世纪提高了中国农业的产量。投入更多的劳动力也会增加产量，中国农业家庭也是这样做的：在苗圃中培育水稻秧苗，然后移植到稻田，用手捕获稻田的害虫，等等，这些措施也增加了农业产量，养活了更多的人口。下面的做法也达到了同样的效果：对人畜粪肥中的氮进行利用和再利用；在维持甚至增加土地的肥力上，亚洲农民是旧生物体制下的胜利者。

市场

为提高总体的生产水平和生产能力，中国经济还采取了另外一种办法，即利用市场，在农产品销售方面尤其如此。人们曾经认为，市场是在欧洲最先发展起来的，并在那里达到了最高水平（用工业革命后的结果反推原因，去解释为什么它能在那里首先发生）。但在过去的三十年里，研究中国的历史学家已证明18、19世纪中国的市场是那样的高度发达和运转灵活。[23]例如在珠江三角洲和长江三角洲，农民们实现了蚕丝业（即生产丝的全过程）的专门化，其中包括：孵育蚕蛹并种植桑树以喂养它们，蒸煮蚕茧以抽取丝线，然后是纺、织和染丝。其他地区也可能在棉花、甘蔗或其他非粮食作物的生产上实现了专门化。

这种专门化意味着这些农民生产者不得不通过其他渠道获取食物。这些粮食产地一般是在河流的上游地区，那里逐渐开始专门种植水稻，并可以方便地利用船只转卖到人口更为密集的核心地区。私人团体和国家大量投资开凿运河，极大地发展并改善了中国内陆的水上运输系统，甚至从水路就可以把北部的天津和南部的广州连接在一起。高效的水上运输保证了粮食在中华帝国的交流，促进了市场的发展，也为支撑世界上一些最大的城市奠定了物质基础。

最初，中国政府定期干涉粮食市场，以保证农民生产者和城市消费者都得到充足的食物供应，[24]但到18世纪中期，中国政府日益乐于让市场和商人长距离贩运粮食，从出产地到消费地有时远达一千英里。对这些市场运行效率的评估表明，它们比同时期的法国、英国或美国的市场更为有

效。²⁵ 另外，中国的土地、劳动力和资金市场也运行良好，在一些方面优于欧洲国家的同类市场。²⁶

总之，18 世纪的中国像世界上其他发达地区一样"发达"，无论从农业生产力水平、制造业和市场的成熟程度，还是从消费水平来说都是如此。中国家庭根据变化的经济形势调整其规模，当机会减少时就控制家庭规模，以保证最低生活水平；功能的专门化导致市场和高度商品化经济的出现；覆盖广大地区的水路运输系统保证了商品和人在帝国内的快速流动。

然而，中国高度发达的市场经济并没有导致一种工业上的突破。相反，到 19 世纪，大量的迹象表明中国已经达到了旧生物体制的生态极限。在 19 世纪初，有几个地区的燃料供应已变得匮乏，农民家庭不再使用树木，而是使用稻草和谷糠取暖和做饭。不仅如此，人口密集的核心区域与发展中的边缘地区的市场交换也起到了减缓中国经济发展的作用。

市场和良好的运输网络的优势之一在于促使一些地区生产那些最适合其自然资源的产品，并用以交换其他地区的产品，这就使得双方的生产力都有所提高，使每人的收入都有所增加。这至少是一种理论，在一定程度上，市场也是以这种方式在中国发挥作用的。例如，过去曾存在这种现象：以产棉区的原棉换取长江和珠江下游三角洲一带高度发达的核心区域的制造品，特别是棉纺织品。然而现在，这种交换出了毛病。

在中国各地，农村家庭能够自主决定在农田上种什么，种多少，投入多少家庭劳动力。在此意义上，他们与在新大陆的非洲奴隶或东欧的农奴不同，这两种人都被剥夺了自由，生产的决定权由主人或监工控制。这样，迁移到边缘地区的中国农民像发达的核心地区的农民一样，有自己独立决定的自由。日久天长，他们发现做出这样的决定是符合他们的利益的：自己动手生产棉纺织品，既自己使用，也在地方市场出售，而不是集中精力生产稻米或原棉、输入制成品。事实上，中国大多数农村地区正在经历着"进口替代"的过程，即自己生产纺织品。他们不仅降低了卖到纺织中心区的原棉的数量，而且由于增加了棉田的面积相应减少了他们愿意出卖的稻米的数量。[27]

这样，中国农民家庭的自由也许推动了边缘地区的那种所谓的"自给自足的原始工业化"，但同时也阻碍了中国核心区域的产业化的棉纺织业的发展。造成中国边缘地区农民家庭自己纺织衣物的一个原因也许是根深蒂固的"男耕女织"观念。不仅仅是"女织"，而且是在自己家里织。中国家庭对于在家织布的母女给予了很高的评价，而英国和日本则鼓励女孩离开家庭到工厂做工。[28]与欧洲体系下奴隶和农奴的有限自由相比，中国核心地区和边缘地区的农民所享有的自由反倒造成了不利的后果，即限制了中国最发达的核心区域继续发展纺织工业的能力。

总而言之，在旧生物体制的范围内中国存在着一种高度发达的市场经济。然而，旧生物体制从生态上限制着经济的发展，与此同时，中国农民的自由与男女分工的实践结合在了一起，所有这些的综合作用使中国在19世纪中期达到了发展极限。食物、衣物、住房和燃料都需要土地，为了从土地上得到更多收获，中国人在农业上投入了越来越多的劳动力。旧生物体制下的专门化的动力、日益增加的市场交换和不断改善的交通状况在旧生物体制以及中国独特的氛围下日益把中国推向劳动力密集型和土地资源消耗型的农业，而不是推向工业革命。由于取自树木的燃料供应的减少，中国人转向煤炭，而且的确有煤炭可供使用。在中国有煤炭可供使用而且已经使用的地区包括华北、华中的部分地区；华南也在使用，那里的佛山镇——距离大城市广州不远——就把它用于铸铁。然而，在中国煤炭的应用并未导致工业革命，在亚欧大陆的其他地方也是如此。但是在英格兰，很多不同的情况"偶合"在一起，创造了跨入化石燃料为动力的工业时代，人类从此步入了现代世界。

资源枯竭的地球[29]

的确，在1400—1800年这一历史时期，旧生物体制下的发展动力并没带来什么突破从而导向化石能源、电气化工业和电气化家庭的"现代世界"，而是导向了对资源的日益耗尽，在那些人口最为密集并且甚至还拥有私人财产、市场、运转良好的政府的地区尤其如此。在某种程度上，这一结果是由世界人口的大幅增长——从3.8亿增长到9.5亿——促成的，这种增长主要发生在灾难深重的17世纪全球危机之后的一个世纪。为了给越来越多的人提供食物，大规模的毁林造田出现了。[30]气候学家如今认为，农田的扩张给大气层提供了大量的使全球变暖的气体，既温暖了气候又提高了农业产量，这的确很有趣。[31]

在欧洲北部地区，从丹麦、法国、英国、瑞典到中欧，无不打上了土地过度开发的印记，"大地伤痕累累"。[32]在中国，尽管拥有高产的农业和运转良好的市场，但新大陆传播来的粮食作物使得农业无孔不入，从前的丘陵、山地、沙地等边缘地区开发殆尽。[33]日本早在17世纪就已耗尽了森林资源，但此后反常的情况发生，政府实施了一系列措施，在日本的各岛上停止采伐森林并反过来造林，从而把日本改变成"绿色列岛"。[34]与资源环境枯竭相反的另一个例子是印度，它继续保留着丰富的森林资源，在19世纪的大部分时间里仍有充足的树木作燃料。[35]在其他地方，人们在过去的数千年里从自然获取资源，但现在这种资源减少了，旧生物体制的能源危机日益显现。

英国，全新之路

愈演愈烈的能源危机也发生在英格兰，伦敦人越来越多地转向使用煤炭取暖和烧饭。到1700年，伦敦的人口已增长到大约50万人，它所消耗的煤炭总量超过英格兰煤炭产量的一半以上。荷兰因为树木短缺也存在能源危机，但它没有煤炭，只有泥煤可用作热源。在18世纪，英格兰越来越多地把煤炭用于工业目的，特别是用来石灰煅烧（为生产一种农用肥料）、酿造、玻璃制造以及煮海水制盐。到19世纪初，钢铁制造商们开始用煤炭代替日益缺乏的木炭。蒸汽机和"煤炭在制造业的使用是新能源复合体中两个关键的因素"。[36]这两者的结合把英格兰置于跨入工业化时代的边缘，并最终成为世界发展的火车头。但这究竟是因为什么？

英国和欧洲其他发达地区本来完全有可能走上中国式农业的道路，但令人吃惊的是这种现象并没有发生,相反,英国发生了一场工业革命,不仅完全改变了英国,而且完全改变了世界。原因之一是英国在新大陆有一个"独特的"边缘地区:奴隶制度、重商主义殖民立法,以及独立战争后美国南部棉花种植园的扩展,所有这些为英国棉纺织品创造了巨大的市场,因而促进并支撑着兰开夏郡棉纺织业的发展。与之形成对比,中国边缘地区农民家庭的巨大自由意味着他们可以选择不购买从纺织中心输入的棉纺织品,而是自己动手生产。新大陆奴隶制度不仅导致对英国棉纺织品的高额需求,而且提供了廉价的原棉。此外,1689 年至 1815 年英国与法国的战争为英国"几乎铲除了在欧洲之外的世界的所有对手,也许在一定程度上只有年轻的美国是一个例外"。[37]

英国的殖民地和棉纺织业紧密相联。到 1840 年,英国每年向其他欧洲国家出口的棉纺织品达 2 亿码,而出口到亚洲、非洲和美洲(包括美国)的数量是 5.29 亿码。1820 到 1840 年间,英国与印度在棉纺织品方面的进出口关系完全改变了。在 18 世纪初,英国进口的印度棉布如此之多,以至于政府不得不禁止进口,而到 19 世纪,英国开始出口棉纺织品到其新殖民地:1820 年只有 0.11 亿码,到 1840 年就达到 1.45 亿码。英国兰开夏郡的棉纺织业开始把蒸汽动力用于生产过程,极大地提高了产量、降低了成本而且最终在世界市场上打败了印度的棉织品。在这一过程中,印度发达的棉纺织业衰落了,导致一些历史学家所谓的"印度去工业化"的现象。[38]

英属北美殖民地的重要性还体现在另外一个方面,即为英国提供食物和自然资源,否则英国就不得不在国内生产这类物品。来自南美洲奴隶种植园的原棉显然被供应给了兰开夏郡的纺织工厂。来自北美洲森林的木材用于建造皇家海军军舰所需的桅杆、栏杆、甲板和外壳。新英格兰附近物产丰富的渔场盛产鳕鱼,它如此便宜,以至于成为英格兰的贫苦劳动者和棉花种植园奴隶们的主要食物。英格兰从其加勒比海殖民地运来糖,还有与南美洲交易而来的咖啡和巧克力。[39]一位历史学家戏称,这一大堆的自然馈赠来自英格兰的"魔幻土地"。假如英格兰一直被迫用自己的土地生产这些产品,用作生产小麦和牧羊的土地就会相应减少,这样一来,维持日益增多的人口的食物和保证工业运转的资源都会减少。[40] 换句话说,英格兰的工业化就不可能起步。按照这种逻辑,世界历史上的这一重要发展是由多种因素决定的,其中包括美洲的殖民地。

工业革命也同样是煤炭、钢铁以及蒸汽这种新能源和工业复合体的发展结果。要使这种最初的结合真正取得成功,还需要另外一些因素,尤其是创造对钢铁的需求,并将蒸汽动力运用到更广泛的领域,而不仅仅是用来抽取煤矿中的积水。

煤、铁和蒸汽

尽管英国棉纺织业的发展异常迅速,但单靠纺织业并不能导致工业革命的发生。诚然,直到19世纪30年代,棉纺织业几乎代表着整个英国经济的发展。棉纺织业还导致了一个新的城市产业工人阶级的出现,也创造了"工厂"及一系列与之相伴而生的骇人听闻的不公正(查尔斯·狄更斯在他的系列小说中曾予以鞭挞),并且到19世纪末,纺织业在英国已成为蒸汽机的最大用户。[41] 然而,仅仅这些还不足以首创性地把英国经济从旧生物体制的束缚下解放出来。要创造一种摆脱这些束缚的英国经济,需要一种全新的能源作为动力,即煤炭燃烧转化成的蒸汽动力。[42]

与有关棉纺织业的故事情节不同,煤炭和蒸汽工业在英国发展的故事几乎只属于英国,这个故事也告诉我们英国差点追随中国的足迹走向劳动密集型农业。正如我们已经看到的,与中国一样,人口的增长和农业的发展给英国土地资源造成了很大的压力。的确,到1600年英国南部的森林已大部分被砍伐,主要是用来为不断发展的伦敦城取暖和做饭提供所需要的燃料,而树木的减少业已推动人们越来越多地用煤炭替代树木。

1800年,英国的煤炭开采量已达1000万吨,即全球开采量的90%。[43] 为了解决矿井的抽水问题,托马斯·萨弗里获得了第一台蒸汽机的专利权。此后不久,托马斯·纽可曼于1712年通过增加一个活塞来抽水而改进了原来的装置,后来在 18 世纪 60 年代,詹姆斯·瓦特进一步改进了这一设计。然而,这种改进后的设计仍然效率低下,消耗的燃料极多,要不是在矿井巷道里煤炭实际上是免费的这种情况,这种装置也许早就因无用而弃置了。因此,纽可曼的(以及后来瓦特的)低效蒸汽机只能在那里使用。在 1712 年到 1800 年之间,共建造了 2500 台这样的装置,它们几乎都用在了煤矿。但即使这样也不足以解释工业革命,因为在新的应用被开发出来之前,对煤炭(及相关的蒸汽机)的需求是相当有限的。有一个想法后来被证明是最重要的:把蒸汽机不仅用于矿井抽水,而且还用于推动地面上的车辆。

因此,真正的突破始于第一条蒸汽机车铁路的修建。除了越挖越深外,煤矿主还不得不到离伦敦越来越远的地方寻找新煤矿,把煤从矿井口运到水路码头使他们花费甚大。固定的蒸汽机出现了,既用于把煤从矿井中提出,也用于短距离推动煤车。但是在英国北部达勒姆的一个煤矿,把蒸汽机安装在矿用煤车上、推动它在铁轨上行驶的设想于 1825 年变成了现实,一条从矿井直达海岸的 7 英里铁路问世了,这是人类第一条铁路。

在 1830 年英国只有几十英里的铁轨,到 1840 年就超过 4500 英里,1850 年超过 2.3 万英里。作为煤矿开采的后果,铁路的发展刺激人们需要更多的煤、更多的蒸汽机、更多的铁和钢;修建每英里铁路仅仅铁轨就需要 300 吨铁。在 1830 到 1850 年间,英国铁的产量从 68 万吨增长到 225 万吨,煤的产量增加了两倍,从 1500 万吨增长到 4900 万吨。[44]

蒸汽机还改善了棉纺织业,大大提高了产量。纺线曾因利用水力而第一个实现了"工业化";1790 年塞缪尔·克隆普顿的"骡机"被改装使用蒸汽动力,大大提高了纺线的速度,其产量是印度和中国手工纺线工人的一百多倍。线的产量如此巨大,织工难以跟上,从而导致织布的技术革新,其中包括把蒸汽动力应用到织布机,这种革新如此彻底,到 19 世纪 20 年代,已经没有多少手工劳动的织工存在了。英国纺织工业如此规模宏大,以至于在 1830 年英国的 1200 万男人、女人和儿童中,有 50 万——其中大多是妇女和儿童——受雇于纺织厂。

扼要重述：如果没有殖民地、煤炭或政府的支持

工业革命经常被描绘成发明和使用节省劳动力的机械的故事，这些机械大大提高了人们的生产能力，使人类走上了一条生产率不断提高、总体社会财富不断增加、生活水平日益改善的道路。在一定程度上，这是完全正确的，棉纺织业的发展尤为如此。英国这一行业的制造商面对印度低廉的纺织品的竞争、面对本国高工资劳动阶层，不得不想方设法降低生产成本，因而求助于机械化。[45] 然而，如果没有蒸汽动力，这一过程也许会走向穷途末路，因为英国所有便利的水力资源都已被利用。如果没有煤和蒸汽，仅仅靠棉纺织业不能把英国经济从一种受旧生物体制束缚的经济转化为因利用新的化石燃料能源储备而摆脱其束缚的经济。的确，如果试图描绘"工业革命"，其特征应该是矗立在工厂上方的大烟囱。

然而，正如彭慕兰在《大分流》中令人信服地指出的，要理解工业革命，一个更好的办法是把它视为一个不断发明节约土地的机械的过程。因为在从东方的中国到西方的英国的整个旧大陆上，供应生活必需品的土地的短缺每时每刻都在约束着进一步的发展，要跨进一种不同类型的经济更是不可能的。这种对于旧生物体制的生态局限的理解为解释工业革命如何以及为何首先在英国发生新开了一扇窗。

本来可以燃烧树木或木炭制造蒸汽，但那样会消耗大片的森林，而到18世纪末，英国的森林覆盖率只有5%—10%。假设1815年仍用木炭炼铁，即使各方面条件达到最佳，年产量也只有10万吨左右，与当时实际生产的40万吨以及稍后铁路建设所需求的数百万吨相去甚远。假如仍使用树木炼铁和钢，另外还需要数千万英亩的林地。[46] 这也许行得通，但是农业用地还林会对英国的食品供给带来更为灾难性的后果。总之，如果没有煤，如果英国不是由于历史的巧合而拥有找煤和运煤的便利，蒸汽、铁和钢的生产量将会严重减少。

同样，英国的新大陆殖民地为其提供了额外的"魔幻土地"，使得工业化故事的第一篇章——即棉纺织业——得以展开。为了满足纺织厂的需求，英国在19世纪初从新大陆进口了数十万磅的原棉，尤其是来自新诞生的美国境内（从前属于英国的殖民地），也来自英国的加勒比属地。如果英国人被迫继续穿本国生产的毛、亚麻和大麻衣物，需要2000多万英亩的土地。与此类似，英国从殖民地进口的蔗糖为劳动大众提供了相当的热量，而产生这些热量本应需要几百万英亩的土地。[47] 我们总的观点是，如果没有煤和殖民地，旧生物体制的局限会迫使不列颠人把越来越多的土地用于食物的生产，从而进一步减少用于工业生产的资源，使工业革命的任何希望破灭，就像19世纪中国的遭遇一样。

我们用这样一些因素来解释工业革命是如何在英国首次发生的。除此之外，我们还需要进行一些全球比较，以凸显政府的作用。我们已经看到，全球竞争的压力导致英国的棉纺织制造商寻求政府保护以使其工业免受印度竞争者的冲击，而环境条件迫使英国转向煤炭寻求热源。同样的环境限制也把中国推向相同的方向，尽管我们怀疑那里煤炭的供给是否能够满足人口的需求，它在1800年大约拥有4亿人口，是当时英国2500万人口的16倍。

然而，正如普拉桑南·帕塔萨蒂（Prasannan Parthasarthi）所指出的，中国和英国两国之间存在的至关重要的区别在于，"英国政府对待煤炭的态度，不论直接的还是间接的，都比中国政府积极主动得多"。煤炭对于伦敦来说是必不可少的，英国政府实施了鼓励生产和运输煤炭到伦敦、到兰开夏郡的政策；煤炭易于收税，政府确实收了，而且还实施了阻止煤炭出口的关税政策；皇家海军保护沿海运输船免受法国海盗船的劫掠；高额的钢铁进口关税保护了英国新兴的钢铁工业。[48]

相较而言，"中国政府所做甚少"。正如我们现在知道的，18世纪的中国政府并不缺乏有效的管理能力。相反，中国政府在他们认为具有重要战略意义的经济和社会活动的管理上是十分有效的，尤其是对粮食市场及仓储的管理，通过政府在全国各地的粮仓体系确保其辽阔疆域内的食物供给和食物安全。管理这一庞大体系是中国政府的主要任务，而无论煤炭还是钢铁工业都对这一事业帮助不大，因此这些行业几乎脱离了政府的管控。英国则与中国不同，由于处于不同的全球和生态环境之下，英国政府把煤炭和钢铁工业发展为战略性的事业。[49]

科学和技术

欧洲中心论者对工业革命的解释通常都追溯到"科学革命"。科学革命是一种引人注目并且最终显出极端重要性的发展，开始于16世纪，从那时起，一些欧洲人开始把自然视为一个独立实体，人们能够认识它，并做出它的数学模型，大体上"予以控制"。今天，科学已成为世界不可分割的一部分，而且自19世纪后期以来，科学与大学、公司以及国家结合在一起，发展起新化学工业以及其他以科学为基础的工业，并在其中起到了主导作用。这些无疑是正确的。尽管如此，几乎没有什么证据能把欧洲的科学与工业革命的发生或推动工业革命的技术联系在一起。原因是多方面的。[50]

让我们首先把科学定义为人们利用数学和可重复验证的"科学方法"理解自然万象的智力追求；把技术定义为人们为了生产和再生产的目的而控制自然过程的手段。只要人们仍相信工业革命的推动力是寻求节约劳动力的机械，认为技术的发展至关重要的观点也许就会成立。但是正如上文所述，严重短缺的是土地而不是劳动力，因此，是煤和殖民地缓解了这种短缺，并使得英国能够最早走上工业化道路。事实上，工业革命中所使用技术的原理中国人非常熟悉；就像上面提到的，这些技术之所以在英国而不是在中国发展起来，原因在于英国那种独特的环境，使得最初效率低下的蒸汽机所需的燃料实际上是无须任何花费的。而中国没有那样好的运气。

即使承认新技术——特别是蒸汽机、铁和后来的钢——在工业革命中发挥了重要作用，我们也没有理由把研制这些新机器的机械师和捣鼓小发明的人称为"科学家"，甚至不能说他们受过任何科学的训练；取而代之的是最近的一种理论，即，脑力和体力劳动之间的互动，也就是两位科学史家所说的"心灵手巧"（mindful hand）。[51]实际上，17和18世纪的理论科学的最大作用在于，作为政治工具，用以攻击旧秩序的两大支柱——王权和天主教会。最后,没有理由认为"科学"独属欧洲,我们还不如这样说,科学思想在亚欧大陆,特别是中国与波斯之间传播,欧洲文艺复兴的进展在很大程度上取决于保存在阿拉伯人图书馆中的希腊典籍的重新发现。[52]

因此,发生在英国的工业革命是由一系列因素促成的,尽管科学革命算不上其中的一个因素。在新大陆,大灭绝造成了对劳动力的需求,最终由非洲奴隶予以补充,从而造成了一种独特的体制和一个独特的边缘地区,其生产的农产品(特别是蔗糖和棉花)用于出口,而食物和衣物依赖进口。在欧洲,16世纪西班牙人建立大陆帝国的企图落空,导致民族国家体系的建立,其特征是国家间的冲突、竞争和战争,其中有成功者也有失败者,最终英国和法国在18世纪作为主角凸现出来。在英国,为不断发展的伦敦城供暖的需要造成森林的过度砍伐,导致对煤的需求,而由于地理上的巧合使这些煤开采起来比较便利。在亚洲,莫卧儿帝国在18世纪初的衰落使得英国、荷兰和法国东印度公司有机会为了得到亚洲的产品而明争暗斗,英国人在七年战争中的胜利把法国排挤出新大陆和印度。最后,中国需求白银,而新大陆恰巧有着大量的蕴藏,使得欧洲人有能力购买亚洲生产的香料和工业品。在本章即将结束的时候,我们再次回到中国。

茶叶、白银、鸦片、钢铁和蒸汽

1760年英国在印度击败法国,导致英国在印度的殖民地得以扩大,而在美国独立战争中英国人被殖民地居民打败,所有这一切再次把英国人的目光集中到亚洲以及与亚洲的贸易。尽管英国纺织业实现了机械化,并把大量的棉纺织品销往印度,但英国仍然没有办法把任何东西大量卖给中国人。更糟的是,英国人喜欢上了饮茶,并且开始从中国大量购买。幸运的是,英国人控制了新大陆的大量白银:1713年的《乌特勒支条约》赋予英国一项贩卖黑奴的垄断权(asiento),即,为西班牙的新大陆殖民地供应奴隶,换取新大陆的白银。这些美洲白银的绝大部分被用于购买中国的茶叶。[53]

茶叶

中国人用一种常绿灌木的叶子制茶已有一千多年的历史，其中无论是选茶、炒茶还是泡茶都非常考究，一种可口而又提神的热饮料（茶叶中含有咖啡因）就这样问世了。英国东印度公司发现英国存在着茶叶市场，很快便将一箱又一箱的茶叶输入英国。由于茶叶价格比较昂贵，最初饮茶的主要是上等阶层——我们今天还保留着"下午茶"（"high tea"）的习惯。但随着东印度公司输入英国市场的茶叶日益增多，其价格下降，普通民众也能买得起了。工人们尤其喜欢上了其可口又提神的效果，随着纺织厂和煤矿工人人数的增加、日工作时间的延长，工人们对茶叶的消费量不断增加。像来自殖民地的蔗糖和来自本地乳品厂的牛奶一样，茶叶也成为支撑英国日益增长的工业劳动大军的重要热量来源。1760年，英国进口的茶叶只有500万磅，由于纺织厂的飞速发展，到1800年就增加到2000万磅以上，如果加上走私茶叶也许会两倍于此。[54]到1800年，纺织工人和煤矿工人仅仅购买茶叶就花掉其收入的5%（如果加上蔗糖就占到10%）。[55]

英国商船在中国海岸游弋，英国商人试图寻找比官方渠道更便宜的茶叶，时不时地触动中国人的神经并扰乱其正常秩序。鉴于此，在1760年，也就是英国人即将在七年战争中打败法国人并在全球巩固其帝国地位的年份，中国统治者把所有对外贸易——特别是英国人所控制的贸易——都集中在中国南部港口广州。在以后的八十年中，由中国建立并按其单方面制定的规则运行的"广州体系"统辖着英国与中国的贸易。

英国人时不时地试图通过谈判来寻求摆脱这种限制性举措的办法，但没有结果。1793年，英国派乔治·马戛尔尼爵士前往中国，试图建立正常的外交关系，更为开放地进入中国市场，这是规模最大、最具影响的一个使团。在领略了都城北京和中国皇帝的颐和园至高无上的显赫之后，马戛尔尼被打发回家。后来，中国乾隆皇帝致函英王乔治三世，回绝了英国人扩大贸易的请求,告诉乔治国王"本天朝物产丰盈,疆域之内无所或缺",并命令英国人遵守中华帝国的法律和习俗。[56] 其实,中国需要进口白银,出口茶叶、丝绸和瓷器,这足以证明以上对于中国经济及其在世界上地位的认识是错误的,但它的确反映出乾隆皇帝对中英力量对比的判断。因为虽然当时英国工业力量不断强大,但在亚洲却仍然不能与中国人抗衡。然而,在以后的四十年里,这种情况将发生变化。

白银

英国对于茶叶的消费量日益增加,而由于美国革命等原因英国人控制新大陆白银的能力下降了。在这种情况下,重商主义者害怕白银持续流入中国会危及英国,因而鼓动英国人寻找中国人能够接受的东西替代白银来换取茶叶。中国对于钢琴和钟表的需求非常有限,中国南部也不需要毛织品。与世界其他地区不同,由于中国人自己有先进的棉纺织业,也不需要印度的棉纺织品。到 18 世纪末,印度殖民地生产的原棉几乎是英国东印度公司取代白银输往中国的唯一商品。仅仅原棉是不够的,白银持续流往中国,东印度公司和印度不得不面对白银外流所带来的一系列问题。[57] 就像后来的事实所证明的,英国在印度的殖民者有能力生产另外一种商品,中国对其有可观的需求,可借此给英国人购买茶叶以财力的支持。它就是让人上瘾的毒品鸦片。

鸦片

包括中国在内的许多社会长期以来因医学需要而使用鸦片,因此中国对鸦片有小量的需求。1773 年,英国在印度的总督获取了孟加拉鸦片的垄断权,控制着那里产量不断增加的毒品,并把它倾销到中国。虽然中国人禁止吸食鸦片,英国人还是取得了一些成功,并通过免费赠送烟斗、向新吸食者以非常低廉的价格出售毒品等办法扩大市场。一段时间的低价出售之后,鸦片销售量在 1815 年猛增;1830 年,另外一个地区的印度鸦片纳入东印度公司的销售体系,销售高峰再次出现;1834 年,开始支持

"自由贸易"的英国政府废除东印度公司对亚洲贸易的垄断权,个体商人因而涌入贸易活动之中,迎来了第三个销售高峰。与此同时,美国人也把鸦片从土耳其运到中国,从而开辟了另外一个来源。

无数中国人染上毒瘾:在苏州城达到10万人以上,而在港口城市广州则比这一数字多出几十万。随着数万箱——每箱容量大约为154磅——鸦片流入中国市场,白银开始外流,在19世纪30年代每年达到3400万盎司。中国政府认识到他们面对着严重的毒品问题,宫廷对于如何处理也存在着争论。一派认为,毒品应当合法化,其运送和销售由国家管理,建立医疗中心,帮助瘾君子戒掉毒品。另一派认为,毒品贸易是违背道德的,也是非法的,应终止其进口,惩治运送它的外国商人。在19世纪30年代后期,后一派占据上风,皇帝派林则徐为钦差大臣,可以采用任何手段结束鸦片交易。

钦差大臣林则徐到达广州后调查了那里的现状。他对英国和美国毒品商人的道德败坏行为感到触目惊心,并致函英国女王维多利亚,请求她管理好国民。他委托英国商人把该信带给女王,但后者失信了。他还决定把外国人封锁在货栈里,这些货栈在靠近广州的一条河流的小岛上,并且下令,只有交出库存的鸦片,并发誓再也不运送毒品,他们才能够获准离开。在经过最初的交涉并获得他们同意后,1839年6月,钦差大臣林则徐在销烟池中销毁了2.1万箱鸦片:在开箱把鸦片冲入大海前,他还进行祈祷,请求海中生物宽恕他,并暂时离开海岸。

不幸的是,一切并没有结束。在香港岛附近,中英军队不断发生冲突,中国人继续封锁在广州的外国贸易货栈,代表对华贸易商人和兰开夏郡棉纺织厂主的金融界在英国进行煽动,以便为英国商品打开中国市场("4亿消费者将会保证曼彻斯特的诸纺织厂永远地运转下去")。所有这一切促使英国人决定派海军远征军前往中国。

铁和蒸汽

1839—1842年大英帝国与中国之间的鸦片战争就这样爆发了。虽然这场战争的细节引人关注，但出于本书写作的需要，有两点需要稍微详细地说明。第一点涉及英国人对付中国的一种新型战舰，其中第一艘叫作"复仇女神号"。

复仇女神号是第一艘蒸汽动力的完全用铁制造的炮艇，专门为了在亚洲的河流中作战而设计，虽然把它编入现役的是民间性的英国东印度公司而非英国海军。英国海军部更愿意把木制帆船（和一些木制蒸汽动力船）作为海军的主力，英国人描述他们在大西洋和印度洋的制海权时称这支海军已"控制了波浪"。而海军将领们不相信小型的、以蒸汽为动力的铁船会在他们保护公海免受其他欧洲人入侵中发挥太大的作用。因此，正是东印度公司秘密与利物浦的伯肯黑德铁厂签订合同建造新型船只。与其他战舰相比，这种新型战舰相对较小：184英尺长，29英尺宽，深只有11英尺，而吃水仅是5英尺。它以120马力的蒸汽机为动力，其新颖性在于完全用铁造成——没有一点木头。

东印度公司对制造适于河流航行的炮艇非常感兴趣，以便用于扩大它在印度和亚洲其他地方的殖民地。根据1844年发表的对于复仇女神号的记载，与中国战争的爆发"被认为是检验铁制蒸汽船优缺点的绝佳时机；而靠近中国海岸有无数的河流，对它们所知甚少，几乎完全没有考察过，更为检验这种船只创造了有利的空间"。[58]东印度公司的兴趣还在于展示这种船只的速度，靠这种速度，它能够运送商品、人员和邮件，从印度绕过好望角到英国。最后，铁厂所有者的兴趣在于向海军部展示铁制战舰的前景，以保证将来的合同。

复仇女神号耗时三个月建造完成，于1840年底到达中国海岸。由于它吃水很浅而且能够逆流逆风航行，不久就参加战斗并在珠江上发挥了作用，摧毁了几艘中国平底军用帆船（英文版封面上复仇女神号参战的画面）。它在1842年封锁长江和大运河的汇合口中发挥了主导作用，而大运河承担着中华帝国中部和北部地区的大多数水上商业运输。它还是稍后威胁炮轰中国南部都城南京行动的主角。中国统治者自知实际上已被击败，于是连忙求和。1842年中国与大英帝国签订的《南京条约》虽然结束了鸦片战争，但同时也标志着西方长达一个世纪的对中国侵略的开始。

由于其条款内容，该条约成为后来所谓的一系列"不平等条约"中的第一个，而西方列强（包括美国）在此后的六十年里正是靠这一系列条约迫使中国不断让步，削弱了中国政府的统治权，也削弱了其提高关税保护民族工业的能力。《南京条约》使中国割让土地（香港）给英国，以墨西哥白银计赔款 2100 万银元以补偿英国毒品贩子的损失，向西方商人开放更多的港口。第一次鸦片战争没有使鸦片贸易合法化，但在 1858—1860 年的战争后得以实现。

虽然使用复仇女神号并不是英国人在第一次鸦片战争中打败中国的唯一原因，但复仇女神号的确标志着马戛尔尼爵士 1793 年被打发回国以后 40 年里英国所发生的巨大变化。可以毫不含糊地说，复仇女神号标志着铁和蒸汽这类工业革命的工具已被普遍用作战争的工具，而且特别用在了欧洲人对亚洲以及后来对非洲的殖民冒险之中。的确，在 19 世纪剩下的时间里，欧洲人对亚洲和非洲人民与政权的征服史许多都是以此主题派生出来的。[59]

但是英国钢铁和蒸汽机制造商的利益并不是促使英国发动与中国的战争的唯一原因，因为英国在印度的殖民政府和东印度公司的税收依赖鸦片。欧洲许多国家的政府（特别是其军队）也对发展新技术并用于战争特别感兴趣，可以肯定鸦片战争就是这种情况。英国棉纺织业制造商鼓噪战争是希望以此为他们的出口产品打开中国市场。由于整个生产过程完全实现了机械化并由蒸汽机推动，兰开夏郡的棉纺织业制造商确信他们能够以低于地球上任何人的价格出售产品，因此煽动"自由贸易"以证明之。最后，英国在印度的殖民政府对战争的结果很感兴趣。鸦片战争中的"英国"军队中有三分之二是从在马德拉斯和孟加拉的英国殖民地征召的印度人，这证明了土著军队能够在英国人的指挥下用于战争。的确，正如一位法国历史学家所评论的："英国征服印度半岛好像只是为了利用其资源对付中国。"[60]

结论：进入人类世

在人类历史的进程中，工业革命的重要性与农业革命相当，或者说超过了农业革命。农业使人类能够利用太阳每年所发出的热能，促进人口增长和文明的繁荣，尽管仍处于旧生物体制的范围内。而随着时间推移，工业革命则使人类有能力摆脱旧体制的局限，依靠蕴藏的矿产资源，特别是煤和石油，创造出全新的经济和人类生活方式。正如我们将在以下的章节中看到的，工业革命使得物质生产大大增加，塑造了当今世界人们的生活方式。

现如今，我们可以从几千年的跨度中来评判农业兴起所带来的结局和后果；工业世界的问世才只有两百年的历史，但形势正变得越来越明朗，它正引领世界进入一个新纪元，在此纪元里，人类的行为对环境的影响如此巨大，以致人类与全球环境之间的关系开始变化——我们已经进入了人类世，即人类的行为能力已经压倒了自然的力量。[61] 这一故事情节在 20 世纪变得尤为引人注目，第六章将以此为焦点。

我们现在知道，燃煤蒸汽动力推动了我们今天所称的"工业革命"，这纯属后见之明。同样要记住的是，工业革命并非不可避免。的确，在其他地方或不同时间的类似的发展也能转变为工业并独立支撑经济的增长，但这些火种要么奄奄一息要么昙花一现。[62] 因此，"成功的"并引领人类进入现代世界的工业革命，其发生是具有偶然性的，是全球偶合的产物。弄清世界在那时是如何实现偶合的，对于我们理解工业革命至关重要。

从全球的角度说，在 17、18 世纪，印度和中国的印花棉布和丝绸比欧洲纺织厂商的产品质量高、价格低，后者在竞争中处于劣势。然而，由于政府愿意动用军队和武力保护本国纺织厂商，加上在新大陆的殖民立法，英国棉纺织厂商借此挤走印度棉纺织品，为他们自己的商品抢到市场和便宜的原料来源。

从生态角度说，因为毁林造田和大量使用树木作为燃料，旧大陆（和旧生物体制）经济开始面临土地匮乏的困境，从中国到英国都是如此。日益扩大的市场规模和劳动分工使中国和英国同样能够从旧生物体制（以农耕经济为主）经济中强行索取更高的生产率，但生活所需的一切都依赖于土地。由于没有煤炭和殖民地，中国人被迫投入更多的劳动力和资金用于提高土地的产出，而新大陆的资源和便利的煤炭开发却使英国摆脱了这种束缚。

诚然，英国制造厂商和发明家能够直面挑战，在煤炭开采和蒸汽机发展方面尤其如此，而且英国政府也支持他们这些努力。但是，没有理由认为中国人或印度人（或其他拥有发达的旧生物体制经济的民族，如日本人）当面对同样的全球和生态的挑战时，不会以类似的方式解决这些问题。他们及其政府没有面临这样的挑战，他们也没有殖民地和易于开采的煤炭资源——然而英国却有，正是这些造就了完全不同的结局。[63]

然而，人类在跨入工业世界的早期并没有给地球的大气层留下太多印记。我们现在知道，在过去200年里人类因燃烧化石燃料而向大气层排放出巨量的全球温室气体，尤其是二氧化碳（CO_2）和甲烷（CH_4）。但总的来看，温室气体排放的大规模增加始于19世纪晚期，那时，全球竞争的压力造成世界的部分国家率先进入工业化并达到富裕，与此同时也造成了贫富差距的温床，一些国家逐渐衰落并堕入贫困的深渊。

第五章　差距

在 18 世纪，以经济发展水平、生活条件及人民的预期寿命为标准，中国、印度和欧洲具有很大的可比性。正如图表 5.1 所示，印度、中国和欧洲在全世界的国内生产总值（GDP）[1]中各占大约 23% 的份额，累加起来，这三个地区占 1700 年全球经济活动的 70%。在图表 5.2 中我们也会看到相似的情况，1750 年，中国生产了全世界制造品的大约 33%，印度和欧洲各贡献了大约 23%，总共几乎占全世界工业品产量的 80%。到 1800 年，情况也大致如此，虽然印度所占的份额开始下降，而欧洲的份额开始上升。

然而，到 19 世纪初期，图表 5.1 和 5.2 显示出截然不同的情况：在全球 GDP 和制造品产量所占份额上反映出欧洲开始快速上升，而中国先是停滞，然后是快速下降，直到 1900 年，印度也是如此。到 1900 年，印度仅占世界制造品产量的 2%，中国占大约 7%；而欧洲独自占了 60%，美国占 20%，两者相加达到全球制造业生产的 80%。

因此，图表 5.1 和 5.2 也反映出世界历史进程的一个大逆转。在 18 世纪，印度和中国还占有一半以上的世界财富，而到 1900 年就已沦落到工业化程度最低、最贫穷的国家之中。它们所占世界 GDP 的份额不像占世界制造业产量份额下降得那么多，主要是因为它们的人口在持续增长。的确，正如图表 5.3 所示，从 1750 年到 1850 年中国的人口迅速超过印度、欧洲，而 1400 年以来这些地区的人口情况是大致相似的。随着人口的增加和财富创造的减少,在 19 世纪的历史进程中中国人和印度人变得贫穷了,而欧洲人和美国人变得富裕了。不仅如此,我们还将看到,由于中国和印度都没有走向工业化,那里的城市不能容纳如此众多的人口,因此加剧了农村的贫困化。

因此,图表 5.1 和 5.2 表明 19 世纪在西方与世界其他国家——以印度和中国为代表——之间出现了不断扩大的差距。著名历史学家费尔南·布罗代尔曾经说过:"解释这个逐年增大的差距,就是解决现代世界历史的基本问题。"[2] 他在 20 世纪 70 年代后期著书立说时意识到对欧洲的历史了解较多,对印度、中国以及其他通称为"欠发达"或"第三"世界国家的历史了解较少,因而对自己解释"差距"的能力相当谦虚。然而有一点他似乎非常清楚:"西方与其他大陆之间的差距很迟才显现出来,把这一差距简单归因于市场经济的合理化——许许多多我们同时代的人仍然倾向于这种观点——显然是过于简单化了。"[3]

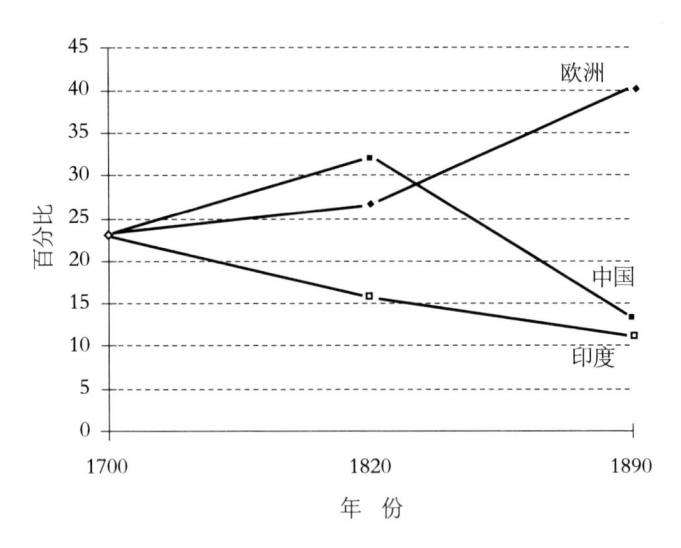

图表 5.1　中国、印度、欧洲在世界 GDP 中所占的份额,1700—1890 年

资料来源:Mike Davis, *Late Victorian Holocausts* (London: Verso, 2001), 293.

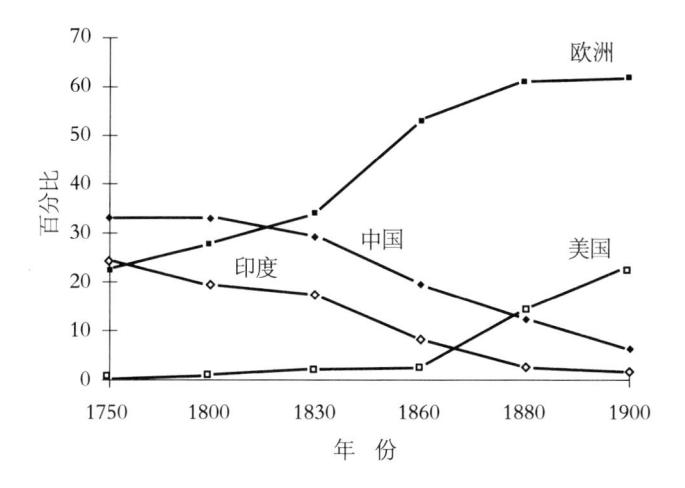

图表 5.2 中国、印度、欧洲、美国在世界制造品生产中所占的份额，1750—1900 年

资料来源：Derived form data in Paul Kennedy, *The Rise and Fall of Great Powers* (New York: Vintage Press, 1989), 149.

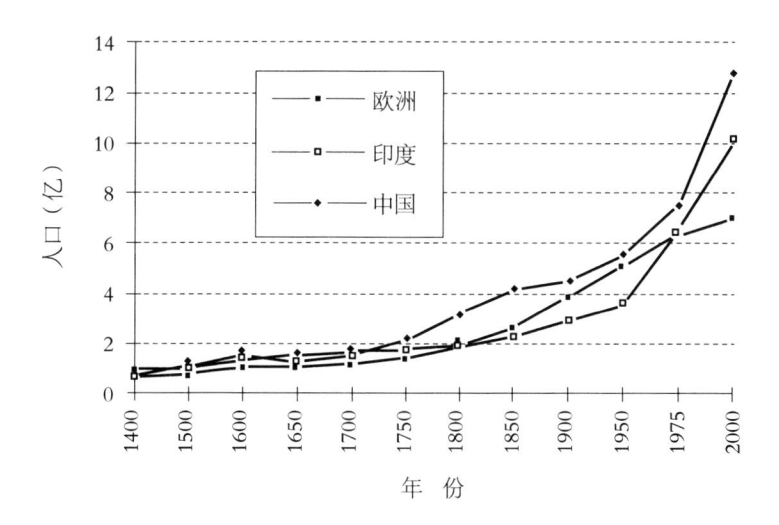

图表 5.3 印度、中国和欧洲的人口，1400—2000 年

资料来源：Colin McEvedy and Richard Jones, *Atlas of World Population History* (New York: Viking Penguin, 1978); United Nations, 2000 Revision of the World Population Estimates and Projections.

布罗代尔在此表达了对本书上一章中所列举的欧洲中心论关于"差距"的各种解释的不满。特别要强调的是，他认为仅仅关注欧洲市场经济兴起及其"合理化"的解释过于简单化。的确如此，正如上一章所指出的，到 18 世纪，中国已具有非常成熟的市场经济，然而在日益增大的差距中却滑向了劣势一方。为什么在 19 世纪的历史进程中，不仅中国和印度，而且还有亚洲其他许多地区、非洲、拉丁美洲，与欧洲和美国相比会变得日益贫困呢？本章将探其究竟。

在本章中我们将会看到，鸦片、枪炮、厄尔尼诺饥荒以及新工业技术（特别是铁路、电报和奎宁）是如何为欧洲人的殖民冒险服务的。我将不采用欧洲中心论有关欧洲与世界其他地区相比财富和实力不断增加的各种解释。的确，没有证据表明欧洲人更心灵手巧、具有优越的文化（即，一种支撑——如果不是创造——工业经济的文化），或者比中国人、印度人和新几内亚人更善于管理自然和人类资源。相反，欧洲人是靠殖民地为他们提供大量的"免费"能源（糖、棉花、木材、鳕鱼）。尤其需要提到英国人，他们非常幸运地拥有浅层煤，而且靠近那些森林资源枯竭后需要新能源的人口和制造中心。

19 世纪的历史书写大都涉及这样一个过程，在这个过程中，世界被分成了发达国家和欠发达国家、富国和穷国、工业化国家和所谓的"第三"世界，或"全球南方"。[4] 当然，从本书采用的环境视角来看，这种差距也反映出世界被划分成两个部分：一部分仍处于旧生物体制之中（它们日益贫困化），而另一部分开始摆脱旧生物体制对物质生产（工业的和农业的）的局限。不仅如此，19 世纪出现的这种差距既存在于世界这两种不同类型的地区之间，也存在于我们所讨论的各种社会内部。工业为一些国家创造了财富和实力，但更主要的是为这些国家的一部分人——拥有新生产资料的人——创造了财富和实力。与此相反，对于那些在矿井、工厂劳作的人来说，工业提供了新职业、新工作方式、都市化经验以及对贫困的理解。工业也带来许多重大的环境问题和困境。

鸦片和全球资本主义

这里关于现代世界起源的叙述始于 15 世纪初期，那时，中国的经济需要白银。中国经济连同印度经济是早期现代世界财富和工业生产的主要源泉。中国对白银的需求带动了一系列的发展并导致（不管是否愿意）本书目前为止所讨论的大多数重要事件的发生。似乎可以公平地说，倘若没有中国对白银的需求，欧洲在世界经济中所起的作用就会大打折扣。正是由于中国的白银需求和新大陆的白银供给，才使欧洲人凭借获取亚洲商品和进入亚洲贸易网的方式而富裕起来。

中国人在 19 世纪对另一种商品——这一次是令人上瘾的毒品鸦片——的需要同样在构建世界经济中发挥了重要作用。诚然，鸦片的输入和消费不会像四百多年前白银的进口那样对中国的经济发挥积极的作用。进一步说，鸦片的需求是被四千万上瘾的消费者所推动的，而不是由于国家推动经济发展的需要。但无论如何，中国人在 19 世纪对鸦片的需求的确促进了世界范围的经济活动。

尽管英国在第一次鸦片战争（1839—1842 年）中打败了中国，但英国并未强迫中国实现鸦片贩卖的合法化。然而，英国新的殖民属地香港提供了一个不受中国控制的便利的鸦片运送基地。在以后的二十年里，香港是英国毒品贸易的中心。英国各贸易公司每年把大约 5 万箱（650 万磅）鸦片卖给中国的消费者。

鸦片流入中国，导致白银外流，使英国和美国积聚了大量财富。随着美国独立，美国商船马上就开始了与英国商人在亚洲水域的竞争，第一艘美国船只于 1784 年（美国独立后的第二年）到达中国。到 19 世纪初，美国人已深深地卷入鸦片贸易之中，尤其是拉塞尔公司。当时美国的鸦片来源于土耳其，而英国则保持对印度鸦片的垄断。美国用鸦片贸易获得的收益增加了对东海岸一些著名大学的捐款，充实了波士顿的皮博迪家族（因而还有皮博迪博物馆）和纽约的罗斯福家族的财产，并为亚历山大·格雷汉姆·贝尔发明电话提供了资本。

在与中国的第二次战争（所谓的1858—1860年的"亚罗号"战争，以一艘英国船而得名）后，英国人迫使中国实现了鸦片买卖的合法化。这虽然为鸦片打开了更多的中国市场，但随着英美船只在更多的中国开放贸易港口直接停靠，香港的贸易中心地位下降了。由于印度新的鸦片产地发展起来，其市场对外开放，波斯、印度及中国的商人也加入了贸易行列。到19世纪70年代，中国开始种植罂粟和加工鸦片，特别是在以前很少涉足蓬勃发展的沿海贸易的内陆省份。不幸的是，这种"进口替代"发生在中国农民曾经利用所拥有的自由而选择了种植棉花的许多地方。因此，这些地方大多是以牺牲粮食种植来扩大经济作物罂粟的种植，这虽使农民的现金收入增多，但同时也加大了他们在收成不好时食物供给不足的风险。

到19世纪后期，如此大量的鸦片进入中国或在中国生产，以致10%的中国人口，或者说4000万人吸食鸦片，其中多达一半是"重度烟民"。进入20世纪，中国消费着世界鸦片供给量的95%，可想而知它对社会、经济以及政治的影响了。[5]几乎每一个城市都有鸦片馆，购买和吸食鸦片已进入中国人的生活结构之中。在一些地方吸食鸦片起初是一种上层精英的爱好，如今逐渐变成一种大众消费。的确，即使进入20世纪，中国的罂粟种植和鸦片加工仍在为中国政府提供税收，为农民提供现金收入。[6]

我们暂且先了解一下印度所发生的事件并考察欧洲的工业化进程，然后再回来探讨中国的鸦片消费对于19世纪后期的世界经济究竟有多么重要。这里只需要说明：尽管中国人要为带给自己的毒品灾难承担一些责任，但首要的是英国的枪炮强使中国打开了大门，再有就是中国和印度作为鸦片的生产者和消费者在全球经济中扮演了特殊的（奇特的）角色。

印度

中国消费的鸦片最初大部分来自印度。在那里，英国的殖民政策与中国人对毒品的需求相结合，创造出一种农业性的出口产业。印度的鸦片制品在19世纪变成其主要的出口产品之一，这也成为一个更重大课题的组成部分：印度从17、18世纪世界最大的工业中心之一转变为19世纪中叶的以农业经济为主的国家。事实的确如此，到19世纪20年代印度的棉纺织工业衰落得如此彻底，以致历史学家们一直在探讨印度的"去工业化"，尽管他们对其中的原因仍争论不休。[7]

正如我们在前几章中有机会说明的，印度的棉纺织品占有广阔的国际市场，当时非洲人、欧洲人以及美洲的奴隶们都购买和穿着印度纺织品。正如我们所看到的，18世纪初期，英国人建立了贸易壁垒以阻止印度纺织品进入。但是，印度纺织品仍能找到其他市场，孟加拉、马德拉斯以及其他地方的纺织区域一直繁忙地为世界市场生产着。然而，两件事改变了所有的一切。

第一，1757年英国东印度公司（EIC）在孟加拉夺取了第一个殖民据点，并于1765年获得了在孟加拉的许多地方收取土地税的权利。这笔横财给私有的东印度公司带来了巨大的岁入，可用于购买更多印度纺织品，更可怕的是，也可用于征募和豢养自己的"印度兵"军队即由英国军官指挥、印度人为士兵的军队。后来，东印度公司用这支军队去扩大自己对印度其他地方的控制。印度政治权力的杂乱无章、王公贵族之间因争夺权力而展开的尔虞我诈、莫卧儿皇帝前途渺茫但注定衰落的权力以及好战的印度教军事贵族的勃勃野心，共同作用创造了一种合适的气候，使得东印度公司得以在军队的支持下施展其阴谋，逐步蚕食土地，到19世纪30年代控制了印度的大部分地区。通过其他几次耗费巨大的大规模战争，东印度公司又控制了旁遮普和信德（该地区1947年后变为巴基斯坦）。到19世纪中叶，英国实现了对整个印度的殖民化。

第二，工业革命导致英国制造品的成本大幅度降低，尤其是棉纺织品。因为价格较低，英国棉纺织品开始与印度纺织品争夺全球市场，不仅如此，印度本身也变成英国棉纺织品的重要市场。18世纪，英国曾通过关税限制印度纺织品的进口，而现在，英国在印度的殖民政策取消了对英国纺织品的关税壁垒。由于价格较低，英国纺织品涌入印度市场。1800年到1810年间，印度棉纺织品的产量和出口量持续下降，而进口的英国制造品持续增多。到1820年，已有数以百万计的印度织布工人被迫失业，他们的织机闲置，房屋空空。"到1833年，孟加拉……的'去工业化'已相当严重。印度失去了一种伟大的工艺，而工匠也失去了他们的职业。现在家庭妇女的纺锤已很少在纺棉场地上飞速旋转了。"[8]

后来，印度开始用出口原棉取代出口成品，先是向中国，然后向英国。从前的印度织工要么移居海外，要么从事新的职业，许多人转向农业。转入农业的人，必须种植一些能够卖掉的东西，因为英国的东印度公司征收货币地租，不收稻米或棉花。因此，新、老印度农民都转而种植经济作物，例如木本靛青、甘蔗、棉花以及用来造鸦片的罂粟等作物。"印度的田园化"开始了。

印度沦为我们现在所谓的第三世界国家——那些生产原材料用于出口以便从"发达国家"进口制成品从而陷于"欠发达"状态的国家——的故事似乎仅是一个"经济学"的问题。事实并非如此。更确切地说，它的运行方式是专门设计出来的，是为英国利益服务的，尤其是在为了推行自由贸易而废除东印度公司对亚洲的贸易垄断之后。自由贸易原则是亚当·斯密1776年在其名著《国富论》中首先提出的。

自由贸易以及政府对经济活动的最少干涉理论与大卫·李嘉图的"比较优势"概念相结合，其宗旨是把印度变成以出口为目的的粮食和原材料生产国。关税被取消，殖民地政府显然不会提议保护棉纺织工人，也不会采取推动工业化的政策（因为那样将会有"过多的产品"与英国国内工业竞争），而"自由"市场又将确保印度的食物和原材料运到英国，并确保印度人购买英国的工业品。事实上，19世纪中叶以来，印度确实消费了英国出口产品的25%—35%。[9]殖民政府强制推行的这种"自由贸易"原则把印度推上了沦为第三世界国家的道路。我们将会在本章的后面看到它是怎样与厄尔尼诺旱灾的后果相结合，使印度完全转变为第三世界国家的。

这里仅说明这一点就足够了：印度的去工业化与中国对鸦片的需求相结合，给英国及其全球资本主义体系提供了巨大的利润。这些鸦片的利润如此巨大，以致世界贸易方式的整个结构被颠倒过来。从1500年到1800年，欧洲人获得了用"新大陆"的白银与亚洲交易的机会，因而白银大量地流入印度和中国。而今鸦片使其倒流，白银流进了英国人手里。历史学家卡尔·特罗克伊认为，如果没有鸦片，"可能就不会有大英帝国"。[10]

现代世界的起源

其他国家的工业化

英国最先进行工业化并把工业化的成果应用于军事,因而成为世界上最强大的国家,不仅如此,只要英国在工业上长期保持相对所有其他国家的优势,它的军事力量也将无可匹敌。到 1830 年,英国实际上已垄断了钢铁、蒸汽机及纺织品的工业生产,并用武力将自己的产品销往全世界,建立了世界上最大的帝国,不仅包括印度,而且还包括亚洲的其他地区。英国地位至高无上,得以倡导取消进口食物和其他原材料的关税壁垒,以便更快地扩张其工业体系。正如我们在印度所看到的,全球"自由贸易"变成了英国的行动纲领。英国把"自由贸易"原则强加于印度,导致了该国的第三世界化,然而,对于其他几个欧洲国家或者美国(英国从前的殖民地),英国并不能如法炮制。

欧洲国家体系本身就是由欧洲国家间频繁的战争(和独立运动,包括美国)所导致的。该体系给其他国家带来了巨大的竞争压力:效仿英国,在寻求新的殖民地方面尤其如此。随着英国海外帝国的扩大,其他欧洲国家都在绞尽脑汁地提高军事实力,以便在亚洲、非洲以及拉丁美洲与之展开竞争。不管英国怎么阻止工业技术的转移或输出,法国、美国和德国很快也开始了工业化。在 19 世纪后半期,另外两个国家——俄国和日本也开始了快速的工业化,主要是为了在西欧殖民的过程中能保持自己的独立性。如果说英国的工业化是无人能够预言的多种力量"偶合"的产物,那么,在它发生后,工业化成果得以复制,则是一些强大的政府迫于与英国竞争以及互相间的竞争而制订计划并加以实施的结果。几乎无一例外,在其他国家的工业化进程中政府都起着主导作用。

法 国

早在英国工业化的初期,法国政府(和其他政府)就试图靠偷窃信息、贿赂制造商、雇用英国实业家等手段想方设法获取英国的工业技术。[136]

用这种方法，法国从纺织工业和钢铁工业开始了工业化。但由于缺乏储量大（又容易开采）的煤矿，也由于周期性的革命大动荡及战争（1789—1815年、1848—1851年及1870—1871年），以及相对落后的农业，工业化进程受到严重束缚。尽管如此，1842年法国政府决定修建全国铁路系统，并于19世纪60年代完成，这刺激了法国的工业化。与英国铁路的私人所有制不同，在法国，政府为建设铁路提供资金，然后以九十九年的租借期实现其私有化。在由于铁路而形成的国内市场的推动下，法国的其他经济部门也工业化了，或至少是标准化了。然而，法国的工业生产能力仍然很低，与英国和其他实现工业化的国家相比处于劣势。

美国

美国的工业化以东北部和俄亥俄河流域为中心，并且像英国那样主要依赖于私人资本而不是政府发起。纺织业是最早工业化的行业之一，新英格兰由于有南方奴隶制种植园提供的原棉，很快就在美国和世界市场上与英国纺织品展开了竞争。政府利用关税保护年轻的美国工业，美国银行为运河和铁路提供一些资金。从19世纪30年代开始修建地方铁路线，到19世纪70年代，铁路线跨越了北美大陆，导致对钢铁和蒸汽机车的巨大需求。美国内战（1860—1865年）刺激了北方的工业化，而且，正如我们在本章稍后将会看到的，也推动了枪炮的工业生产及战争方式的更加工业化。

美国人还率先把工业应用于农业。英国人坐观其农业的衰落，宁愿从东欧、爱尔兰和美国进口便宜食物；法国农民在1789年革命中获得了小块土地并紧紧抓住不放，这样就限制了他们购买或使用现代化农具的能力，这种状况一直持续到1945年第二次世界大战结束以后很久。与他们不同，美国拥有广袤的大平原，但耕作土地的劳动力稀少。这种情况下，机械在农业中发挥了作用，马拉的以及后来以蒸汽或汽油为动力的收割机和联合收割机（由芝加哥富豪赛罗斯·麦考密克制造）生产了大量的农业剩余产品，以致美国变成了全球市场的主要粮食出口国，直到今天仍然如此。

德国

与英国、美国或法国不同，在 1870 年之前，德国实际上一直没有建立起由单一政府领导的统一国家，更确切地说是分成了为数众多的公国。虽然每个公国都有自己的统治者，但却操同一种语言，这从根本上为后来的国家统一提供了基础。政治上的不统一阻碍了德国工业化的努力。的确，单一政府的缺失意味着德国纺织工业不能用关税保护来阻止英国商品的进口，因而导致 19 世纪 30 年代德国纺织工业的毁灭。然而，19 世纪 30 年代的关税同盟，紧接着 19 世纪 40 年代农奴制的废除以及 19 世纪 50 年代铁路的修建，为一些地区开始工业化提供了足够的整体性，尤其是在煤和铁都十分丰富的鲁尔河流域。

由于工业化迟于英国、法国以及美国，德国处于竞争劣势，因而不能走同样的工业化道路（即从纺织业到钢铁业）。相反，在 1870 年统一后，德国把重心放在重工业（钢和铁）的发展上，以维持全国铁路建设计划和支撑军事力量的发展。贝塞麦酸性转炉炼钢法得到发展，而克虏伯冶金与军事装备工厂首倡大型企业组织的革新，两者互相结合，加快了 19 世纪 70 年代到 80 年代的德国工业化。德国人还把大学与工业研究联系起来，产生了全新的化学工业和电气工业，并且第一次明确地把科学应用于工业发展。

俄国

那些在工业化的道路上面临最大障碍的欧洲国家中，俄国首当其冲。它是一个根深蒂固的农业国家，农民被拥有地产的贵族农奴化，直到 19 世纪 60 年代初期才获得解放，但又陷入另一种形式的农业社会：贵族们仍拥有土地，而从前的农奴则租用它。在几个世纪里，俄国一直出口粮食到西欧并进口奢华的服饰供贵族们消费。俄国还拥有大量的自然资源——森林、煤炭、铁矿石，吸引着一些西欧投资者前来开采并卖给那些正处于工业化过程的国家。俄国尽管拥有庞大的军队，而且被认为是欧洲的"强国"之一（大多因为其幅员辽阔和人口众多），但它在19世纪正开始显现出第三世界的特征：出口粮食和原材料，很少或根本没有自己的工业，而且只要负担得起进口，任何工业品都要依靠别的国家。

19世纪80年代，财政部——该部1892年后由精明能干的谢尔盖·维特伯爵领导——实施了一个大规模的铁路建设计划，从而带动了重工业（煤炭、钢铁和石油）的发展，上述情况开始发生改变。1860年，俄国的铁路还不足700英里，而到1894年就已达到2.1万英里，到1900年又增长到3.6万英里，最长的一条向东延伸到西伯利亚，因此把那里的广大地区及其资源与俄国正急需这些资源的工业化地区紧密联系在一起。与德国和法国一样，俄国政府而非私人资本在俄国工业化的第一个阶段——建银行、雇用外国工程师、建立高关税壁垒以保护新工业免受外国竞争——发挥着主导作用。

俄国突然实施工业化计划的原因何在，维特伯爵表述得非常清楚，就是摆脱与西欧之间殖民地般的关系。

> 俄国到现在仍基本上是一个农业国。它靠出口原材料，主要是农作物，特别是粮食来支付欠外国人的所有债务。靠从国外进口来满足对制成品的需求。俄国与西欧的经济关系完全就像殖民地国家与宗主国的关系。后者把殖民地视为便利的市场，可以在那里随心所欲地出售它们的劳动产品和工业产品，又能用强有力的手段从那里获取所必需的原材料。

维特主张，俄国不应变成半殖民地，因为"俄国是一个独立、强大的国家……她自己也想成为一个（殖）宗主国"。[11]

日本

与俄国不同，日本缺乏工业经济所需要的自然资源，特别是煤炭和铁矿石。不仅如此，到19世纪中叶，它仍遵循着二百多年前所实施的"闭关锁国"政策。1853年，美国海军准将马休·佩里率军舰驶入东京湾，要求日本开放"正常"国际贸易（"否则……"），这对日本领导人产生了强烈的震动。日本领导人知道鸦片战争中英国人在中国的所作所为，决定通过谈判向西方开放，由此导致日本人与西方人之间的接触和贸易的增长，但也造成1868年旧政权的崩溃。

取而代之的是被称为明治时代的新政权，它得名于非常年轻的新天皇明治（1868—1912年在位）的年号。新政权经过一段时间的犹豫后，开始着手打碎旧的封建制度并建立一个强大的中央集权国家，在私有资本尚不能接受挑战的情况下肩负起日本工业化的重任。然而，由于自然资源稀少和美国所强加的关税条约的限制，日本的工业化只能独辟蹊径。要进口工业的原材料就不得不首先出口，因此日本求助于丝绸工业，尽可能地使其标准化和机械化以便于在国际市场上销售，从中国人和法国人那里夺取市场份额。在19世纪80年代特别是90年代，日本发展起棉纺织工业，同样是以出口为目的，换取外汇，用以购买工业原材料——焦煤和铁矿石，用以发展与它的军事需要密切相联的重工业。为了在国际纺织品市场上竞争，日本压低工人工资，雇佣大量的女童和妇女，并禁止组建工会。

这种战略报酬丰厚。它的军队强大到足以在1894—1895年的战争中打败中国，并且十年后又打败俄国。意识到日本军队的实力，1902年，英国与日本缔结军事条约，而且在1911年西方列强放弃了限制日本关税自主权的不平等条约。到1910年，日本所拥有的工业能力和技术技能已能生产出世界上最大的军舰萨摩号（the Satsuma）。甚至在中国和印度相对于西方不断衰落的时候，日本的工业化就已在1900年预示着西方将不能继续以垄断工业生产的方式控制世界了，而且从前亚洲生机勃勃的样子将开始再现出来。

这节简短的概述告诉我们，工业化的必要条件之一是有一个决心为建立强大的军队创造物质条件的强力国家。由于不同的原因，在不同的时代，法国、德国、俄国以及日本都能建立起强有力的国家。而世界上的那些弱国（如拉丁美洲大多数国家或奥斯曼帝国）、衰落中的国家（如中国)、已被殖民地化的国家(如印度、东南亚的许多国家,还有我们将看到的非洲),甚至帝国之中那些想要独立(正如我们将在下面看到的)的无国家的民族,都注定要停留在旧生物体制之中,充其量也不过是为工业化世界出口原材料或粮食。

工业化世界的新动力

到1900年,世界上80%的工业产品都来自欧洲和美国,连同日本所贡献的另外10%、中国贡献的7%和印度贡献的2%,总共占全部工业产量的99%。由此可见,从1800年到1900年的一百年里,世界经历了一场天翻地覆的变化,欧洲和美国取代中国和印度占据了头等重要的地位。因此,世界上极贫与极富的地区之间的巨大差距,在一定程度上可以用工业化或世界的部分地区——如欧洲、美国及日本——摆脱了旧生物体制的限制来解释。当然,即使这些正在工业化并日益富裕的国家也仍存在着贫困的地区,因此可以更确切地说,工业产品来自于一些特定的地区,而不是整个国家:美国的新英格兰地区、兰开夏郡及其他英格兰西北部地区、德国的莱茵兰、意大利北部的米兰,如此等等。

在旧生物体制下,农业产量的大小和质量决定着社会的经济状况、富裕程度和福利水平:更好的收成,意味着更多的食物、更低的工资、更大的工业竞争力,等等。当然,反之亦然。虽然气候和难以预测的天气变化肯定会对农业有重要影响,但人民的聪明才智、社会的组织和辛勤的劳作能够把气候的不利影响减到最小。尽管如此,旧生物体制仍然为农业经济的发展设置了界限。

新的工业经济就与此不同了——无论过去还是现在。摆脱了旧生物体制及其发展动力的桎梏,新工业经济正进入未知的水域,它随着越来越多的欧洲国家的工业化而变得越来越不确定。于是在19世纪,工业化世界开始经历对经济活动的一种新的自我调节:从繁荣到萧条。由于越来越多的工厂生产同一种商品,尤其是这些工厂在不同的国家,所以造成全球供给时常大大超过需求,因而导致价格下跌以清理积压的库存。竞争者靠大幅度削减工资来大幅降低价格,这进一步抑制了需求——至少是消费品的需求,因而又导致了"衰退"(recession)或"萧条"(depression),后者的出现取决于程度的深浅和持续时间的长短。第一次经济衰退发生于1857年,但持续时间较短,紧接着迎来了经济的繁荣,并一直持续到19世纪70年代初期。但在1873年,另一次衰退开始了,在一些历史学家看来,一直持续到1896年;在这二十年间,英国的国内价格下跌了40%。这一"繁荣与萧条"的经济模式一直持续到现在。

直到19世纪70年代,大多数工业化国家都追随英国支持国际自由贸易,因为它们都以这种或那种方式从中受益。但1873年的经济衰退改变了这种状况,德国和意大利通过提高关税保护各自的纺织业,19世纪90年代,法国、美国以及我们已经提到的俄国纷纷效仿,而日本由于条约的禁止不能提高关税。结果可想而知,新关税使英国对美国以及欧洲工业化国家的出口下降了。英国面临着严重的国际收支平衡问题,国内要求保护关税的呼声一浪高过一浪。要是那样的话,工业化世界也许就进入了一个急剧萎缩的阶段,形成一些排外的贸易集团,在20世纪30年代的大萧条之后、在第二次世界大战的惊恐中都曾经出现过这种情况。全球资本主义面临着诞生后不久就被扼杀的命运。

只是由于英国对亚洲,尤其是印度和中国——由鸦片贸易所致——的巨大贸易盈余,才使得贸易体系免于崩溃。靠这些巨大的贸易盈余,英国才能够支付对美国和德国的债务,特别是保证了资本主义在那里(以及欧洲其他国家)的蓬勃发展。[12] 平心而论,由中国消费和英国贩卖的鸦片是使资本主义世界经济度过1873—1896年衰退时期的重要因素之一。

虽然工业化世界没有瓦解为排外的和敌对的经济贸易集团(20世纪30年代就出现了这种情况),但19世纪后期的衰落的确加剧了工业化国家间的竞争和紧张局面。正如我们在本章后面将要看到的,它导致了该时期的"新帝国主义",在这一时期,欧洲国家和美国争相霸占世界的大片地区,以建立或扩大各自的殖民帝国。

工业化的环境后果

日常生活经验告诉我们，工厂会把大量的废弃物排放到空气、水和土壤中，造成环境污染。这同样也是19世纪工厂的真实写照，只不过比现在更加严重，因为那时对工厂污染物排放量的控制法案还没有颁布和实施。绘画和照片中，19世纪的纺织厂和铸铁厂高耸的烟囱（设计的高度要达到使烟尘的排放不会让本工厂的工人、管理者或工厂主感到呼吸困难）冒着滚滚浓烟，就是这种历史场景的生动写照。（见图5.4）

图 5.4　19世纪英国的工厂大烟囱

来自三个不同地方的画面可以让我们体会到19世纪工业污染的程度。[13] 在英格兰的煤矿开采区，矿脉被开采之后留下的煤矸石遍地都是。一位德国来访者评论道："可以想象那黑色的道路，蜿蜒穿过绿色的田野，长长的货运列车，满载着黑色宝藏……燃烧着的煤堆散布在广袤的平原上。"在曼彻斯特，"煤烟形成的云在很远的地方就可以看到，房子被染成了黑色，横穿曼彻斯特的河流充满了废煤染黑的河水，如同染缸一样。"

如此多的煤灰、煤烟以及有毒有害气体被释放到大气中，其后果是各种植物无一幸免地死掉了，建筑物遭玷污，各种肺病肆虐。民怨沸腾，工厂主和市政官员以所创造的就业岗位来搪塞，然后深吸一口充满异味的空气，叹道："啊，这是钱的味道！"

北美洲的一些纺织业城镇最初是用水力转动纺锤和推动织布机的，它们建造水坝"驯服"狂野的梅里马克河，利用它的力量来满足人类的愿望。后来，纺织厂改用蒸汽作动力，梅里马克河变成了工业废料的"污水坑"。来自纺织厂的染料、皮革厂的化学品以及木材厂的废料堵塞了梅里马克河。"有毒的染料和工业废料……排入河中。携带病菌的河水仅仅流淌了9英里之后，劳伦斯的居民就饮用之。毋庸置疑，疾病和死亡就接踵而来。"位于"钢城"匹兹堡周围的宾夕法尼亚州西南部地区既开采煤炭又生产钢铁，数以百计的"蜂窝式"高炉喘息着向大气中喷出微尘和有害气体，整个周边地区终日笼罩在烟尘、灰尘和煤焦油之中。

这类工业污染大多数是局地的，直接来自工厂本身或来自迅速发展的城市地区，那里生活着成千上万的工人。英国的制造业城市利兹、谢菲尔德和伯明翰在十年中（1821—1831年）人口增长了40%，顶尖的纺织工业重镇曼彻斯特的人口从1772年的25000人增长到1850年的367232人。像工厂和人类（以及其他生物）一样，城市也要新陈代谢：它要获得食物、水、燃料以及能源，然后加以利用并排出废物。可以肯定，燃煤取暖和做饭增加了城市地区的烟尘，使得空气中有时充斥着令人窒息的浓厚黑烟。除了由工业化引起的污染之外，在此，我还想探索有关环境的故事的另一部分：氮在人类以及城市的废弃物循环中的地位。

在第一章中，我引入了氮对于植物和动物生命（包括人类）是必不可少的元素的观点。植物利用氮进行光合作用，而人类（及所有动物）则需要氮形成氨基酸构建蛋白质结构进而构成肌肉。没有氮，人类就不能生存，因此，我们通过食用含氮植物或食用肌肉中已经生成蛋白质的动物来摄取氮。我们把所需的氮转化为蛋白质之后，接下来多余的氮以及那些人体内部组织分解中产生的氮会在我们的固体和液体废物（人类的粪便和尿液）中排出。按北美洲成年人今天的饮食计算，他们通过排泄物每年排出大约 4 磅（2 公斤）氮。

人类的这些生物、物质和社会属性带来了一系列问题。城市里人们所消耗的食物几乎全都产自农场，然后通过船、卡车或搬运送入城市。正如前面所讨论的，种植农作物需要从土壤中吸取营养素，这是不言自明的。把食物卖给城市的消费者从本质上是把那些营养素从乡村农场里转移到城市，这一过程对乡村和城市都带来了问题。对于农民来说，他们必须想方设法使营养素回到农田里，否则土地很快就会退化，造成减产。在 19 世纪的几十年中，美国、德国、英国以及其他一些欧洲国家的农民用以下办法恢复土壤中的氮含量：利用大量堆积在秘鲁海岛上的海鸟粪和来自秘鲁干旱沙漠的硝酸钠矿藏。[14] 到 19 世纪末期这些资源被耗尽之前，氮的供给推动着农业生产的发展。但与此同时，土壤中的氮持续被提走，并且以食物的形式转移到城市中；对于城市来说，主要的问题是如何处理人类（及动物）所有日常产生的废弃物。

一些拥有城市的农业社会应对这一问题的办法是，回收利用人类的排泄物及其他城市垃圾，运到农村加以处理后用来肥田。这种循环利用的办法在中国和日本运用得最广泛、最长久，既保持了城市的清洁又可以使人类粪便中的氮重回土地。[15] 当然，美国和欧洲城市也有收集"粪便"（night soil）并返还农田的系统。但是，由于工业化城市的迅速扩大以及人口的急剧膨胀，没有办法把人的粪便全部回收利用，因而未经处理的排泄物直接冲入溪水和河流，其结果是，人类的粪便及其携带的病菌污染了水源，价值连城的氮也完全"付之东流"了。大量的人类粪便排入泰晤士河，以致在 1858 年造成"大恶臭"（The Great Stink），迫使伦敦修建了污水管道系统，用以收集粪便并排放到更远的下游，那里的恶臭不会冒犯伦敦人。秘鲁海鸟粪和硝酸钠的开采和迅速减少对全球活性氮的循环——每年土壤中细菌固氮与脱氮——帮助不大。我们在下一章将会看到，一种工业生产方法是怎样打破世界上氮的自然供给的极限的。在此之前，由于氮对于农民是不可或缺的，这就促使城市设计者尝试从人类废弃物中提取氮并归还给农田——循环利用它。[16]

20世纪初，美国城市密尔沃基首次尝试用工业手段处理这些把乡村与城市关联在一起的废弃物问题。由于人类粪便及城市废水中含有细菌，所以需要经过某些处理才能施于农田。环境卫生工程师着手解决这一问题，到19世纪90年代中期就已经解决了大部分问题。他们把废水导入沉淀池，在那里"处理污水的微生物"把粪便转变成污泥排放到干燥场中。经过干燥处理后，它可以被切割成含氮丰富的肥料用来出售并运回乡村播撒到农田里。在接下来的几十年中，密尔沃基市的工程师们和当政者设计并修建了一个污水处理厂，于1925年投入使用，通过把污水变成肥料的方式解决密尔沃基市的人类粪便处理问题。密尔沃基市的成功似乎显示出一个巨大的氮循环系统——可以同时解决乡下农民面临的土地中氮的流失问题和城市中的人类粪便处理问题——的光明前景。[17]但是，正如我们将在下一章会看到的，生产氮肥的工业系统的从天而降扼杀了这一循环过程，给城市留下了堆积如山的加工过的人类粪便何处去的问题。我们今天仍然面临这一问题。

19世纪全球温室气体的来源

然而，出人意料的是，在19世纪，尽管工业化对局部大气层的污染显而易见，但是包括二氧化碳（CO_2）和甲烷（CH_4）的温室气体的排放对全球气候系统的影响和后果却没有那么明显。诚然，越来越大量地燃烧煤炭确实会把CO_2和CH_4排放到大气层。但是，烧荒造地也同样如此，可能还多于工业在19世纪的排放。詹姆斯·L.布鲁克引用的证据表明，中国稻田释放的甲烷和北美洲烧荒造地"毫无疑问是19世纪末之前温室气体的最大来源"。另一方面，奴隶贸易使得西非人口减少，可能导致那里的森林重新繁茂起来，在非洲奴隶为建种植园而砍伐美洲森林时，非洲的森林却充当着碳汇。[18]但是，正如我们将在下一章会看到的，到20世纪，工业已作为最大的温室气体排放源，远远超过了农业。

工业化的社会后果

工业革命改变了——而且仍在改变着——人们的生活方式。正如11000年前的新石器时代农业革命改变了人与人之间及人与环境之间的关系一样，工业革命也是如此。工作、家庭、城市、时间、文化、价值观及更多的方面都随着工业化生产模式而发生了改变。虽然促成这些变化的确切方式因地而异，但广义上都是相似的。工厂取代了农田和农场；钟点和时钟取代了作为时间标志的季节和节日；小家庭取代了大家庭；改变取代了稳定。

工厂与工作

首先，工业化产生了一个新的、庞大的工人阶级，他们大部分集中于发展中的城市。的确，衡量工业化的一个通用标准是一个国家的城市人口在全国人口中所占的百分比。在英国，到1850年城市人口已占50%，在德国，这个水平是在1900年达到的，美国是1920年，日本是1930年。对于新工人尤其是那些刚从农村来的人来说，工厂迫使他们接受新的工作观念：机器支配着工作的节奏，管理人员为吃喝拉撒设立了规则，而工厂主为了保证高额利润制定了尽可能低的工资标准。

工厂并不是令人愉快的地方，很难想象有人真的会宁愿选择在工厂干活而不愿在户外的农田里干活。但是，至少在英国，早在工业革命前，农业几经变化迫使大量的农民离开了土地。因此，伦敦有大量的一贫如洗只能被雇佣的穷人，他们很高兴能得到这样一份工作，即使工资仅能满足糊口的需要。

因为工作条件艰苦，"规训"劳动力使他们适应工厂的新节奏并保证他们能够日复一日地回来工作就成为"管理"的任务，这就产生了一个新职业并形成了新"中产阶级"的骨干。英国早期工厂工人中大多数是妇女和儿童，在纺织业中尤其如此，在采矿业中也存在这种现象，他们比成年男性更容易管理。随着时间的推移，情况发生了变化，到1900年英国工人阶级中的男性已多于女性，但在日本，女童和年轻妇女仍构成纺织工人的主力。在日本，迫于贫困的农村家庭把女儿"卖身"给纺织厂：家长得到收入（按年分期付款），而女孩子们得到工作并得以在安全的集体宿舍里生活，直到她们准备结婚为止。[19]

妇女与家庭

工业化改造了家庭。在农业社会，农民家庭既是生产单位也是消费单位。都市工业生活日益使生产脱离了家庭，改变了男人、女人及儿童之间的角色和相互关系。最初，有些工厂雇佣妇女和儿童（查尔斯·狄更斯的充满恐怖的小说如《大卫·科波菲尔》和《雾都孤儿》曾经描述过），但由于限制童工和女工的法律，工厂变成男人的工作场所。妇女的空间被限定于留在家里操持家务，虽然她们有时要到洗衣房或其他地方做临时性的短工以帮助家庭收支平衡。由于十二岁或十三岁以下的儿童被禁止工作，他们的任务就变成了至少要掌握小学教育的内容。由于人们逐渐认识到孩子对家庭收入不但没有贡献反而会造成家庭的开支负担，所以已婚夫妇想要孩子的数量开始减少，1870年以后尤其如此。家庭规模变小了。

反抗与革命

工厂是工人与工厂主或他们的代理人之间规模或大或小的日常对抗的战场。不再回到工作岗位是一种简单的反抗形式，但当事人事后会被罚款。消极怠工是另一种反抗形式，比如故意破坏使机器停下来，哪怕只是一小会儿。随着时间的推移，工人们发现集体行动能为他们赢得更高的工资、更好的工作条件或更短的工作时间，但通常要在长时间的、声势浩大的而且经常是流血的罢工以后。[20]

毫不奇怪，新的城市贫民窟和工厂不仅生产流向世界市场的商品，而且还酝酿着针对工厂和资本主义制度的反抗。早期的反抗者仅仅是反感冒着浓烟的工厂、"非人道的"工作模式及其对家庭生活的影响，人们要求代之以更"人道的"的组织工作的方式。对资本主义生产方式最严厉和最持久的抨击，来自卡尔·马克思和他的终生合作者弗里德里希·恩格斯提出的思想。

在出版于1848年的《共产党宣言》中，马克思和恩格斯（他父亲拥有一家纺织厂）发出挑战：

> 一个幽灵，共产主义的幽灵，在欧洲徘徊。……到目前为止的一切社会的历史都是阶级斗争的历史。……我们的时代……表明……它与众不同的特征：它被分化为阶级的对抗。整个社会日益分裂成为两大敌对的阵营，分裂为两大相互直接对立的阶级：资产阶级[资本家阶级]和无产阶级[工人阶级]。……资产阶级……首先生产的是它自身的掘墓人。它的灭亡和无产阶级的胜利是同样不可避免的。[21]

在1848年的几个月里，马克思的预言似乎就要成为现实。在整个西欧，造反的劳苦大众推翻了法国、意大利邦国、哈布斯堡帝国以及瑞士的政府，威胁着西班牙和丹麦的既定秩序，并震惊了爱尔兰、希腊和英国。尽管反抗者的政治要求主要是设想扩大劳动人民的民主权利，然而，相对安逸的中产阶级尤其是拥有工厂的资本家阶级感到了威胁并因此支持镇压革命。但社会日趋分裂成敌对的阶级——即使是发生这种分裂的威胁——给欧洲各国的统治者提出了一个严肃的问题。

民族和民族主义

国家（state），或我们现在更常说的"政府"，已存在了很久而且形式多样。在本书中，我们主要谈到了征服性的农业帝国，尤其是亚洲和中美洲的帝国，并谈到欧洲各种君主国、公国及其在战争压力下向中央集权制国家的转变。我们也许还记得，第四章中所讨论的欧洲"建国"的过程造就了地域较为辽阔的国家，它们有足够的人口和财力来应对国家间竞争激烈的压力，其中所建立的最成功的国家是17、18世纪的英国和法国。

在 19 世纪，国家又经历了其他变化，在形式上和功能上变得更加接近 20 世纪的国家，而且与另一种力量，即民族构建或民族主义，联系在一起，导致现代民族国家（nation-state）的产生。现代国家的概念还好界定，但要界定民族的概念就困难多了，因为总有例外的情况出现。让我们首先以下列要素定义现代国家：所辖疆域（通常是相邻的）的居民由政府直接通过拿薪水的官员实行统治，而不是通过有自己实力根基的贵族那样的中间人或者代理人实行统治；执行相同的行政和组织制度；一般通过代表们（由选举或其他方式）来表达臣民或公民的诉求。[22] 1789 年法国大革命及其部分思想——尤其是人民有权成为政治上主动的"公民"而不单纯是统治者的"臣民"，共同遵守的行政法则，国家与公民的直接接触——在 19 世纪初由法兰西元帅和皇帝拿破仑以《拿破仑法典》的形式在欧洲其他地方传播，在现代国家产生的过程中起了特别重要的作用。

另一方面，在现代国家和工业社会形成之后不久，"民族"和"民族主义"思想产生了。[23] 在这种情况下，国家面临着一种困境，特别是法国大革命对国家合法性的一切传统观点（神授的、王位继承的或历史认可的）提出了质疑之后，这种困境变得尤为突出，即如何保证对国家和统治体制的忠诚。工业化创造了新的社会阶级，特别是城市工人阶级和资本家阶级，19 世纪初期的一系列反抗在 1848 年的大规模起义中达到顶点，这一切使国家的合法性问题变得尖锐。对于 19 世纪欧洲国家的统治者来说，巨大的裂痕正在他们的人民之间以及政府与人民之间显现，威胁着国家的存亡。

工业化也产生了新的交通和通讯方式，尤其是铁路和电报机，这又使那些具有共同的语言和文化纽带而没有一个统一国家的人们，尤其是德国和意大利的各种各样邦国，产生了经济上和情感上交流的需要。于是就产生了一个"民族"（nation）——即有共同语言和文化的"群体"（people）——应该有单一统一国家的思想。这种欧洲民族主义在 1830 年到 1880 年间的欧洲掀起了许多以"民族"和"民族边界"为基础的建国运动。这最为明显地体现在意大利民族主义者朱塞佩·马志尼及其思想之中，他号召"每个民族都是一个国家；一个民族只能有一个国家"。

对于那些正被来自社会下层的革命性起义搞得焦头烂额的国家统治者来说，这种观念开阔了他们的思路，并提供了一条确保"他们的人民"的忠诚的出路。然而，这些统治者所面对的问题是双重的。第一是如何使他们的人民认同自己属于同一"民族"，第二是如何把这种认同与国家联系起来。为此，公共教育（起先是初等教育，但在20世纪也日益包括了中等教育）是特别重要的，同样重要的还有那些构建了光辉的"民族历史"的历史学家们。[24]

然而，一些区域性国家由一个以上的"民族"所构成。英国是苏格兰和英格兰联合而形成的，而且还包括威尔士和爱尔兰。俄罗斯帝国在18世纪和19世纪的扩张过程中以"民族的牢笼"著称。在巴尔干，土耳其人统治着斯拉夫人、塞尔维亚人、克罗地亚人、波斯尼亚人、阿尔巴尼亚人和马其顿人，因此是奥斯曼帝国特别头疼的地方。要解决这种一个国家有多个种族或民族的问题，一个可行的方法是像法国和美国那样，从政治的角度而不是从种族、宗教甚至语言的角度来界定"人民"："美国人是那些愿意成为[美国人]的人……；法兰西的民族性指的是法兰西公民身份，种族、历史、在故乡说的语言或方言，都与'民族'的概念毫不相干。"[25]

这种多种族、多语言、多宗教，"审慎的政治选择"的民族主义在19世纪衰弱了，尤其是在19世纪70年代和80年代以后。一方面，欧洲国家（和美国）发现，发明民族主义传统并把它反复灌输给人民更便利一些，因而创造了一种想象的但却现实的民族主义。另一方面，一些认为自己是有"民族"但还没有国家的人——犹太复国主义者、爱尔兰人、塞尔维亚人——为了建立自己的国家而开始骚动。简而言之，那种宣传"我们的民族是伟大的民族"的排外的、种族的和文化的民族主义在19世纪后半段开始塑造欧洲，影响了欧洲处理与世界其他地区关系的方式，所造成的压力引发了20世纪初期的第一次世界大战，也塑造了现代民族国家，包括它的一切冲突、含混，以及对人民的控制。

民族主义、欧洲各国间的经济竞争、工业化带来的社会内部矛盾，以及战略上的考虑，所有这些导致 19 世纪欧洲国家间的几次战争，也导致了 19 世纪后三十年帝国主义扩张造成的对亚洲人和非洲人的战争。最大的欧洲内部战争是 1854 年到 1856 年的克里米亚战争，由俄国对抗英国、法国及土耳其的联盟，以参战各方死亡 60 多万士兵而结束。俄国因失败而痛下决心废除农奴制和实行工业化。美国内战（1860—1865 年）中也有成千上万人死亡。最后，意大利和德国的民族主义统一运动导致了另外四次重要的战争，以 1870—1871 年的普法战争为顶点。因此，民族主义被注入欧洲国家间愈演愈烈的紧张关系中，有助于征募年轻男子加入军队，而且产生了欧洲人是优等而其他人——尤其是非洲人和亚洲人——是劣等的种族主义思想。

瓜分非洲和中国

1871 年的普法战争以后，欧洲国家在极大程度上停止了彼此之间的战争（至少到 1914 年第一次世界大战爆发时），并把它们的军队转向中国、东南亚、中东以及非洲。[26] 因此欧洲列强之间的竞争转移到世界上那些现今被我们称为第三世界的国家，导致它们沦落到第三世界的处境。

非洲

几个世纪以来，欧洲人发现深入非洲腹地几乎是不可能的：该大陆的热带地区流行各种疾病，特别是疟疾，从事奴隶贸易的欧洲人只能在免受疾病侵扰的沿海飞地活动。到 19 世纪，欧洲探险者也许搭乘蒸汽船沿非洲的各条内河进入靠近河岸的内地，但大多数人还是死于疟疾。虽然直到 1880 年才发现疟疾的病因，而且直到 1897 年才发现它是靠蚊子进行传播的，但到 19 世纪中叶，人们在一系列试验和失败后认识到生长于南美的金鸡纳树的树皮含有一种抗疟疾物质——奎宁。英国军事人员后来成功地在印度种下了金鸡纳种子，并于 19 世纪 70 年代大量增加了军队的奎宁供应。随之而来的欧洲"瓜分非洲"在19世纪70年代开始了,其原因也许是法国在1871年被德国打败后产生的不安全感、比利时国王利奥波德二世古怪而神秘的计划,[27]英国意欲保卫在印度的殖民利益的决心。但假如没有发现奎宁可以阻止疟疾,或者没有开辟河道的蒸汽船的发展,或者没有杀人更加有效的新枪炮技术,所有上述动机都不过是无稽之谈。新技术是关键。

在前边的章节中,我们勾勒了枪炮技术发展的一些轮廓,从中得知在16世纪初到19世纪初这段时间里没有什么发展,其特色是前装式滑膛枪。滑膛枪要花几分钟装填枪弹,开火时有大量的烟雾喷发出来,而且在有限的几百码射程内准确率也很低。军事战术考虑到了这些缺陷,但是很明显,枪炮技术需要有较大幅度的改进,以便打得准确、射得更远、发射更隐蔽(因此可以掩藏士兵的位置)。

1850年之后,这些改进很快得以实现:"来复线"枪管的使用使准确度大大提高,由无烟火药引发、先是纸制后来是铜制的后膛装填的子弹问世了,连续开火的机械装置也发明出来。美国内战和19世纪60、70年代欧洲的武器竞赛使枪械有革命性的改变,大大提高了欧洲士兵在几千码之外、在任何天气条件下快速杀敌的能力。19世纪80年代,一种性能可靠的机枪发明出来,并以发明者海勒姆·马克沁的姓名命名。至此,枪械的革新达到顶峰。

这样,到19世纪70年代,欧洲人拥有了"帝国的工具",借此与非洲人在非洲土地上交战并打败了他们。非洲人进行了勇敢而顽强的抵抗,但他们的技术不能与马克沁机枪同日而语。最著名的而且也许是伤亡最为惨重的例子是1898年的恩图曼战役(Battle of Omdurman),在那里英国军队与4万苏丹德尔维希军队遭遇。据后来的英国首相温斯顿·丘吉尔描述,德尔维希的进攻很快被架在内河炮艇上的马克沁机枪打退:"冲锋的德尔维希倒下了,尸体互相堆积,殿后的军队停了下来进退两难,连他们都感觉战争太惨烈了。"在河岸上,英国"步兵麻木不仁地射击着,因为敌人离得很远并由军官们掌握动向,所以他们既不着急也不兴奋"。而另一方的苏丹人,"子弹正打穿他们的肉体、击碎骨头;鲜血从可怕的伤口中喷出;勇敢的男人们,在炮声刺耳、弹壳飞溅、尘土飞扬的地狱之路上挣扎着——受难、绝望、死亡。"五个小时以后,英国仅损失了 20 名士兵,而一万苏丹人阵亡。[28] 正如一条谚语所说:

> 无论发生什么,我们有
> 　　马克沁机枪,而他们没有。[29]

凭借这种技术优势,到 1900 年,大部分非洲地区已被少数几个欧洲强国所瓜分,特别是英国、法国、德国和比利时,而葡萄牙紧紧控制着它 17 世纪以来在安哥拉所拥有的殖民地。只有埃塞俄比亚,在国王孟尼利克的杰出领导下,打败了最弱的欧洲强国意大利,并因此保持了自己的独立。[30](见地图 5.1)

中国

如果对丰富的原材料的幻想激发了帝国主义的非洲之梦的话,那么中国的诱惑力在于其市场。正如英国棉纺织实业家们所梦想的,"我们哪怕只给每一个中国人的衬衫增加一英寸,就能让曼彻斯特的工厂永远运转下去"。虽然这个"四亿消费者"的市场继续躲避着欧洲人,但他们在整个 19 世纪一直没有放弃"打开"中国市场的努力,最终于世纪末在"瓜分利权"(scramble for concessions)中达到高潮。

鸦片战争(1839—1842 年)结束后,中国被一场大规模的内战——太平天国运动(1850—1865 年)搞得四分五裂。在一贫如洗的农民和背井离乡的工人的支持下,在一位相信自己是耶稣基督的弟弟、肩负着在人间建立天国使命的人领导下,太平军几乎把中华帝国的满族统治者扫出历史舞台。太平军号召进行土地改革,所有人一律平等(在中国境内不分社会阶级和性别,在世界上不分民族),以此为基础建立新的、公平的社会秩序,赶走中国的满族统治者。在这些思想指导下,他们横扫中国南部,占领了长江岸边的南部都城南京。要不是太平天国领导层之间的内斗、令人匪夷所思的行为以及一些蹩脚的战略决策，中国的现代历史也许与现在截然不同。但结果却是，保守的地主建立起自己的武装力量，打败太平军，并挽救了满族政权。

衰落于内战（战争期间可能有2000万人死亡），受制于两次鸦片战争后被英国强加的条约，而今又要承诺恢复旧的农业政体以满足拯救王朝的地主们的要求，因此，满族人开始实施称为"自强"的有限的军队现代化建设，以抵御外侵保卫自己。虽然在建立貌似现代化的军队上取得了一些成功，但中国仍然经常受到来自外国的压力，不仅来自英国，而且来自俄国、法国、德国，还有完成工业化的日本。后两个国家对发起"瓜分利权"负有责任，它导致中国在1900年被列强瓜分。

日本虽然工业化较晚，但也怀有帝国主义扩张野心，把目标对准了朝鲜和中国台湾岛。虽然中国认为朝鲜作为朝贡体系的一部分而臣服于中国，但朝鲜拥有自己的内政。19世纪80—90年代，这些矛盾加剧并导致朝鲜发生各种暴动，日本人乘机支持反对中国的一方。于是中国在1894年出面干涉（因为它认为自己有权这样做），中日战争就爆发了。出乎大多数观察家意料的是，日本在一场重要的海战中轻而易举地打败中国，结束了战争。

日本决定利用自己的优势压制衰弱、士气低落的对手，它从中国人那里榨取到大量的利权，包括三亿美元的巨额赔款、台湾岛和满洲的辽东半岛、朝鲜的"独立"（因而保证日本对其施加影响），以及日本人在中国开办工厂和拥有矿山的权利。俄国反对日本在满洲的利益（它扩张到西伯利亚后拥有了自己在满洲的利益），因而说服德国和法国与它一起迫使日本归还中国人对满洲的主权。

在成功达到目的并羞辱了日本后，俄国人赢得了中国统治者的感激，作为回报，他们给予俄国人在满洲建造铁路的特许权。德国人试图在中国拥有一个军港以取得与英国、法国和俄国平起平坐的地位，因此向中国索要一个基地作为参与赶走日本人的回报，但遭到拒绝。因而在随后的

满洲里

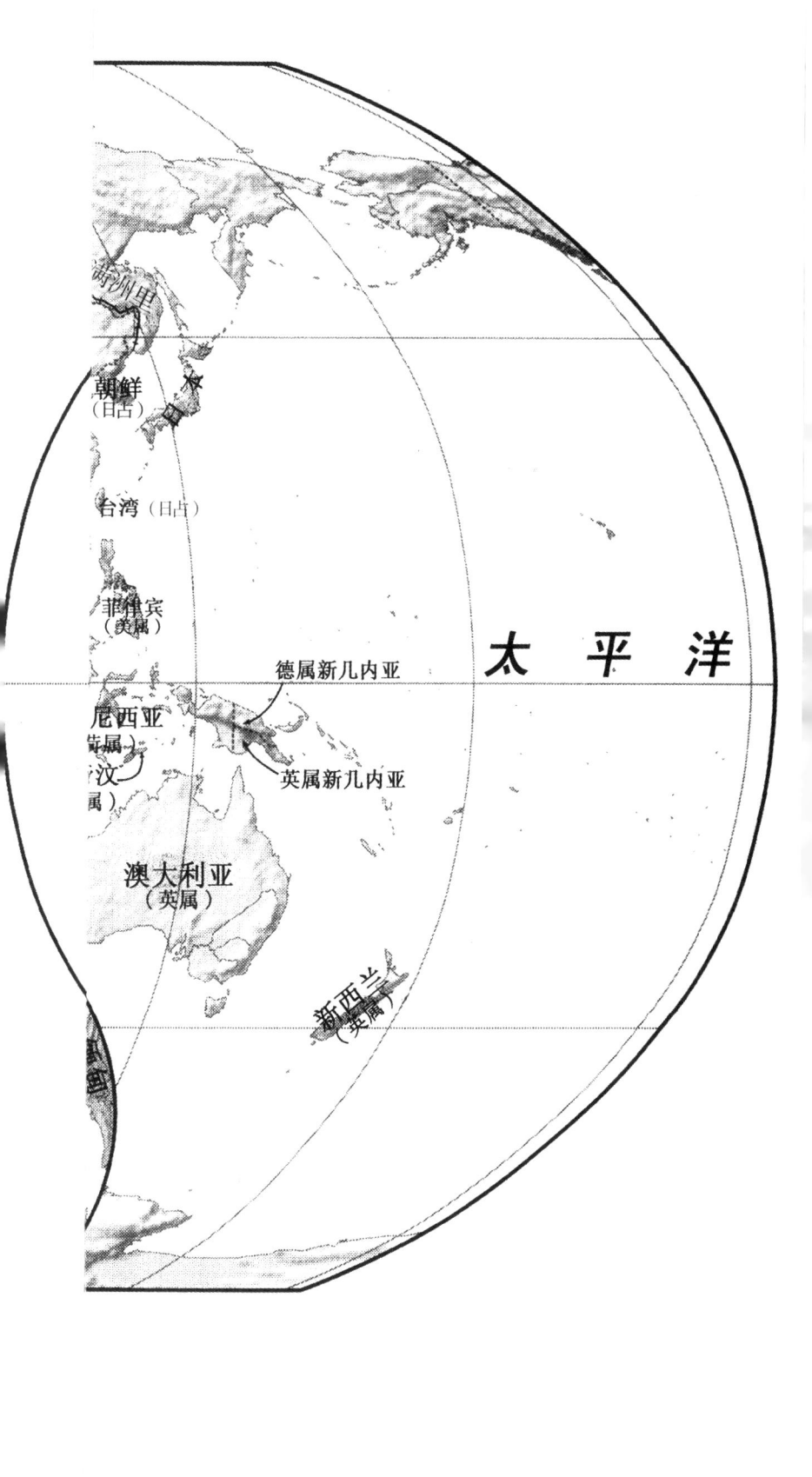

朝鲜
（日占）

台湾（日占）

菲律宾
（美属）

德属新几内亚

英属新几内亚

太 平 洋

尼西亚

澳大利亚
（英属）

新西兰
（英属）

1898年，德国以两个德国传教士在中国被谋杀为借口，强行夺取了山东半岛的一个港口，并迫使中国出租该港口达九十九年。该行动引发了"瓜分利权"的狂潮，在这一狂潮中，所有其他列强也都从中国政府那里取得了租期九十九年的势力范围，"像切西瓜一样瓜分中国"是那时对这一狂潮的评语。到1900年，似乎中国也会像非洲一样被当成殖民地瓜分。

但英国需要中国的"开放贸易"以保证其全球帝国的运转。英国很幸运，因为美国刚刚在1898年的美西战争中获得在菲律宾的一块殖民地，英国很容易说服它鼓动列强在中国"开放贸易"。在1900年的《门户开放照会》中，美国明确表达了这一政策，并由于各种原因出乎意料地被其他列强接受了。该政策使中国免遭殖民化，维持了它的开放，以保证列强——包括日本和美国——利益均沾。

厄尔尼诺饥荒和第三世界的形成

虽然工业化、军事技术的改进、"列强"之间的战略争夺以及自19世纪70年代开始的经济衰退，都有助于欧洲人、美国人以及日本人夺取对非洲人、亚洲人和拉丁美洲人的支配地位，但是生态环境同样也是造就第三世界并在世界的非工业化地区与工业化地区之间形成差距的一个重要因素。

在旧生物体制下，中国经济取得了巨大成功，但正是这种成功从1800年开始给森林资源造成压力，到19世纪中叶已导致森林的严重破坏。亚洲其他地区以及拉丁美洲由于种种原因也乱砍滥伐森林。在印度，早在19世纪中叶人口开始增长的很久以前，半岛上的森林就遭砍伐。交战中的印度王公们为防止敌人隐藏而砍伐森林，这也是英国殖民者愿意使用的"生态战"策略。除此之外，背井离乡的农民毁林开荒，在北方还存在一些商业性的采伐。由于这些因素，到19世纪末，印度森林大面积消失了。[31]

在拉丁美洲，各种不同的历史进程共同导致大规模的森林砍伐。在那里，殖民列强一心要榨取原材料并把其拉丁美洲殖民地变成甘蔗或咖啡种植园，因而乱砍滥伐森林。在巴西，为了开辟甘蔗种植园，大西洋沿岸的大片森林最先遭砍伐。19世纪初，巴西的地主们改种咖啡作物。作为一种树（不是本土的，而是从埃塞俄比亚引进的），只要投入足够的精力关注土壤肥力，它本来是能够在同样的土地上种植和再植的。但结果竟然是，地主们宁愿连种三十余年耗尽地力后再去砍伐另一片原始森林。"因此，咖啡树如同行进的军队穿过高原，一代接着一代，留下的只有光秃秃的山头，别的一无所有。"[32]在加勒比群岛，法国和英国的殖民主义者在18世纪为了开辟甘蔗种植园，毁掉的森林如此之多，以致连那时的观察家都担心会引起岛上气候的变化：随着一片片森林的倒下，气候变得越来越干旱。[33]

这样，到19世纪的最后二十五年，亚洲和拉丁美洲的大部分地区遭受了乱砍滥伐森林和土地养分衰竭引起的重大环境灾难。[34]这些变化自然而然地给旧生物体制施加了额外的压力，使亚洲和拉丁美洲的这些农业社会更容易遭到气候灾难的影响，增加了大范围饥荒的可能性。

在大多数情况下，歉收是局部的现象。但是，一种我们现在熟知的厄尔尼诺（更科学的名字是"厄尔尼诺—南方涛动"，缩写为ENSO）气候现象经历大约五百年的不断加强后在19世纪后期达到最大强度，影响到全球的大部分地区。不仅如此，我们现在渐渐认识到，来自工业和农业生产的不断增多的温室气体进入大气层后"至少对19世纪后期厄尔尼诺现象的发展起到推波助澜的作用"。[35]厄尔尼诺给北美洲的小麦种植区带来过多的降雨，对欧洲丝毫也没造成什么影响，但它给亚洲大部分地区、北非和西非的部分地区、巴西东北部带来干旱，给阿根廷造成洪灾。1876—1879年、1889—1891年和1896—1902年，厄尔尼诺旱灾三次蹂躏了未来的第三世界。厄尔尼诺影响亚洲、非洲、拉丁美洲和北美洲之际，世界经济正朝着有利于欧洲和北美工业化地区的方向发展，而与此同时，"新帝国主义"加紧了对亚洲、非洲的侵略，这些因素合并在一起，形成一次历史的偶合，给全球许多地区造成饥荒，数百万人因此而丧命。

在遍布亚洲、非洲部分地区及拉丁美洲部分地区的饥荒中，总计大约有 3000 万到 5000 万人惨死。但这些死亡不仅仅是由厄尔尼诺的自然影响造成的，不管这些影响在 19 世纪末期如何强烈。更确切地说，正如历史学家麦克·戴维斯表明的，厄尔尼诺与欧洲所主导的新世界经济——它使世界上大片地区贫困化，把亚洲、非洲和拉丁美洲的许多地区变成"第三世界"——结合在一起，导致了这些大规模的全球性饥荒的发生。在亚洲，政府要么不愿意要么无力采取行动减轻灾害。在印度的英国殖民者更专注于保证"自由市场"运作的顺畅和他们在殖民地的税收，而不是阻止由食物短缺或疾病造成的饥荒和死亡。在那里，人们眼睁睁看着小麦被装上火车运往英国而死去，而殖民当局断然拒绝救济，因为他们相信如果那样就会削弱人的"毅力"并助长懒惰和散漫。在中国，满族政府把资源和注意力从内地转向了外部威胁最大的沿海地区，既无能力也无资源把粮食运到干旱饥荒最为严重的内陆省份山西。同样，在安哥拉、埃及、阿尔及利亚、朝鲜、越南、埃塞俄比亚、苏丹以及巴西，厄尔尼诺引起的干旱所引发的饥荒削弱了那里的社会和政府，引发了帝国主义扩张与巩固扩张成果的新浪潮。[36] 未来第三世界与工业化世界的差距已然形成了。

19 世纪末期的厄尔尼诺现象严重地袭击了亚洲、非洲和拉丁美洲，但与此同时却增加了美国中西部的农业收成，对整个欧洲也没有任何影响。虽然这些现象看起来是历史的偶然，但它们所带来的社会经济影响却是本章及前一章所讨论的历史进程的必然结果。所有遭受严重打击的地区不外乎两种情况：有些地方国家贫弱（由于帝国主义扩张而进一步被削弱），既无力实现工业化又无力给人民提供饥荒救济；有些地方由殖民政府（特别是在印度的英国人）统治，其政策会导向同样结果。因此，在 20 世纪开始时，世界大部分地区及其人民不得不尽其所能抵御旧生物体制带来的最坏后果，环境恶化，以及全球变暖的影响。毫不奇怪，那里的人口预期寿命和生存机会比生活在世界上工业化地区的人们要低得多。"差距"过去是、现在仍然是生死攸关的事情。

社会达尔文主义与洋洋自得的欧洲中心论

到1900年,欧洲人及其北美后裔直接或间接控制了世界大部分地区。这一事实并非没有被他们注意到,尤其是英国人。英国人分别于1887年和1897年,也就是维多利亚女王执政五十和六十周年的时候,在整个帝国范围内予以庆祝,而那时正值前面提到的19世纪后期大饥荒。鉴于19世纪中叶以来科学的发展、用马克沁机枪杀死苏丹人的轻而易举、几百万亚洲人死于饥荒等事实,一些欧洲人认为现在他们可以科学地解释为什么西方兴起而亚洲、非洲和拉丁美洲"落后"的原因:社会达尔文主义和优生学,后者或被称为科学的种族主义。

查尔斯·达尔文在1859年的名著《物种起源》中指出,自然选择和适者生存的过程决定着进化和新物种的形成。达尔文不久把这种论点扩展到人类,并把人类的起源追溯至早期的原始人。后来,在19世纪末,达尔文的进化论观点被应用于社会。"社会"达尔文主义声称要解释为什么一些人富裕而其他人贫穷(美德对懒惰),为什么一些社会是"先进的"而另一些是"落后的"。[37]欧洲人亲眼看到非洲人一个个倒地身亡,而数以百万计的印度人(包括在印度和北美的两种印度人)和中国人死于疾病或厄尔尼诺饥荒,这些事实使为数众多的欧洲人和北美人相信,进化论可以应用于人类社会和不同种族之间关系的思想是正确的。按照社会达尔文主义首要的拥护者赫伯特·斯宾塞的观点,百万富翁的财富和北欧白人的"优越"可以用自然选择来解释:

> 无能者的贫穷,鲁莽者的不幸,懒惰者的饥饿,以及强者排挤弱者,使许多人处于艰难和痛苦的境地,这些都是伟大而远见卓识的上帝的旨意。[38]

因此,对于社会达尔文主义者来说,穷人、亚洲人、非洲人和土著美洲人凄凉的命运是命中注定的，是"自然的"。在这个差距（欧洲国家和美国社会内部穷人与富人之间的差距，以及世界上最贫穷的国家与最富裕国家之间的差距）已变得日益突出的世界里，社会达尔文主义是那些身处世界顶层的人们的自我安慰的意识形态。

在由浅色皮肤的欧洲后裔所统治的拉丁美洲，尤其是墨西哥和巴西，社会达尔文主义思想被进一步延伸，吸引了很多人。优生学最初指的是为培养最好的动植物种群而进行的选择性繁殖。但它慢慢被用于论证这样的信念：人类生存环境的改善只有通过遗传操控手段，增加北欧人固有的人类优秀特质，根除穷人和非白人的特质。因此，为了"改善"人种，墨西哥和巴西政府实施了鼓励浅色皮肤的欧洲人移居到其国家的计划，为的是使其国民的肤色"变浅"，在它们看来，这如同在咖啡里加一点牛奶一样。在欧洲和美国，优生学导致了种族主义思想，认为白人是天生优等的，而亚洲人、非洲人和土著美洲人是劣等的，南欧及东欧人也是劣等的。这种伪科学在纳粹领袖阿道夫·希特勒的手中顺理成章地演变为20世纪的种族灭绝。

结论

我们兜了个圈又回到原地，即，20世纪初所编造的对西方兴起的解释。现在看来，这种解释似乎是愚蠢的（并且是危险的），但世界上最富裕、最强大地区的许多人却把它作为"真理"而接受。毋庸置疑，我们现在可以断定，这些思想（在导论中已详细予以论述）与其说是历史的真实还不如说是一种意识形态。因为西方兴起的故事更主要的是：某些国家和民族从偶然历史事件、地理位置和环境条件中受益，某一时间（历史的偶合点）得以主宰他人并积累财富和实力。除此之外没有更多的秘密。了解到西方财富、权力和特权的偶然性，那些已从中受益的人们应当为他们好运的真实来源感到羞愧，而那些没有得到好处的人应振作起来，相信未来新的机遇会垂青他们。欧洲在过去并非总是居支配地位，也并非命中注定居支配地位，即使欧洲中心论的意识形态抛出了那样的神话。[39]

第六章 大转折

引言：20 世纪至今

到 1900 年，现代世界的基本要素已经确立。民族国家已成为管理和控制疆域的最为成功的组织形式，并已被欧洲及美洲的大多数国家所采用。在这些民族国家中，一部分已经实现了工业化（尤其是西欧国家、美国及日本）并把它们新增的工业实力用于帝国主义的军事和经济目的，在非洲大部分地区及部分亚洲地区开拓殖民地。欧洲人、美国人以及日本人形成了自我优越的种族主义思想——欧洲白人的优越源自基督教"文明化"的使命以及社会达尔文主义，而日本人的优越则源自他们所宣称的雄冠亚洲论——既有助于他们的殖民计划，又有助于确立理应由他们主导世界秩序的信念。[1]工业生产中化石燃料的燃烧，把温室气体源源不断地排入大气层，持续着把部分生物圈逐渐转变成"人类圈"的过程，在"人类圈"里，人类的行为开始拥有等同于或超越自然过程的影响力。

20 世纪带来的变化举世瞩目。诚然，我们今天仍然生活在一个民族国家的世界、工业化的世界、全球的极穷与极富地区之间的差距以及某些国家内部的贫富差距日益增大的世界、环境问题不断加剧的世界。但是，21 世纪初期完全不同于 20 世纪初期。在 20 世纪，新兴产业蓬勃发展，彻底重组了工业世界。这些新兴产业包括：石油与汽车；电力与电话、收音机、电视机与计算机；发动机与洗衣机和真空吸尘器，尤其是飞机、喷气发动机和太空旅行；还有疾病的细菌理论以及预防接种；等等。这些只是很少一部分改变了整个人类生活的科学发现。20世纪，工业化浪潮继续涌现，并席卷世界。这些创新结合在一起，带来了以燃烧巨量廉价化石燃料来获取能量的消费方式，所排放出的巨量温室气体进入大气层，不断刷新气候变化和全球变暖纪录。[2]

除了科学技术进步及其经济和环境的后果之外，到20世纪中期，西欧国家的主导地位消失了。第一次世界大战（1914—1918年）从根本上打破了19世纪末期的帝国主义秩序，所产生的主要后果是使20世纪成为战争和暴力的世纪。影响更为巨大的是第二次世界大战（1939—1945年），它不但摧毁了残存的欧洲殖民统治旧秩序，而且还摧毁了新生的日本帝国，并导致世界被划分成由两个超级大国——美国和苏联（USSR，苏维埃社会主义共和国联盟）所控制的两大阵营。在20世纪里，有大约2亿人死于战争、革命、种族灭绝以及其他由人类造成的大规模死亡。[3]两次世界大战连同中间时段的被称为"大萧条"的全球经济危机，构成全球从1914年到1945年的三十年危机。现代世界的"三十年危机"摧毁了欧洲的全球霸主地位和日本的亚洲帝国之梦，为两个超级大国（美国和苏联）的兴起及其"冷战"铺平了道路，并使得一大批寻求破解工业发展之谜的前殖民地获得独立。

经历了两次大潮流（其一出现于1945年第二次世界大战刚刚结束之后，其二出现于1991年冷战结束之后）的洗礼，世界各国的关系日趋紧密；思想、资本、劳动力在全球范围内的流动日益迅捷、便利。这一轮全球化在相当程度上由美国主导，其具体目标是在全球传播资本主义及其保障体系。它使一些国家但不是大多数国家受益，因此，世界极穷与极富地区之间的差距仍然维持并不断拉大。

然而，也许我们可以这样认为，20世纪所导致的现代世界的上述变化并不是最重要的，从长远来看，最值得关注的变化是人类对环境所造成的影响。为了追求经济的高速发展，不论是在资本主义世界、社会主义世界还是第三世界,人类与自然环境之间的关系都在发生改变,现如今,人类行为已在影响着全球生态过程——我们现在已完全进入了"人类世"。正像19世纪化石燃料的使用摆脱了自然对工业生产和经济增长的约束一样,20世纪合成肥料的使用增加了食物的供给,使世界人口得以飞速增长。20世纪至今,工业的迅速发展以及人口的快速增长标志着人类及其历史脱离了旧生物体制的节奏和约束,发生了"大转折"。故事的这一部分从合成氮肥的发明说起。

氮、火药和肥料

20世纪伊始,由于社会达尔文主义和种族主义的流行,使欧洲人没有看到两大危险的存在。首先,他们不能相信世界上"先进的、进步的、文明的"种族(即白人)之间会在战争中自相残杀;这一神话在第一次世界大战中不攻自破,一同埋葬的还有欧洲无所不能的幻想。其次,他们不能想象贫穷、落后的黑色、棕色及黄色人种有能力在军事上挑战他们的欧洲主人。这一神话的破灭始于1905年日本打败俄国,但是,要想最终破除该神话并消灭旧殖民秩序,还需要发动针对欧洲人的一系列成功的革命和战争。20世纪的战争如此残酷的主要原因之一是杀人的机器被工业化了。

帝国主义国家在整个19世纪用来对付亚洲人、非洲人以及美洲土著所使用的战争技术的独特之处在于,火药这一关键元素的制造要靠极其缓慢的自然过程。尽管欧洲人的工厂能够生产各种钢铁、蒸汽以及枪炮,但他们不能制造硝酸盐(一种使火药产生爆炸的东西),因而不得不寻找自然界中的天然原料。硝酸盐中的关键成分是氮,尽管欧洲科学家已经了解它的构造,但是他们为探索如何从空气提取氮并且"固定"成活性氮(N_r;见第一、五章中的讨论)而绞尽脑汁。[4]自相矛盾的是,煤炭、蒸汽以及钢铁已使得工业化国家在一定程度上摆脱了旧的生物体制的约束,但他们用于统治世界其他地区的火药仍然要靠这一体制。

正如在前面几章中所讨论的,氮对于植物的生长至关重要,对维持动物（包括人类）生存的氨基酸的产生也是必不可少的。地球上的生命是全球氮循环的一部分，通过这一循环把大气层中丰富的氮的一小部分变成植物可以吸收的氮，并通过植物转变成动物可以吸收的形式。以大豆、花生和三叶草为代表的豆科植物能够把氮固定在土壤中，这有助于增加土壤肥力进而提高农作物的产量，为人类提供更多的可以利用的食物。闪电和雷击也能产生少量的硝酸盐。人类及动物的粪便是最大的天然硝酸盐的来源之一。世界各地的农民非常了解这一特性，并一直在农田里施用动物肥料。这些天然氮源支撑着生命，但由于这种氮的数量有限，产出的食物的数量也有限，这制约着人类的人口规模。只要人类依赖大自然提供的氮，他们就不得不停留在旧生物体制的节奏和进程之内。

具有讽刺意味的是，这种硝酸盐既可以用来提高农业的产量，也可以用来制造炸药。[5]因此，全球人口的规模和发动现代战争的能力既依赖又受限于大自然，这两者矛盾地并存。这一结果自然而然地导致全球性的搜寻天然硝酸盐矿的热潮，而它主要是以蝙蝠和海鸟的粪石的形式存在于世的。鸟粪（guano）是在一定条件下——尤其是在缺少雨水的情况下，否则会溶解鸟粪及其所含的珍贵的氮——可以历经岁月累积起来的海鸟粪便。洞穴是蝙蝠粪可以积累的一种地方，后来被鸟粪矿工们开采出来制造肥料，并且在19世纪日益用来制造火药。然而，事实证明世界最大的鸟粪产地是秘鲁海岸附近的不毛之地钦查群岛，那里的鸟粪积累时间即便不是百万年，至少也达到万年以上。

第一块秘鲁的鸟粪由德国的博物学家、世界探险家亚历山大·冯·洪堡（Alexander von Humboldt）于1804年带到欧洲，随后英国商人以前所未有的数量大肆开采并出口。到1890年，秘鲁的鸟粪供应量就几乎枯竭了，但另一个可以开采的天然资源（硝酸钠，或硝石）在秘鲁南部发现；在1879年，智利和秘鲁为争夺那里的硝酸钠以及将硝酸钠出口到工业化世界的控制权发生了战争。在工业化世界，硝酸钠被用以制作肥料和火药。例如，在1900年，美国使用大约一半进口自智利的硝酸钠来制造炸药。食物还是炸药孰轻孰重？[6]对于世界的帝国主义列强来说本来就是一个艰难的选择,由于智利垄断着最大的天然硝酸钠资源使得这一选择变得难上加难。此外,把硝酸钠从智利运到欧洲或美国必须船运。因此,海上实力对于保证硝酸钠的供给是至关重要的,那些易受海上封锁威胁的帝国主义国家,其实力很容易遭到削弱,它们的食品生产和军事工业为智利硝酸钠所左右。[7]这对于德国来说尤为真切。正是在德国,当世界刚刚进入20世纪的时候,紧锣密鼓地进行着工业化方法生产硝酸盐的研究。

并不是其他国家的科学家们没有意识到这一问题的重要性,他们当然也知道。但德国的弱点使这一问题显得尤为严重。1909年,一个名为弗里茨·哈勃(Fritz Haber)的化学家在实验室里合成了氨(NH_3,它含有能够被加工成硝酸盐的氮),一年以后,工业化生产的问题被德国BASF公司的卡尔·波什(Carl Bosch)解决了。通过从大气中提取氮来合成氨的过程,被称为哈勃-波什制氨法,它由于打破了自然界对植物生长所需氮的限制而形塑了此后的世界历史进程。

氨的合成,可以用来制造氮肥,使世界人口在20世纪爆炸式增长成为可能。农田面积的扩大,生产自鸟粪和硝石的肥料的使用,这两者使得世界人口从1800年的大约10亿增长到1900年的16亿。但是,到1900年,世界上的大部分可耕地已被耕种,因此提高粮食产量最便捷的办法就是增加施肥,然而,正如我们所看到的,大部分天然鸟粪矿已被用尽,而且全球的军备竞赛又使大量硝石用于各国的军工产业。一位专家曾推算出,即使把旧生物体制中可以利用的全部资源和技术用于提高农业产量,全世界也最多只能养活28亿人口。生产合成氨的哈勃-波什制氨法使得增加食物供给量成为可能,在2000年已供养着全世界约62亿人口(在过去的10年里又增加了10亿,到2010年达到73亿)。换句话说,20世纪世界人口能够从16亿增长到62亿(或者说增加了46亿,其中大多数是1950年以后增加的),最主要的原因是哈勃-波什制氨法的应用。单从人口增长一个方面就足以使20世纪彪炳整个人类史册。[8]合成氨以及随后氮肥的工业化生产使得人口的增加摆脱了旧生物体制下大自然的约束。到21世纪初,工业化生产给世界的土壤和水体中增加的活性氮已经多于整个自然过程产生的活性氮。不仅如此，合成氨还使得大规模工业生产硝基炸药成为可能，由于德国率先使用了这一新技术，其军事将领的必胜信心得以提振。这成为1914年世界大战爆发的一个重要因素。

三十年危机（1914—1945年）

到1900年，世界上没有被帝国主义列强瓜分的地区极为罕见；还没有被瓜分的最大片区域是中华帝国和奥斯曼帝国。就中国而言，1900年的《门户开放照会》让帝国主义列强断定中国政府软弱可欺，借此它们可以享有各自"势力范围"内的利益，确实不需要它们中一方打败和控制中国。事实上，由于包括美国和日本在内的列强们你争我夺都渴望成为这一地区的主宰，独霸中国已变得空前困难。的确，人们期望，《门户开放照会》会给帝国主义列强之间在亚洲的竞争降温，从而消除那些可能激发战争的原因。

第一次世界大战

欧洲列强之间的全面战争真的爆发了，但起火点并不在亚洲而是在欧洲东南部的巴尔干半岛。1914年7月，一个塞尔维亚民族主义者刺杀了奥地利王储斐迪南大公和他的妻子，他们当时正在访问萨拉热窝，它是新近被奥匈帝国吞并的波斯尼亚的行政中心。奥地利妄图通过发动战争来扩大帝国版图，且得到德国的支持，因此向塞尔维亚发出最后通牒。而塞尔维亚则得到俄国的支持。

这一发生在巴尔干半岛的小冲突最终酿成大爆发的原因在于此前的几年里，帝国主义国家间的竞争以及欧洲的强权政治导致了一个联盟体系的形成，它主要由法国和俄国力促而成，两国对德国经济和军事实力的上升感到忧心忡忡。在1900年代初期，随着英国的加盟，英、法、俄形成协约国，而德国和奥匈帝国则结为同盟国。因此，奥地利依靠德国的支持进攻塞尔维亚，而俄国支持的塞尔维亚很快把法国和英国也拖入战争。

当俄、德两国军队行动起来去支持各自盟友的时候，整个欧洲很快就陷入战争状态。随后，英国在亚洲的新盟友日本对同盟国宣战，奥斯曼帝国由于担心被协约国瓜分而站到德国一边，英国的属地（加拿大、澳大利亚、新西兰）也行动起来，英国和法国从殖民地征调军队和物资。很快，美洲之外的整个世界陷入战争，或者说被动员起来支持交战中的欧洲人。到1917年，以前因大西洋阻隔而孤立于自我毁灭的欧洲战争之外的美国也加入英国及其同盟者一方作战。到1918年11月11日停战时，已有一千多万士兵战死沙场，还有两千多万士兵致残、致盲或受到其他伤害。

这是世界上空前血腥的一场战争，很大原因在于工业化使战争比以往更具破坏性。弗里茨·哈勃的发明把炸药生产从自然的约束中解放出来,[9]他还发现了如何制造各种有毒气体，并被用于第一次世界大战的堑壕战，后来被希特勒纳粹政权用于集中营。坦克、潜水艇以及大型战舰使屠杀愈发频繁。

从历史长时段的角度来看，这场后来被称为第一次世界大战的"大战"，是欧洲人所主导的世界秩序结束的开端，大萧条和另一次世界大战之后，这一秩序最终退出历史舞台。然而当第一次世界大战结束时，这一结局尚未清晰可见。

1917年美国追随英法一方参战决定了德国和奥地利失败的命运。美国不遗余力地把军队、战争物资和高效的工业经济投入到战争之中。战争中美国十万多士兵阵亡，二十多万士兵受伤。同欧洲主要竞争对手的伤亡数相比，上述数字是很小的，但足以保证美国在凡尔赛和平会议上的一个席位，该会议是为起草结束战争的条款而举行的。德国虽然当时没有投降，但同意停战并希望借此在战后事务中拥有发言权，然而未能如愿，因为失败者就得按失败者对待。在战争中为英、法殖民统治者而战斗的殖民地臣民本以为他们的待遇会提高，尤其是当他们得知美国总统威尔逊提出的包括要求尊重国家主权的"十四点和平原则"之后，然而这也没能实现。那些被鼓动起来反叛奥斯曼人以换取英国人和法国人承诺允许他们独立的阿拉伯人同样也大失所望。中国曾经加入到英、法一方（派年轻男子到法国的工厂干活），希望从德国手中收回对于山东省的特权，但却事与愿违。

英国、法国和日本没有相对公平地处理隐含在这些希望及愿望中的所有事务，而是以获胜的帝国主义者自居，主要任务就是如何分摊战利品。法国从德国手里夺回阿尔萨斯-洛林，德国被迫支付巨额战争赔款，奥匈帝国被肢解，新国家捷克斯洛伐克、匈牙利和南斯拉夫得以成立，波兰得到重组，并把德国的部分地区纳入其版图。中国没有从战败的德国手中收回对山东半岛的主权，而是被交由同样参与胜利一方作战的日本来控制。

国际联盟成立后，英法两国利用它获取了控制奥斯曼帝国在中东地区残留属地的"托管权"：法国得到叙利亚，英国瓜分伊拉克，至于巴勒斯坦，阿拉伯巴勒斯坦人和犹太复国主义者均未能得到，而是成为英国的托管地。曾经帮助过法国的越南人以及支持英国的印度人也遭到殖民统治者的镇压。然而，获胜的帝国主义列强在第一次世界大战结束后的行为激起了难以遏制的反抗：德国人的愤怒为阿道夫·希特勒及纳粹组织的兴起创造了条件；民族独立运动大大激发了对帝国主义和殖民主义的反抗。

革命

除此之外，1917年在俄国，共产党领导的布尔什维克革命向资本主义的世界秩序发起了挑战。列宁领导下的布尔什维克党人在沙皇政权因第一次世界大战的惨败而崩溃之后，于1917年10月（俄历）夺取政权，并迅速与德国单独媾和，使俄国脱离了战争。尽管有随后的外国武装干涉和内战，但布尔什维克最终建立了世界上第一个共产党领导的国家，公开宣称以建立社会主义制度为目的并希望看到资本主义世界的终结。1923年列宁逝世以后，约瑟夫·斯大林巩固了政权，并带领苏联全力以赴从事他所谓的"一国社会主义"的快速工业化工程，即，仅仅依靠俄国的资源，与资本主义世界保持尽可能少的接触。

在第一次世界大战前后的那些岁月里，革命不仅撼动着俄国，而且也撼动着世界其他地区。在墨西哥，先是1910年的温和改革，紧接着的是南方由埃米利亚诺·萨帕塔领导的和北方由潘乔·维拉领导的农民暴动，最终酿成1910—1920年的墨西哥革命：宣告进行土地改革并限制外国人对墨西哥自然资源的占有。在中国，革命者于1911年推翻满清王朝，经过十年混乱不堪的军阀政治之后，形成了两个带有明确民族主义色彩的新政党。为了铲除军阀，两党于1920年代合作，革命者们宣称要打破帝国主义对现代中国经济领域的控制。在意大利，一个新运动——法西斯主义——出现了，它由强权人物贝尼托·墨索里尼领导，号称通过促进国家统一和增强国家实力，一方面反对共产主义，另一方面承诺避免资本主义的灾难。

殖民地独立运动

第一次世界大战之后，挑战帝国主义世界秩序的不仅有来自俄国、中国、墨西哥以及意大利的革命运动，而且还有来自欧洲殖民地的独立运动，最为显著的当属印度。在那里，莫罕达斯·甘地发起了非暴力独立运动，强调抵制英国货物（尤其是棉纺织品）和盐。在此过程中，非暴力抵抗诞生了。甘地面对殖民法律以身试法，甘愿坐牢，一切都是为了印度独立。甘地本人信奉印度教，但他强调多民族的反殖民主义运动，始终坚持在国大党的领导层中应该有穆斯林和锡克教徒。

面对第一次世界大战中帝国主义列强的挫败和分化，民族主义不仅在印度和中国，而且还在埃及、越南和巴勒斯坦掀起了反帝反殖的独立运动。民族主义在19世纪的欧洲和日本发展起来，在20世纪变成全球性的力量。在欧洲，民族主义主要是一种保守势力，强调文化、语言以及宗教的共同性而忽视与工业化共同成长的阶级斗争；而在亚洲和非洲，民族主义则有着明确的反对帝国主义的内容，常常为社会的革命运动推波助澜。现代世界正遭遇挑战。

常态？

第一次世界大战把资本主义世界体系带到了危机爆发的临界点，这一危机的爆发只不过被1920年代工业世界里表面上的"回归常态"给推迟了。尽管欧洲被战争弄得摇摇欲坠，生产能力大多遭到破坏，但来自美国银行的贷款（尤其是对德国）为欧洲人提供了充足的流动资金去购买美国产品、恢复欧洲繁荣并刺激美国工业发展。美国资本维持着全球体系的运转，尽管那时很少有人能够意识到。结束第一次世界大战的《凡尔赛和约》缔结之后，美国总统伍德罗·威尔逊满怀希望地认为通过美国所领导的国际联盟这样的新国际机构，引发战争的经济和政治条件将得到改善。然而，奉行孤立主义的美国国会拒绝美国过多卷入，这一理想破灭了。

在工业化世界里也存在其他一些严重问题，尤其是在农业中。整个欧洲及美国的战时需求和物价上涨刺激农民增加产量，而战后的通货膨胀甚至促使他们去贷款扩大粮食生产。到1920年代初期，出现了严重的粮食生产过剩（同时在贫困地区仍有营养不良和饥饿而死的人），导致农产品价格骤降，农民因难以偿还贷款而被取消抵押品赎回权的现象屡见不鲜。世界市场上日益增多的食物供给有些也来自于澳大利亚和新西兰，有的还来自新成立的东欧国家。更为糟糕的是，拉丁美洲国家所依赖的咖啡、糖以及其他农产品和初级产品的出口价格也一落千丈。到1920年代后期，世界上不管什么地方的农产品生产者几乎都已买不起工业品。

1930年代的大萧条

为了保护本国的制造业，工业化国家开始提高进口商品的关税，这就进一步缩减了工业品的国际贸易。美国银行家要求欧洲国家还清贷款，这引起投资者的一片恐慌，导致1929年10月的"黑色星期一"，那一天美国股票市场崩盘。一夜之间财富消失殆尽，银行倒闭，数百万存款蒸发。世界经济陷入了恶性的螺旋式下跌过程之中，工厂凋敝、失业工人的收入和购买力萎缩。需求的降低导致生产的进一步削减——1930年代唯一增长的是失业率。在工业化世界里，失业率高达22%（在瑞典）至44%（在德国），美国的失业率达到了27%。

到1913年美国已成为全球最大的经济体，全世界三分之一的产品在美国生产。受第一次世界大战的刺激，美国经济进一步发展，到 1929 年已惊人地达到全世界总产量的 42%。因此，大萧条对美国的打击会影响整个世界。美国的进口总额在 1929 年到 1933 年之间下降了 70%，出口额也下跌了一半。[10]

因此，大萧条是全球性的现象。西欧、拉丁美洲、亚洲以及非洲的国家都遭此劫难。只有苏联幸免于难，这是由于它把自己同资本主义世界分割开来，在约瑟夫·斯大林的领导下努力建设"一国社会主义"。当世界其他地方陷入大萧条之时，共产党领导的苏联正体验着经济的高速增长。

大萧条是全球性的资本主义危机，它导致一些国家抛弃了第一次世界大战前的自由市场模式。一些国家尝试改革为深受其害的工人和农民提供一个社会保障网络（例如美国总统富兰克林·D.罗斯福的"新政"）。在第一次世界大战后的德国，赔款问题和领土的丧失与大萧条的危机相结合，为 1933 年阿道夫·希特勒及其"纳粹"党（或称国家社会主义党）的夺权铺平了道路，该党承诺，由一个强势领袖领导的强大国家将会带领德意志脱离危机的苦海：到 1930 年代中期，德国经济确实再一次增长，许多德国人相信希特勒的国家社会主义对他们大有益处。在日本，随着美国妇女削减了购买丝袜的开支，日本出口到美国的生丝大为减少。日本军事领导人认识到依赖国际市场是一个战略性错误，于是开始更具侵略性地在亚洲国家中谋求霸权：以其在中国台湾和朝鲜的正式殖民地为基地，扩大势力范围，于 1932 年建立"满洲国"。到 1930 年代早期，民族主义和军国主义好战政权已在德国和日本登上历史舞台。

通过第一次世界大战中在中国的所作所为，日本已表现出它要成为帝国主义列强在亚洲的霸主的野心。在 1920 年代，日本还没有强大到足以与英美的联合力量相抗衡，但是当世界陷入 1930 年代的十年危机时，日本以中国为目标进行帝国扩张，最终为控制太平洋而与美国剑拔弩张。当日本和美国为争夺统治亚洲费尽心机之时，它们忽视了中国共产主义运动不断增长的实力及其变革世界的重要性，这一运动将使中国在第二次世界大战后获得独立，并为其在 20 世纪末变成世界强国打下基础。

在大萧条期间，全球贸易和货币体系土崩瓦解了；那些能够割断全球贸易体系绳索的国家，不是以积极寻求增加国际贸易作为摆脱大萧条的通道，而是尽可能地摆脱它——目的就是"自给自足"。1930 年代初期，英国试图通过把殖民地与母国市场更紧密地捆绑在一起并阻止他国在那里贸易的方法保护自己的经济。美国对在加勒比地区和菲律宾的殖民地以及拉丁美洲国家也采取了相似的方法。苏联已经成功地脱离了国际体系。日本把"满洲国"并入其殖民帝国版图之后，继续倾力打造其"大东亚共荣圈"。意大利扩张到了北非，而希特勒的纳粹德国则专注于在中欧和西欧重建帝国，于 1938 年吞并奥地利，1938 年初肢解捷克斯洛伐克并在 1939 年初占领其剩余部分。全球体系分裂成相互竞争的集团继而又沦为战争集团。

第二次世界大战

由于英国和法国曾保证为波兰提供保护，所以当纳粹军队于 1939 年 9 月入侵波兰时，英国随即宣战。起初，仍处于孤立主义的美国置身于冲突之外，但当日本于 1941 年 12 月 7 日袭击珍珠港后，美国在太平洋和欧洲两个战场上同时卷入了战争。到那时为止，苏联在希特勒于 1941 年撕毁互不侵犯条约并大举进攻之下，也已卷入战争。共产党领导的苏联后来与资本主义的英国和美国共同联手抗击来自纳粹德国和法西斯意大利组成的轴心国的直接威胁。

第二次世界大战比第一次更加惨烈。不仅士兵的伤亡大大超过第一次世界大战，而且平民也被动员起来为战争服务（交战国的工业生产几乎完全为战争服务）并且后来变成了攻击的目标。到 1943 年，同盟国（英国、法国和美国以及苏联）就已下定决心把全面地、无条件地打败轴心国作为唯一的最终目标，到 1944 年，美国克服了国内反对对敌方平民使用武力的抗议的声音。美国战机与英国战机一起轰炸了德国的德累斯顿；美国战机还轰炸了日本的东京以及其他 63 座城市，并于 1945 年 8 月在广岛和长崎投下第一批原子弹。

如果说战争是地狱，那么"全面战争"就是彻头彻尾的地狱。的确如此！纳粹用工业化手段屠杀了 600 万犹太人以及其他"不受欢迎的人"，而日本人则对中国村民实施各种暴行，其中包括"三光"（杀光、烧光、抢光）。第二次世界大战比第一次死亡的平民和军人更多，数字让人震惊：全世界有超过 5000 万人死于战争，其中最为严重的是苏联和中国，分别为 2000 万人和 1000 万人。

"三十年危机"对于世界上最富裕国家的财富造成了巨大的影响，这些财富是它们在过去的一个世纪里凭借经济的工业化以及对世界其他大部分地区的殖民化所获得的。毋庸置疑，欧洲在两次世界大战中遭受的物质财产的实际损失是显而易见的，正如大萧条时期破产风潮给资本造成的破坏一样。然而，欧洲国家（及日本）所积累的财富的损失更明显地体现在其殖民帝国的丧失，这要么是第二次世界大战中战败的结果，要么是由于苏联和中国的共产主义革命没收了它们的资本投资，要么是由于其他地方的非殖民化运动。不仅如此，国家还通过向本国民众发行债券这种赤字开支的方式支付巨额战争费用，这样就耗尽了个人财富，即使那些最富有的人，其储蓄和投资能力也大为受限。[11] 自相矛盾的是，正如我们将在本章的"不平等"部分会看到的，作为"三十年危机"的结果，财富的毁灭为第二次世界大战之后世界工业化国家内部的收入平等打下了基础，尤其是在与提高劳动大众收入的税收和工资政策结合在一起的时候。

第二次世界大战后的世界

1945 年第二次世界大战的终结与第一次世界大战的终结颇为不同：既没有"停战协议"也没有军队撤出；全面战争导致全面失败——德国（1945 年 6 月）和日本（1945 年 9 月）向胜利者无条件投降。也许更为重要的是，欧洲国家（无论胜利者还是被征服者）都已没有能力重建殖民帝国——在接下来的数十年历史进程中，亚洲和非洲的殖民地将会变成独立的国家。在亚洲，美国占领日本的 1945—1952 年间，日本的殖民帝国也土崩瓦解了。中国的内战导致中国共产党在1949年掌握政权。在很短的时间内，前殖民地世界和共产党领导的中国雄心勃勃地迈开经济"发展"的步伐，其重心在工业化。

希特勒的国家社会主义、意大利的法西斯主义以及日本的集权式发展这三种模式，一度曾成功地使这些国家比其他欧洲和美洲国家更快地摆脱了大萧条，但也导致了它们走向战争并以失败而告终。欧洲的殖民主义模式也名声扫地，灰飞烟灭。历经第二次世界大战和三十年危机，美国和苏联不仅屹立不倒，而且还大为增强，两者在战后世界的地位日益显赫。的确，如果没有苏联红军，纳粹德国就不可能被打败，正如美国是打败日本的主力军一样。

出于种种不同的原因，美国和苏联都具有强烈的反殖民主义意识形态，并反对欧洲国家保留其殖民地，这一客观事实对战后反殖民主义运动的浪潮起到推波助澜的作用。但是，两国在社会和经济体制上迥然不同，美国主要是自由市场经济的资本主义，而苏联是计划经济的社会主义，两国都力图把自己的模式向全球推广。美国试图终结殖民主义，不仅仅因为美国崇尚国家独立这种固有权利，而且还因为这样一来它可以进入并获取被殖民主义优先权排斥在外的那些市场和原材料。而苏联坚信，殖民主义的终结有可能加快殖民地向社会主义的转变，这是一条通往共产主义世界的必由之路。

美苏都反对殖民主义，但对于世界上新独立的殖民地的地位，它们的看法截然不同，导致两国之间关系的紧张，"冷战"随之出现。冷战期间，两国展开了军备竞赛，双方各自都拥有令人恐惧的新型核武器，尽管每一方都意识到绝不能使用它，但每一方都希望凭此遏制对方进攻。这被称为MAD，即"确保同归于尽"（mutually assured destruction）。所以，美苏双方军队剑拔弩张并没有导致真正的"热"战，仅仅是"冷"战而已。冷战在相当程度上为我们理解第二次世界大战后的世界（直到1991年苏联解体）提供了语境。

非殖民化

诚然，大多数殖民地是在第二次世界大战后才成为独立国家的，但这一进程却是开始于第一次世界大战之后。第一次世界大战后，殖民地感受到宗主国的欺骗，同时也清醒地认识到殖民列强的脆弱，民族主义独立运动因此遍及亚洲和非洲。到第二次世界大战爆发时，一些民族主义的领袖们，尤其在亚洲，开始站在日本一边为"亚洲人的亚洲"而战，因而与宗主国决裂。[12]

第二次世界大战结束时，最大的殖民地——印度的独立被排上议事日程，战后，英国迅速安排了撤离以及次大陆独立的事项。然而，印度独立的悲剧在于，整个过程中伴随着大规模的暴力冲突。甘地和国大党打算把印度建成一个多民族、多宗教的国家，但一部分印度穆斯林的领袖在1930年代就已开始煽动要创立一个被称为巴基斯坦的单独的伊斯兰国家。印度教的民族主义者们也想建立一个纯印度教徒的印度：这是一个极端民族主义者的印度教组织，他们刺杀了同样信奉印度教的甘地，只是因为他提议建立一个统一的、多民族的，既保护印度教徒也保护穆斯林以及其他种族和宗教群体的国家。到1947年，独立意味着南亚次大陆殖民地被分裂成两个国家，以印度教徒为主的印度和以穆斯林为主的巴基斯坦（后者有两个部分，东巴基斯坦和西巴基斯坦）。克什米尔邦的主要人口为穆斯林但一直被印度王公统治，现在也被一分为二并成为印巴两国之间关系紧张和冲突的祸根。[13]

由于英国的退出以及印度教徒和穆斯林彼此都担心对方的极端民族主义者煽动民族情绪，生活在将要成为巴基斯坦的印度教徒逃往印度，而印度的穆斯林也涌入巴基斯坦。这样，在这个后来被称为"印巴分治"的过程中发生了人口的大流动，千百万人流离失所，成千上万的人被杀害。毫不奇怪，从此以后印度和巴基斯坦双方虎视眈眈，为了控制克什米尔，双方发生了无数次的边境冲突，爆发了两次战争，而且自1998年以来双方的核武器一直瞄准着对方。

印度的独立和分治表明了战后亚洲和非洲非殖民化的两个重要方面。首先，欧洲殖民主义者想当然地认为独立意味着领土国家的独立。无可怀疑，他们的殖民地中的一些部分曾经在历史上作为国家而存在（尤其是在亚洲和中东），但非洲的很多地方则不是。欧洲人为新独立的非洲国家所划分的边界通常都相当武断，根本不考虑在那里生活的人们的实际情况。因此，正如印度和巴基斯坦的分界线给身处异方而诸多不便的千百万穆斯林和印度教徒带来灾难，同样，在非洲和中东的划界建国，把拥有共同语言和文化的人民分属在了两个（或多个）不同的国家。最典型的例子莫过于库尔德人，他们如今居住在伊拉克北部、伊朗西部和土耳其东部；卢旺达和刚果的胡图人和图西人也是如此。

到1950年，亚洲和中东的很多地区已摆脱了殖民主义统治，到1960年，非洲也建立起一系列独立的国家。在1960年代，加勒比海和太平洋的一些小岛获得独立。这一非殖民地化浪潮中涌现出一大批新独立的国家，使联合国的成员国从1945年创建时的51个激增到1970年的127个。

亚洲革命

全球规模的第二次世界大战不仅为非殖民地化运动创造了条件，而且也为大多数由共产党或其他左翼党派领导的革命运动创造了条件。在中国，由于《凡尔赛和约》和俄国布尔什维克革命的影响，中国共产党于1921年诞生了。贫困的中国农村成为共产党的坚强后盾，共产党人兑现为农民减租减息的承诺，随后又把矛头对准了残酷剥削农民加剧农村贫困的地主阶级。1937年日本入侵中国，共产党与执政的国民党组成"统一战线"共同抗击日本侵略。日本的进攻迫使国民党撤退到中国遥远的西部，而共产党却在敌后开展游击战争，强化军事技术并扩大根据地面积。1945年日本向美国投降后，共产党与其对手国民党之间展开内战，结果共产党获胜并于1949年成立中华人民共和国。中国共产党人决心建立一个永远不再受外国列强威胁的强大国家。这一决心在1950年得以验证，在朝鲜战争（1950—1953年）中，共产党领导的中国与美国打成平手。

在第二次世界大战结束时的法属印度支那，由胡志明领导的越南独立同盟会对法国宣布独立。战争期间，该组织领导进行抗日游击战，赢得了民众的广泛支持，并建立起强大的军队。可是法国没有准备放弃其亚洲殖民地（正如他们想保留阿尔及利亚殖民地一样）并因此力图重建他们在越南的霸权。在接下来的战争中，胡志明的军队于1954年打败法国军队。此后美国先是在外交上稍后在军事上介入。美国曾于1956年承诺越南进行全国大选、实现统一，但后来出尔反尔，支持其在南方的代理人的政权，越南陷入南北分裂的局面。后来，美国所支持的南方政权陷于自我管理的困境，也无法继续赢得民众的支持以对付北方以及南方的越南独立同盟会的游击队员，这种情况下，美国先是派出顾问而后又在1960年代中期派遣大量的作战部队去支持南方。经过十年的战争，美国及南越被彻底打败，1975年，越南在共产党的领导之下重新获得统一。

同样，阿尔及利亚在摆脱法国统治的过程中也不可避免地使用了暴力，并最终于1962年获得独立。另一个拒绝殖民地独立的殖民强国是葡萄牙，它紧抓非洲西海岸的安哥拉不放，直到1975年被武装的反叛者强迫才最终放弃。由欧洲工业革命和军事优势所开创的帝国时代[14]结束了。在战后的几十年里，亚洲、非洲以及拉丁美洲的人们都决意以新近的国家独立为契机，通过工业化的方式提高广大人民的生活水平。

发达与欠发达

殖民地在此之前为什么没有实现工业化，其实没有什么秘密可言：除日本外，大多数殖民宗主国的政策都把殖民地当作原材料的产地以及工业产品的市场，因而禁止其工业化。[15]中国曾有一些现代工业，但其中很多是由外国人把持并局限于为数不多的沿海城市。在20世纪的前50年里，中国仍处于地主阶级所掌控的农业社会。1949年中国共产党取得胜利后，利用军事力量推进其政策，消灭了地主阶级，外资企业实现国有化，一切都发生了改变。

通过战后的非殖民化和革命，一些明确推行"发展"政策的政权登上历史舞台。而且，由于这些前殖民地的大多数（更不用说中国了）与资本主义的西方有过一段惨痛的经历，所以它们所选择的模式大多数受到社会主义、共产主义以及其他中央集权思想的强烈影响。在战后的世界，许许多多的欠发达地区正开始走向由国家驱动的工业化模式。这对美国来说是一个问题，美国有着不同的全球观，其核心是资本和财产的私人所有权原则、国际贸易自由原则。

冷战世界，1947—1991 年

早在第二次世界大战结束之前，美国就已积极策划重建以资本主义原则为基础的世界秩序，该原则注重自由贸易，一方面可以借此防止世界重新回到大萧条时代几个自给自足（随后爆发战争）的国家集团，另一方面确保有足够的全球需求来助推美国经济。美国摒弃了战前的"孤立主义"，带头成立联合国以解决国际冲突并建立新的国际体制以管理战后全球经济，尤其是世界银行和国际货币基金组织。然而，强大的苏联、中国的革命以及社会主义在前殖民地的影响都对自由市场的前景和美国的全球霸权构成威胁。

除此之外还发生了其他一些事情。第二次世界大战结束时，苏联占领东欧许多地区，在那里建立"卫星国"；苏联还支援共产党领导的北朝鲜和越南；另外，在中国，共产主义势力日益强大起来。所有这些促使美国的决策者们开始复兴德国和日本经济，欧洲和亚洲的车间里到处都在与苏联的影响相抗争。这一扶持德国和日本的"反转"和对苏联的"遏制"政策是从 1947 年开始的。美国所寻求的不是用战争击退布尔什维克革命（用今天的话说，寻求"政权更迭"），而是要"遏制"其在世界上的实力和影响。

冷战一直持续到 1991 年，决定着第二次世界大战后的世界走向。作为遏制政策的一部分，美国出兵朝鲜直接参与战争（1950—1953 年），它所面对的敌人不仅是北朝鲜的军队还有中国共产党的军队；干涉越南并随

后卷入战争（1956—1975年）；在拉丁美洲使用隐蔽手段颠覆民主选举的左派政府；支持拉美和中东的独裁政权；支持全世界所有非民主的但反对共产主义的政权。

冷战也造成了其他后果。后二战时代开始时，美国是唯一拥有核武器的国家，1949年，苏联爆炸了第一颗原子弹，于是开始了激烈的核军备竞赛，最终发展到不仅轰炸机编队可以投放原子弹，而且更为可怕的是洲际弹道导弹（ICBMs）有能力在发射后短短的几分钟内命中目标。这些大规模杀伤性武器曾经是（并仍将是）不可防御的，一旦发现导弹发射，只能采取大规模的报复行为别无选择。到1960年代，由于各方都拥有了成千上万的洲际弹道导弹和核弹头，一次核攻击的力量不仅能够终结人类文明而且能够灭绝人类这一物种。[16]正因为如此，尽管无数次面临着核攻击的威胁，但世界真正进入到核战争"边缘"仅有1960年代初期的一次：菲德尔·卡斯特罗掌权后不久，苏联把导弹运到了古巴。

冷战也促使世界许多地区的军国化，并首次导致许多国家，尤其是美国和苏联及各自的盟国，完全处于战备状态。不同于以往的战后时期，美国及其盟国，也包括苏联及其盟国，完全保持着战备状态并随时准备在欧洲及亚洲的多条前线上作战。美国政府因此把年度支出的三分之一（大约是1985年GDP的5%）投入军事，而苏联用于军事开销（占其GDP的10%以上）的比例甚至更大（可能是年度支出的一半）。因此，冷战期间，竞争双方经济的活力和规模成为两个超级大国建立并保持其军事实力的重要因素。最需强调的是，冷战就是一场经济战争。因此，当1980年代美国经济的发展跨越了"烟囱"工业时代而进入先进的计算机技术时代后，美苏两国经济在生产能力上的差距就拉大了。[17]

消费主义与生产主义

如上所述，苏联实行由中央政府决定资源分配的计划经济。在此情况下，它的经济可以完全避免资本主义自由市场经济所固有的"繁荣到萧条"的循环周期。这可以解释在资本主义经济处于灾难性萎缩的大萧条时期为什么苏联能够迅速完成工业化。第二次世界大战后，苏联还能够从其所控制的东欧国家中获取资源和产能。

国家计划保证了苏联集团的经济得以持续发展。尽管国营经济是否与"真正的"共产主义存在关联尚有争议，但苏联共产党领袖受到了马克思主义人类观的影响，这是毫无疑问的。卡尔·马克思曾经指出，人类天然具有生产的本能而且人类的本质就是劳动和享用劳动成果。按照马克思的观点，资本主义制度的问题不在于人必须工作，而在于他们为了工资而工作，产品与劳动者"脱离"，被资本家剥夺并售卖。马克思对社会主义的未来做出了展望：人仍将继续工作，但他们会在工作中找到自我实现的价值，因为他们是在为自己工作而不是为资本家工作。

在苏联的体制下，人当然要工作，但其原因被解释为国家代表着劳动人民的利益，为国家工作就是为自己工作。苏联的模式是"生产主义"模式，生产的东西越多越好。因此，苏联的国家计划号召大力发展工业和工厂，大多数工业产品用于创建其他产业或用于军事发展。生产，尤其是重工业生产（如煤炭、钢铁和电力）及其附属产业本身成为最终目标。管理者的价值和报酬是依据他们生产的多寡而定，产量的评价手段有时变得十分扭曲以至于荒唐到生产出的煤炭是否真正运达电厂并不重要，重要的是装上火车。因此，据说某些铁路管理者利用这一漏洞把同一批煤炭来回重复发货以增加本单位的产量数额。尽管国家的确对提供最低标准住房（在公寓大楼）、健康服务以及教育做出了承诺，但国家计划对日用消费品的投资非常稀少。

苏联也把科学发展与体制联系在一起，投巨资于科学教育和新技术发展，特别是有关军事应用和太空探索方面。1957年苏联发射人造卫星并在随后不久把人类第一名宇航员送入地球轨道。这样，苏联抢在美国之前进入太空，挑起了与美国的"太空竞赛"并促使肯尼迪总统发誓在1960年代末让美国人登上月球：这一目标最终在1969年实现。

中国共产党在1949年取得胜利后，最初是按照苏联模式发展的，中国的第一个五年计划（1953—1957年）以18%的年增长率完成，中国经济的重工业基础也成功地奠定。但中国的领导人毛泽东担心苏联模式会产生意想不到的结果，尤其是，在那时，享有特权的城市精英已经出现，他们俨然是一个新的统治阶级。因此，他试图寻求更加平等的发展之路，而且，他坚信已找到一种基于大规模农村集体合作化（公社）和通过农村工业化使劳动力充分就业的新模式。1958年，他发起了"大跃进"运动，向世界宣告中国将会在15年之内超过英国的工业产量。

这一实验最终变成了灾难，在某种程度上是因为三年自然灾害（北方的大旱和南方的大涝），但主要是因为共产党领导人着迷于越来越高的农业产量的报告，甚至当这些报告完全脱离实际的时候也信以为真。因此当中国政府把粮食运出农村的时候错误地相信已给人民留下了充足的口粮。三年大饥荒（1959—1962年）随之发生，而自然灾害使情况变得更糟，多达3000万人死亡。这极大地损害了其他领导人对毛泽东的能力的信仰，苏联领导人对中国的道路也产生了疑问。当苏联领导人尼基塔·赫鲁晓夫拒绝与中国分享核武器技术以及毛泽东公开批评苏联后，苏联撤回了他们的顾问和专家，一个分裂的共产主义世界第一次明确地呈现在西方世界面前。1960年代，中苏之间的紧张关系持续升温，最终导致了1969年沿黑龙江的边界武装冲突。

尽管中苏两国之间在选择具有本国特色的社会主义道路以及与资本主义世界斗争的方式这两个方面有所不同，但它们都致力于提高经济发展水平。苏联和中国的共产主义模式都偏重于发展生产，这产生了可怕的环境后果。在苏联，西伯利亚原来水晶般清澈的贝加尔湖被工业污染弄得浑浊不堪；咸海干涸，附近的棉田吸干了其全部水分；大部分城市周围的空气刺鼻，甚于地球上的其他地方；1986年，切尔诺贝利核电站发生爆炸。散发着恶臭气味的工业垃圾污染了土地、空气以及水源。[18]在中国，"与天斗"[19]思想指导下的钢铁企业造成严重污染，灰色的煤灰覆盖了附近的植被，河中流淌着带有工业毒素的黑水，北京的居民冬天骑自行车上班时要戴上口罩以免肺部受到煤尘的污染，从黄河中连续不断地取水灌溉以致黄河水很少流入大海。过去35年的时间里，在市场改革和私人企业的基础上，中国的经济发展不断提速，然而不可思议的是，其环境非但没有改善，反而日益恶化：世界上污染最为严重的城市有70%在中国，从近期来看，中国的环境质量会日益下降。[20]

消费主义

在战后的资本主义世界，美国是公认的领头羊和经济发动机。它下决心不允许二战后的世界经济陷入曾困扰一战后世界的生产过剩和经济衰退的状态。一方面，国际贸易体系需要改革以降低关税，增加全球对美国工业品的需求，另一方面，国内经济也需要改变。

正像工业化世界的其他地方一样，美国的早期工业化在很大程度上是以创建更多的工厂和工业为指向的。因此，工业造就了更多的工业，把工人们吸引到不断扩大的城市中。城市及其人口肯定会为工厂提供劳动力，但同时也产生了消费需求。在第二次世界大战结束前，城市消费者的需求主要是生活必需品——房子、食品以及衣物。但是美国二战后的一系列发展很快刺激了为消费者提供商品的新经济行业的发展。[21]

的确，美国已率先大规模生产主要卖给消费者而不是卖给其他企业或工厂的商品。在第一次世界大战之前，亨利·福特就发明了汽车装配线，但他也意识到如果想要维持经济的可持续发展，就需要发给工人足够的薪水，以便买得起自己工厂生产的Ts型汽车。虽然大萧条和随后的第二次世界大战抑制了消费者对汽车的需求，但战争的结束以及工厂从战时到和平时期产品转换的需要为美国的汽车制造商提供了机会。从1940年代末开始，美国的汽车产量大幅飙升，并且很快几乎每一个美国家庭都拥有了一辆汽车，部分原因是强大的工会组织为美国工人争取到丰厚的工资待遇。可是一旦每人都有一辆汽车，需求就会放缓，汽车工业的生产就会慢慢停止。

为保持对汽车需求的不断增加，必须创造新的需求，于是就采用了两种手段：有计划地报废车辆和广告宣传。在1950年代，汽车被淘汰并不一定是因为它们破烂不堪，也可能因为其款式过时。灵活而强大的广告宣传为新款式的汽车摇旗呐喊，消费者也日益动心购买新汽车。许多家庭相信如果财力允许，每三年需要买一辆新车——即使财力不够也有这个需求。

便捷的贷款帮助汽车成为消费型商品。贷款首先被用于购买房产。第二次世界大战之前，抵押贷款的期限相对较短（从三年到五年），并且购买者在银行贷出钱款之前，必须支付一半的首付款。1940年，这一措施把有能力购买房屋的人数限制在人口的40%左右。二战之后，银行业制度的变化鼓励银行降低首付款要求，并将抵押期延长到20年。两个新的联邦机构——退伍军人管理局和联邦房屋管理局——通过担保贷款的方式使得抵押贷款更加方便可行。稍后，贷款改由"卡"的渠道来完成，因而获得进一步发展。"卡"最初通过百货商店发放给消费者，到1960年代，则通过专门组织和销售贷款的公司来发行（大来卡、美国运通卡、万事达卡、威士卡）。

汽车和廉价房相结合形成了城市周围巨大的郊区地带，洛杉矶是其中的典范。在那里汽车（car）使通勤成为可能，"红汽车"有轨系统拆除了，高速公路修建起来，洛杉矶地区的郊区居民可以一早到城里去上班并回家吃晚饭。战后建筑业的繁荣使曾经以果园和奶牛牧场为主的田野一变成为新的城市郊区并把一片片新房子延伸到农村的城镇。战后洛杉矶的汽车革命导致排出的臭氧烟雾浓度如此之高以至于进入1980年代后，当地政府劝告市民在天气极端糟糕的时候要待在家中。

另一个发展使得二战后的消费革命成为可能。这就是电力，它在19世纪末期开始为工厂提供动力并为城市照明，20世纪初期扩及城市家庭。1930年代实施了各种各样的公共工程项目，到1940年，美国大多数农村地区实现了电气化。当小型电机开始在各种类型的日用品比如电冰箱、洗衣机、缝纫机上运转之后，全新的工业兴旺起来。由于每个家庭都有电源插座并且闲暇时间不断增加，电视机涌入了美国家庭的起居室，电话也走进了美国的千家万户。[22]

由此，美国在1930年代到1950年代产生了大众消费文化，并且渐渐成为美国经济增长的一个重要组成部分。到 21 世纪初期，70%的国内经济被用于生产消费性商品，只有 30%用于提供生产性商品。20 世纪开始时的比例就这样被颠倒过来。在 20 世纪的大多数岁月里，美国经济是世界经济的引擎，它在战后的迅速发展主要是由消费革命所带来的，至少在 1980 年代美国人的平均消费能力开始下降之前是这样。美国人"随意"购买所需商品，在消费面前人人平等，并指责苏联商品匮乏。的确，一位批评家指出，1950 年代美国政府只需要国民做两件事情：消费和反对共产主义。[23] 所造成的结果之一是：消费革命把妇女从繁重的家务劳动中解放出来，一方面可以更多地参加工作、参与政治，一方面可以更多地谋求平等的权利。

消费社会的前提是廉价而又可利用的能源，包括驱动汽车文化的汽油和保证家中照明和电器运转的电能。如果说 19 世纪是煤、钢和铁路的"焦炭城"时代，那么 20 世纪就是石油、钢铁和汽车的"汽车城"时代。[24] 与煤炭一样，石油在世界各地的分布也不均匀，幸运的是，美国在得克萨斯州和加利福尼亚州南部拥有大油田。墨西哥、委内瑞拉、尼日利亚以及俄罗斯石油储量丰富，尽管由于"水力压裂法"的流行，美国的石油产量也在大幅提高，但到目前为止，世界上最大的集中石油产区仍在波斯湾附近地区，尤其是沙特阿拉伯，其次是伊拉克和伊朗。汽车成就了石油工业，而且由于美国的消费很快就超过了其国内油井的生产能力，全球性的运输和金融体系应运而生，以便把石油运送到世界各地。到 1970 年代初期，美国进口的石油大约占国内消费需求的三分之一。它把美国的注意力集中到中东，但它也带来了影响深远的后果：造成了一种技术"锁定"，使其完全服务于一种建立在燃烧石油基础上的全球经济。世界依赖石油和天然气作为能源，但同时也依赖于为控制世界而产生的一整套专门的社会、经济、政治、文化以及军事体系。

1950 年代，消费社会扩展到英国和加拿大，1960 年代扩展到法国、意大利、其他西欧社会、日本以及拉丁美洲城市的有钱人，随之而来的是对汽车以及对石油的更大需求。到 1970 年代，对电冰箱和电视机等消费品的需求——如果说不是整个的消费型社会——也扩展到共产党领导的东德和捷克斯洛伐克等国家。

与苏联和中国的生产主义模式一样,西方的消费主义也给环境造成极大的影响。炼油和燃烧汽油污染了美国、欧洲和日本的几乎所有主要城市的空气,开采石油并把它们运往世界各地也在陆地和海上留下了泄漏的油迹。制造汽车也需要大量能源,每生产1吨的汽车差不多就要产生30吨废料,而且还要使用来自燃烧亚马逊雨林而产生的木炭,这直接导致了全球变暖和乱砍滥伐森林。[25] 水力压裂法对水质的影响重大并且还有可能引起地震活动。

第三世界的发展主义

第二次世界大战后的非殖民化运动和革命产生了几十个新国家,尤其是在亚洲和非洲,拉丁美洲也有一些。尽管这些新国家对与苏联社会主义模式相连的总体上的中央集权主义和集体主义道路颇感亲切,但许多国家并没有模仿苏联,特别是在朝鲜战争和越南战争之后,这些战争生动地表明了当冷战变为热战时会发生什么。正如印度领导人尼赫鲁所说:大象打斗,青草遭殃。因此,在1950年代初期,其中一些国家,尤其是印度尼西亚、埃及、南斯拉夫以及印度的领导人,为了在美国和苏联所组建的两个冷战联盟之外保持中立,发起了"不结盟"运动。1949年,美国建立NATO(北大西洋公约组织,基本上是西欧和美国)与苏联在欧洲对垒;苏联随后以华沙条约组织应对,建立了一个由苏联掌控的经济和安全集团。为了在其南部的中东"牵制"苏联,美国力促保守的伊朗、土耳其和伊拉克领导人组成了 CENTO(中央条约组织);巴基斯坦、泰国和菲律宾建立了东南亚条约组织(SEATO)。作为对于超级大国这些行动的反应,"不结盟国家"于1955年在印度尼西亚的万隆举行了第一次会议。所有这些国家再加上拉丁美洲国家不久就组合为"第三世界",与工业化的资本主义的"第一世界"和共产主义国家的"第二世界"形成鲜明对照。

尽管第三世界国家中存在许多分歧,但它们确实也有一些共同的议题和难题,突出的有三点。第一,它们的经济曾一直被殖民宗主国或者地区霸主(例如美国在拉丁美洲)所控制,这使得它们总体上停留于农业社会,成为粮食和原材料的供应地。甚至在获得政治独立之后,它们的经济仍保持着"依附"状态。打破这种依附成为"发展"的一个目标。第二,由于工业很少发展以及在某些情况下曾发生的有限的城镇化,使得第三世界国家处于以农民为主的农村社会。世界上两个人口最多的国家——印度和中国——时至今日已经历了30多年的工业化飞速发展,但它们本质上说仍处于农村社会,尽管城镇化正在迅速推进。第三,非殖民化和革命为第二次世界大战后第三世界国家的人口大爆炸打下了基础。

农村社会具有典型的高出生率和高死亡率(特别是婴儿)。在旧生物体制下,传染病加上食物短缺使多达一半的新生儿童被夺去生命。为确保有足够数量的儿童作为从事农业劳动的后备力量以及为其他家庭提供新娘,四到七个孩子的家庭并不罕见。高出生率一直持续到二战之后,但死亡率却陡然下降,这是因为新独立的国家在 WHO(世界卫生组织,一个联合国机构)的支持下使农村的民众能够用上现代化的药品(比如抗生素以及免疫接种)。婴儿死亡率急剧下降(以减半的速度)带来的是人口爆炸式增长,许多国家在短短三十年里人口增长了一倍。增加的食物供给维持着不断增加的人口的生存。其结果是,世界人口从 1950 年的大约 25 亿,到 1970 年就增长到 40 亿,到 2000 年达 60 亿,到 2010 年已超过 70 亿,其中所增加的几十亿人口中大部分出生并生长在第三世界国家。21 世纪初,世界人口的这种格局并没有改变。

随着人口的不断增长,首要的发展就是改善农业以增加食物供给。一方面,可以开垦更多的可耕地,但这些土地中许多属于边缘的,生态脆弱的土地或林地。无论哪种方法,试图通过增加可耕地来满足对食物的需求,随之而来的都是由于乱砍滥伐以及淤积沉淀而造成的环境问题。所以,要增加食物的产量主要就意味着提高农业的单产,而最便捷的方法是灌溉和利用合成肥料。正如我们在本章开始的时候所看到的,工业方法制造氨基氮肥已在 20 世纪初发明出来,并且在上半个世纪里对欧洲和美国农业产量的增加大有帮助。在下半个世纪，它的应用传播到发展中国家，至少是农民富足、能够买得起人造肥料的地区。合成肥料与灌溉技术，加上1960年代新高产良种的推广，成就了众所周知的"绿色革命"。

但是，即使成功地进行着绿色革命，第三世界国家仍然停留在农业和贫穷状态：1930年代大萧条以来，食物以及原材料的价格相对于工业产品的价格一直在降低。换句话说，农业国的产品出口不断增多，但买回的还是同等数量的工业品，与此同时，人口却不断增长。也就是说，因为人口的大幅增长和农产品价格的相对疲软，第三世界的绝大多数人在20世纪后半段变得更加贫困。脱贫之路——至少对一些国家来说——就是工业化。

1800年前后的数十年里，英国开始工业化，靠的是由能力超群的领导人率领的强大、组织有序、高效的国家，它积极推行发展工业的政策。[26]推行工业干涉主义的强国还包括19世纪后期的日本和德国、1930年代斯大林领导下的苏联以及1949年以来的中国。在东亚，一些小国和地区也于20世纪后期大力推进工业化政策，它们都用强有力的行政手段引导工业发展：韩国、中国台湾、新加坡和中国香港，即亚洲的"四小龙"。[27]在拉丁美洲，巴西、墨西哥以及智利在保留大量贫困的农业体系的同时，也建立起极为重要的工业体系。

在某种程度上，这些正在工业化的国家都拥有强力的政府带头促进工业化，它一方面限制工人建立工会和提高工资的要求，另一方面也对因循守旧的宗教领袖进行控制，因为这些宗教领袖感到自己的世界观受到以城市和工厂为代表的新社会组织的威胁。除此之外，自1970年代以来，世界经济结构的变化为这些国家能够从中受益提供了机会。特别是，在一个国际贸易和竞争的世界，全球运输系统和通信系统的改善使第一世界的制造商得以把工厂转移到工资更低的世界其他地区，尤其是亚洲和拉丁美洲。1991年苏联解体后，从前的"东欧集团"也吸引了不少来自西欧的工厂。主要由来自富裕国家的消费需求所推动，耐克鞋在越南制造，T恤衫在泰国制造。这些商品连同电话机等上千种来自亚洲和拉丁美洲的产品装满集装箱货船，开往长滩、新奥尔良或纽约的港口并运往附近的沃尔玛超市。

在第三世界，有一部分国家在经济上几乎完全依赖出口单一原材料——石油，它们直到最近才成功地大幅提高了石油在国际市场的价格。产油国（主要在中东，但包括非洲的尼日利亚以及拉丁美洲的墨西哥和委内瑞拉）成立了石油输出国组织（OPEC），但它在保护石油价格方面很少取得成功；1970年，每桶石油的价格大约2.5美元。但是在1973年的第二次阿拉伯—以色列战争期间，OPEC宣布禁止石油出口到美国（以色列的主要主持者），其结果是石油的价格在1980年提高到每桶40美元。美元滚滚流入产油的阿拉伯各个酋长国，创造了令人难以置信的富裕（即使没有工业化）社会。

移民

资本在世界各地流动，劳工也是如此。世界曾出现过几次移民潮，有些是由外来入侵引发（如14世纪的蒙古征服所造成的移民），晚近的例子是，在工业化的初期阶段，发生了从农村到城市的移民运动。一些最大规模的移民运动是从旧大陆向新大陆的移民。在19世纪之前，这类移民大多表现在非洲奴隶被强迫安置在甘蔗和棉花种植园。但是到19世纪中叶，越来越多的东欧南欧人前往美国和拉丁美洲，在那里的工厂和农场谋求工作机会。从1690年到1913年，有2300万人从旧大陆迁往美洲。伟大的西进运动横贯美国东西，内战结束后，自由的美国黑人则从南方的农业地区前往北方的工业城市。20世纪之交，中国人和日本人也移民到美洲，招致种族主义者的强烈抵制并通过了排斥法案。第二次世界大战后，美洲的很多迁徙一直都是从南方到北方的；到20世纪末，在美国的墨西哥后裔每年大约寄给在墨西哥的亲属80亿美元。今天，人类历史上最大的人口迁移之一正发生在中国，那里在最近的几十年里有亿万人在从农村迁入城市，中国政府估计在2030年将有10亿，或者说其70%的人口，生活在城市中。[28]

（扩大中的）差距

从前的第三世界的许多地方实现了工业化，石油输出国组织国家幸运地拥有丰富的石油资源，数以百万计的人口迁移到富裕的国家。尽管如此，世界上极穷与极富地区之间的差距并没有缩小，反而增大了。1990年，极富国家的个人平均收入是 18280 美元，是极穷国家个人平均收入的55 倍。或者换个说法，从 1960 年到 1995 年，世界上最富国家与最穷国家的收入比值从 30∶1 增加到 80∶1。[29] 也许更令人震惊的是最贫穷的人口竟占世界人口的一半。[30] 这些穷人有相当数量集中在世界上两个最大的国家中国和印度——即使它们正在飞速发展——的农村，有几百万穷人在东南亚以及加勒比海岛国海地，而非洲穷人所占的比例最大。（见地图 6.1）

非洲的贫困可以归结于几个因素，包括奴隶制、殖民主义、后殖民时代的债务、内战以及衰竭性疾病。紧随非殖民化而来的是一些领土国家的建立，而这里不曾存在过类似的国家。新国家建立起拥有行政管理和指挥军队的权力的各级组织，以税收和原材料两种形式获取和控制资源。为了资助"发展"，这些新国家的统治者从世界银行、国际货币基金组织以及非洲发展银行寻找贷款，但这些贷款的绝大部分资助了腐败。控制国家机器为领导人获取财富大开方便之门，也诱发了那些政府机构之外的人通过控制国家来控制财富的欲望，他们所使用的主要是暴力手段，导致一个又一个的军事政权、武装反抗运动和内战。通常，竞争的党派分属于不同种族或语族，殖民统治结束时被拼凑到一个国家来了。慢性病，尤其是疟疾、艾滋病以及埃博拉，使撒哈拉以南非洲的亿万人丧失了工作能力，健康状况堪忧。[31]

到 1980 年代，撒哈拉以南非洲的许多地方极其贫困以致很少引起外国投资者的兴趣，因此鲜有资本流入非洲；甚至非洲人也把资金投到非洲之外的地方。其结果是，许多非洲国家更加依赖贷款来维持生存。所以，现在许多非洲国家面临的最大问题是令人窒息的债务负担，以至于被称为"重债穷国"（Heavily Indebted Poor Countries，HIPCs）。2013 年，世界上有 39 个"重债穷国"，其中 34 个在撒哈拉以南非洲，3 个在拉丁美洲，

太 平 洋

澳大利亚

(部分所示)

亚洲和中东各一个。[32] 从 1981 年到 2001 年，非洲的极端贫困人口增加了一倍，尽管国际组织的目标是减少非洲的贫困人口，但那里的穷人有可能会继续增加，到 2015 年将达到 3.4 亿。[33]

有悖常理的是，工业化国家合谋采取让穷国更穷的政策。美国、日本以及欧盟都对本国农民实行补贴，并使用对农业进口保持高关税的手段来保护自己的农业部门。这些国家的农民富裕并买得起化肥、良种以及灌溉设备，所有这一切都增加了它们的农业产量。穷国的农民则完全处于不利的地位，而且农产品高额关税使他们几乎不可能在国际市场上竞争：市场法则是有利于有钱人的。因此，降低富国农产品关税的要求并不是来自工业化世界，而是来自贫穷国家，工业化世界很少响应。[34] 由美国总统奥巴马主持的 2014 年美国—非洲领导人峰会承诺通过增加美国的贸易和投资致力于发展非洲，但结果仍待观望。[35]

不平等[36]

第二次世界大战后，尽管非殖民化兴起、一些第三世界国家获得发展、中国和印度近来发展迅猛，但世界上极穷与极富地区之间的差距并没有缩小。与此类似，在各国内部，尤其是最富裕的国家内部，也一直存在着不平等，而且在最近的几十年愈发严重。二战后的三十年属于例外的情况，当时发达的工业化国家内部的不平等被控制在最低水平。19 世纪，工业化推进，财富集聚，对于个人收入、资本收益和公司利润尚未征税，导致最富裕国家（主要是欧洲国家和美国）内部产生了极大的不平等，那里占人口 10% 的最富之人拥有 80%—90% 的财富。占 50% 的最穷之人几乎一无所有，占 40% 的中产阶级拥有 10%—20% 的财富。

正如前文"1914—1945 三十年危机"一节的最后所写，两次世界大战的冲击和全球经济不景气极大地打压了 10% 的顶层富人把持的财富份额，用经济学家托马斯·皮凯蒂的话说，它们扮演着"缩小不平等的重要角色"。二战后，由日益兴起的中产阶级所拉动，美国开始发展建立在消费基础上的经济，因此延续了一些传统做法，如早在 1913 年就开始征收的个人收入所得税，针对资本收益和继承遗产（不动产）的累进税，以及提高最低工资标准。通过许多措施，在 1945 年到 1975 年的三十年里世界上一些最富裕国家的收入不公的水平降到最低。另外，高等院校急剧扩张的教育机会也帮助许多家庭提高了经济地位。

但是，到 1980 年代初期，二战后那种相对平等的环境开始逐渐消失，代之以一个日益收入不公的时代。在这个时代，最富裕社会内的财富分配不公达到了它们在 1913 年第一次世界大战前夕的水平，那是很多人称之为财富极度集中的时代之一（见图表6.1）。在现今的几乎所有社会，顶层占 10% 的人口拥有全部财富的 60%—90%，占人口 50% 的社会底层只拥有财

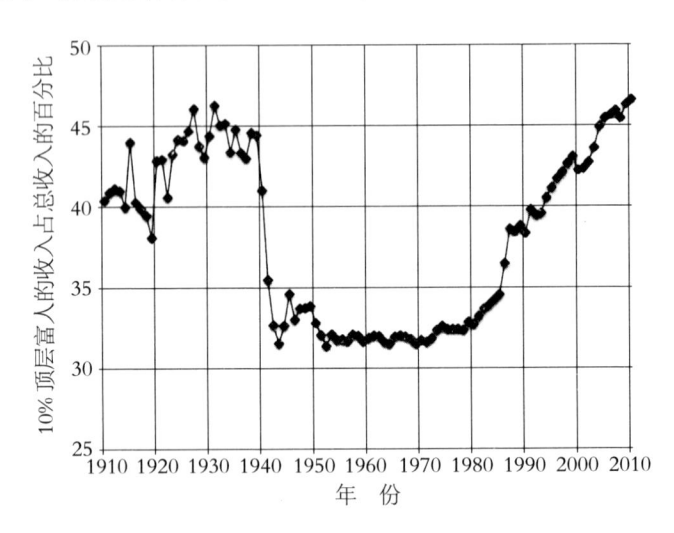

图表 6.1　美国的分配不公，1910—2010 年

资料来源：Thomas Piketty, *Capital in the Twenty-First Century* (Cambridge, MA: Harvard University Press, 2014), technical online appendix (http://piketty.pse.ens.fr/en/capital21c2). Data points for 1911—1916 inferred from chart 1.1, p.24.

富的不到 5%，其余的 40%（"中产"阶级）占有一国财富的 5%—35%（大部分是房产）。

毫无疑问，世界又回到了一个世纪以前那种不平等的状况。以政策制定者、经济学家和历史学家为代表，人们争论着这种愈演愈烈的不平等的

成因及后果，在 2008 年的全球金融危机（通常称为"大衰退"）及其后果持续显现的日子里尤其如此。1980 年代以来，由于资本收益所得税大幅度减少（尤其是里根和撒切尔夫人执政时期的美国和英国），而且在阿富汗和伊拉克的战争（将在下一节讨论）的高昂费用并不是通过对最富阶层增加税收（两次世界大战时就是如此）而是通过财政赤字来支付，这导致不平等日益严重。1980 年代以来，占 10% 的顶层富人得到的收入份额，尤其是占 1% 的顶层，一直在显著增加，而其他的 90% 的人的收入份额几乎一点也没有增加。换句话说，在最富裕的那些国家里，绝大多数人的收入一直停滞不前，而富人却更加富裕。

这有什么不好呢？难道收入不公不会对低收入人群产生激励并促使他们更加努力工作并试图迎头赶上吗？在某种程度上，这也许是对的。但正如标准普尔公司（美国的一家金融服务公司）2014 年的一份报告所指出的那样，财富分配不公会阻碍经济的发展。究其原因是因为最富有的群体实际上比穷人或财富较少的群体消费欲望更低，后者对待收入的态度是多消费少储蓄。即使整个国家的财富增加了，但由于这些增加的财富大部分落到最富之人的手中，因此，总的消费量并不会增加多少。消费品的需求没有增长，经济就会停滞不前。这似乎就是美国最近以来的情况，[37] 这似乎指向了以大众消费为前提的全球经济秩序在实际运行中所存在的一个严重问题。由于收入滞涨，占 90% 的"下层"中的很多人只能通过更多的贷款来保证继续消费，这一体系在 2008 年的金融危机中轰然倒塌，造成数以百万计的人在随之而来的经济衰退中失去房屋和工作。

冷战的结束

1973 年，石油输出国组织旨在提高世界石油价格的石油禁运引发"石油危机"。这恰逢全球经济陷入困境的时期：这种困境于 1971 年第一次显现，当时美国抛弃了金本位制并允许美元的价值"浮动"，而且确实浮动了，确切地说是下降，故意使美元贬值以便支付石油进口。美国经济被抛入难以形容的滞胀恐慌之中，或称为经济停滞和通货膨胀，这两者同时出现让经济学家感到困惑。步履蹒跚的美国经济把资本主义世界其他国家的经济拖入泥潭。危机？萧条？衰退？历史学家埃里克·霍布斯鲍姆认为 1973 年是二战后"黄金时代"的结束和"数十年危机"的开端。[38] 不论如何称呼 1970 年代，它对于资本主义世界来说都是一个难熬的时期。

苏联集团的情况更糟。1950 年代以来，经济增长逐步放缓，已经不能满足军事、工业以及消费者的需求。消费者深受其害，在食品店前排着长队等待购买基本的食品。同样（如果不是更加重要），该体制的"生产主义"倾向正在导致巨大的不能再回避的环境问题。到 1970 年代，改革已势在必行，但要使庞大和臃肿的苏联官僚机构改变是十分困难的——如果不是不可能的话，因为占据国家政府部门的苏联共产党干部是现有职位的既得利益者。发生在其他东欧国家的改革企图遭到苏联镇压（1956 年在匈牙利，1968 年在捷克斯洛伐克）。对于苏联来说，把自己的卫星国维持在各自的轨道上变得越来越昂贵。

在这些充满危机的岁月里，美国和苏联的两位政治领袖罗纳德·里根（1980 年当选美国总统）和米哈伊尔·戈尔巴乔夫（1985 年当选苏联领导人），对于冷战的弱化及结束起到了关键作用。1981—1982 年，里根总统突然提高利率，导致美国经济深陷衰退。为了改变这一局面，里根大幅提高军费开支（也包括财政赤字）。里根希望重启军备竞赛把苏联消耗殆尽，而且在某种程度上他成功了。戈尔巴乔夫掌权后，他意识到苏联没有能力赶上美国的军费开支和面对美国太空导弹防御系统的威胁，因此积极寻求不管在核武器控制还是在削减军备方面与美国举行会谈。他希望对西方思想和文化的"开放"政策会给陈旧的苏联体系带来新气象，而"改革"会给党、国家以及经济带来改变。冷战逐渐走到了尽头，苏联体制也是如此。

与此同时，东欧国家的共产党势力也遭到挑战，部分来自像波兰的莱赫·瓦文萨这样的工会领袖，部分来自罗马天主教会和东正教会。经济困境、政治腐败加上来自莫斯科的控制的放松，使得东欧的人们敢于走上街头游行示威，而国家的警察和军队也突然拒绝镇压。从 1989 年 8 月到年底，"人民的力量"（people's power）在整个东欧以和平方式推翻了共产党政权。只有在罗马尼亚，共产党的党魁被杀。苏联的解体也随之而来。随着苏联的一个个名义上独立的共和国现在真正独立了，苏联不复存在，致使戈尔巴乔夫作为国家领导人的位置无以归属。1991年8月，苏联军队的一些领导人试图用武力迫使"联盟"回归在一起，但俄罗斯联邦领导人鲍里斯·叶利钦勇敢地予以还击；结果政变失败，与之一起倒塌的还有苏联。到1991年底，美国成为世界上仅存的超级大国。

苏联崩溃的直接后果是增加了世界上民族国家的数量。总体上看，这一过程是和平的。苏联分裂成15个新国家，其中最大的是俄罗斯，它继承了大部分苏联的实力，包括核武器。例外的情况是德国，在剧变过程中这里减少了一个国家，共产党执政的东德与掌控合并的西德实现了统一。捷克斯洛伐克分裂成了两个国家（捷克共和国和斯洛伐克）。然而，在南斯拉夫，伴随着内战、"种族清洗"、暴行、战争罪行以及最终由北约和美国武装势力的军事干涉，它被分裂成6个小国。这样，联合国成员国的领土国家增加到191个。

历史的终结？文明的冲突？

人们对苏联解体、冷战结束的反应不一，或如释重负，或欢呼雀跃，或冷静面对：那些忧心于冷战也许会变成热战的人如释重负；那些扬言资本主义和民主所蕴含的价值观即将取得全球性胜利的人欢呼雀跃；那些担心美国在解除了苏联威胁之羁绊后将意欲何为的人则冷静面对。

的确，苏联的存在是20世纪的一个显著特征。它在第一次世界大战结束后不久作为资本主义的挑战者应运而生，在第二次世界大战打败希特勒中起到至关重要的作用，在冷战中与美国展开全球领导权之争。随着苏联解体和冷战结束，一些人猜测，全球冲突的根源永远消除了，"历史"存在的根源也因此消除了，未来在很大程度上将是民主制度和自由市场经济和平推进的过程。[39]

的确，苏维埃集团的解体意味着其"生产主义"式共产主义的终结。

在此之后，俄罗斯以及从前属于苏联、东欧的大多数国家推进财产私有权合法化，制定法律保护资本，欢迎外国投资，接纳自由贸易。简言之，在1990年代，世界上更多的地方向资本主义敞开大门，因此带来了资本主义在该时段的大扩张；随之而来的是"全球化"成为世界上很多人的自觉意识。

共产党领导下中国的市场改革同样在1990年代为资本主义市场经济的扩张和全球一体化的加强注入了动力。1980年代早期，中国在中国共产党的领导下，开始改革其国有和国控经济。这看起来有些奇怪，但中国领导人邓小平将刺激经济发展视为第一要务，他宣称，不管黑猫白猫，抓住老鼠就是好猫。

1980年代早期，中国在农业领域率先推行私有化，1980年代后期转向工业领域，随后向外资敞开大门。到1990年代早期，中国经济发生了根本性变化，尽管银行系统和能源生产仍归国有。中国吸引外资建造新工厂，其战略着眼点是为出口市场生产日用消费品。1990年代，如此多的"中国造"商品充斥世界市场，特别是美国，以至于中国每个月的进出口顺差达到约180亿美元。其结果是，中国积累了巨额美元（到2014年达到4万亿），用来购买美国长期债券和美国公司（**IBM**个人电脑业务是第一个引人注目的例子，它现属中国联想）。1980年代以来，中国经济保持在世界上增幅最快，已超过德国和日本成为世界第二大经济体，超越美国好像也指日可待。

全球自由贸易

尽管伴随冷战结束而来的不是"历史的终结"，1990年代的确见证了市场和资本主义的全球扩张。确实如此！曾有两种模式试图挑战用市场和资本主义安排世界的方式，它们分别为苏联共产主义模式（及其中国变体）与纳粹德国的集权主义或日本帝国主义模式，但它们都已灰飞烟灭，美国因此成为唯一的超级大国。在美国的保护下，全球经济秩序更加具有一致性，更加全球一体化。然而，自相矛盾的是，没有任何国家能够控制世界经济，不论它多么富有或强大，美国也包括在内。[40]

诚然，美国在世界银行、国际货币基金组织和世界贸易组织中仍然最具话语权，而且，工业化的"八国集团"的领导人每年7月开会，以协调全球经济政策。然而，全球市场的发展已导致大多数政府无力控制本国的经济命运，各国处于残酷的竞争之中，虽然这种竞争至今仍由富国主导，但并非没有挑战者。在国际竞争面前，工资和福利都面临下行压力，旨在保证充分就业、控制通货膨胀（或通货紧缩）的政策变成一纸空文。在这种高度一体化的全球经济环境下，那些执意给社会保障、失业和健康保险以更多投入而压缩公司利润的国家，面临着公司关闭工厂、迁往其他更有利场所的命运。其结果是，像大多数农产品和原材料价格下降一样，世界范围内工业生产的成本降低了。这不是由于国际自由贸易的拥护者所预言的"比较优势"带来的，而是由于生活水平的降低所致——这不限于贫穷、发展中世界，美国那样的富国也是如此。[41]

在这种由国家和经济体组成的全球体系中，处于核心地位的美国面临着两难处境。一方面，它拥有世界上最强大的军事力量；另一方面，它虽然经济上强大，但在世界生产中的份额却在降低，而其他国家，特别是中国的份额却在增加。它不能控制世界经济，但它感到不得不动用军力引导全球性力量，以保证国际体系有更多的润滑剂（取其字面意思）。有人认为美国这样做是在管理一个新的全球帝国，为自身利益而充当世界"警察"，[42]尽管奥巴马政府（2008—2016年）在动用美国军事力量方面非常谨慎并且也因此不断遭到猛烈批判。

文明的冲突？

冷战的结束是否消除了世界上的冲突？或者说，新形式的冲突是否不会再出现？一些观察家对此并不能给出肯定的回答。一种影响较大的观点是"文明"的差异只不过被冷战掩盖了，这种差异将会再现，尤其是导致"西方文明"与其宿敌伊斯兰文明和中华文明陷入冲突。这些理论家建议美国为即将到来的"文明的冲突"做好准备。[43]

冷战结束以来的众多事件，特别是涉及穆斯林世界的事件，似乎佐证了这种观点。1990 年，伊拉克在萨达姆·侯赛因领导下入侵邻国科威特，声称它在历史上曾是伊拉克的一部分。美国首先联合一些国家在联合国谴责伊拉克，随后，在 1991 年的第一次海湾战争中使用军事力量把萨达姆的军队驱逐出科威特。此后，美国派军队驻扎在沙特阿拉伯以牵制伊拉克，那些曾在 1980 年代与苏联在该地区的势力作战的穆斯林反过来把他们的愤怒对准了美国，袭击美国在沙特阿拉伯的势力（1996 年的霍巴塔爆炸），并于 1998 年袭击美国驻肯尼亚和坦桑尼亚的大使馆，2000 年在也门袭击美国驱逐舰科尔号。奥萨马·本·拉登领导下的伊斯兰"基地"组织实施了许多这类袭击，并于 2001 年 9 月 11 日对世界贸易中心和五角大楼发起袭击，导致 3000 多名美国公民遇难。这一等于宣战的事件激起美国的乔治·W. 布什政府在 2002 年与阿富汗开战（美国军队现在仍在那里，但根据计划战斗任务在 2015 年底结束），并于 2003 年颇具争议地发起对伊拉克的战争，推翻萨达姆·侯赛因，但是那些想象中危及世界和平的大规模杀伤性武器却一件也没有找到。

"9·11"袭击，奥萨马·本·拉登的录像带对这次袭击的声明，美国建立的全球反恐联盟，44 以及随后美国领导的在阿富汗及伊拉克的战争，所有这些提出了一个问题：现代世界的原动力是否发生了改变？本·拉登复兴伊斯兰帝国的梦想和"文明的冲突"的观念的根本问题在于他们无视现代世界形成的过程和力量。尽管世界上最贫穷与最富裕地区之间的差距很可能在第三世界（例如在巴勒斯坦、阿富汗或巴基斯坦）增加对美国、欧洲和日本的愤恨，但是没有理由认为本·拉登梦想的那种 8 世纪规模的伊斯兰帝国能够在今天民族国家的框架下建立起来。诚然，2012 年开始的叙利亚内战为 ISIS（"伊拉克和叙利亚伊斯兰国"）之源，使它得以在叙利亚及伊拉克北部夺取了一些领土并宣告成立 IS（"伊斯兰国"），但土耳其、伊朗和美国支持下的伊拉克军队一直在致力于打击 ISIS。ISIS 不可能取得成功。由本·拉登和 ISIS 所灌输的重现往日辉煌的梦想在一个国家利益至上的世界实现的可能微乎其微，甚至在讲阿拉伯语的土地上——那里的大多数人信奉伊斯兰教的这个或那个教派——也行不通。例如，巴勒斯坦人对未来的最大期待是在其民族主义立场的基础上建立一个主权国家，而不是一个跨国界的伊斯兰帝国。也没有任何证据证明"文明"可以充当国际舞台的主角（即使它们可以被证明存在于现代世界）。伊斯兰教内部存在逊尼派和什叶派的分歧，还有一些新兴起的极端组织——如"伊斯兰圣战组织"——在挑战这两大主流教派的利益。这种分歧如此严重，那种认为存在统一的伊斯兰世界或"文明"的思想因此而成为无稽之谈。其实，最好把"9·11"恐怖袭击诠释为针对现代世界的标志性建筑而非西方文明的袭击：以世界贸易中心为代表的全球资本主义和以五角大楼为代表（或更明确地说以白宫为代表，它其实也是一个袭击目标）的民族国家。

其实，那些看似"西方"与伊斯兰之间冲突的事件大多属于历史的偶然。美国日益卷入伊斯兰世界事务并非站在文明的立场上讨伐伊斯兰教，而是由于偶然的地理因素：世界上大部分石油的供给来自伊斯兰教的故乡波斯湾地区。不管谁统治该地区，也不论他们信仰什么宗教，美国都会干涉中东地区。波斯湾既是历史上伊斯兰教的故乡，又是世界石油供给的大仓库，这纯属巧合。

能源、石油和战争

人类社会需要能源。在大多数历史时期，人类依靠自己本身和动物的力气劳作，把从动植物食品中获得的热量转化成动力。15世纪伟大的海洋探险家郑和、瓦斯科·达·伽马、克里斯托弗·哥伦布开创了航海时代，靠的是人类制作的风帆获取风的力量。通过开采利用煤炭，工业革命极大地扩展了能源的范围；20世纪，其他化石燃料，特别是石油的利用增加了能源的产量，增加了诸如汽车和飞机等能源消耗型机器的活动范围。任何一种能源的开发和使用方式都会产生新技术、新的社会和经济关系、政治利益，它们把社会框定在其特有的体制之内。[45]

能够把能源变成动力，用于工业、消费和军队的社会是强大的，并且能够利用这种强大的力量确保能源从世界其他地方流向本国。这种力量，如同煤炭、石油和天然气的储量一样，不均匀地分布在世界各地，强化了全球富裕与贫困之间的差别：现如今，消费型社会约占世界人口的20%，消耗着全部能源产出的大约2/3，其中几乎全部都来自化石燃料。

除此之外，中国和印度的高速发展，包括高消费的"中产阶级"的兴起，不断增加着中国和印度对石油的需求和消费，其结果是一位分析家所言的"疯狂的勘探"以及导致竞争和潜在国际冲突的"愈演愈烈的全球能源之争"。中国不断声明对南中国海的大片区域的主权，那里已确定石油储量丰富，但其邻国越南、菲律宾以及印度尼西亚也都自称在那里拥有领土主权，因而导致国际关系紧张。不断增加的全球石油需求和有限的石油供给的矛盾肯定会导致石油价格攀升，然而由于"水力压裂"技术（水力压裂法）的使用，大量的开采未尽石油被从美国现存的油井中回收上来，加上天然气产量的猛增，以致美国可能成为石油和天然气自给自足的国家。

大转折：进入人类世[46]

一位著名历史学家认为，部分由于现代世界对化石燃料的依赖，20世纪成为一个重大的转折：一方面是与过去的决裂，另一方面是一个庞大的、无法控制的、史无前例的试验的开始。这是一次赌博，似乎认为，这种20世纪的、以消费化石燃料的方式来安排世界的行为将不会以破坏地球上生命赖以生存的生态基础为代价。[47] 20世纪美国的消费主义、苏联的生产主义和第三世界的发展主义，这些现象席卷全球并在不同程度上形塑了所有社会。它们推动着工业化经济的增长，合力创造了一个"人类圈"，其规模和实力足以抗衡、取代和改变生物圈的自然过程。到20世纪末，人类消耗的能量已经只有40%来自光合作用的自然过程。[48] 我们正生活在一个新时代——人类世。[49]

根据非常粗略的统计，1800年工业革命开始时的全球经济是300年前的1500年的3倍。从此以后，经济增长速度一直在加快，1900年是1800年的3倍。到20世纪末，世界经济已相当于1900年的14倍，其中的大部分增长来自于第二次世界大战结束之后。

经济增长可以大致反映人类与环境之间的关系，因为实际上任何形式的"经济"都来源于大自然的转化。采矿业、制造业以及农业都是把大自然所赋予的一部分资源改变成人类可以使用或消耗的物质的过程。经济越发展，自然就越被改变。第二次世界大战之后，消费主义、生产主义、发展主义共同推动了经济的更快发展。追求经济发展的影响是巨大的，不仅改变了全球的权力关系，而且还改变了环境和全球生态过程。按照"千年生态系统评估"（Millennium Ecosystem Assessment），"与人类历史上任何具有可比性的历史时期相比较，在过去的 50 年中人类改变生态系统的速度之快、规模之广是空前的，其主要目的是满足对食物、淡水、木材、纤维以及燃料的需求。结果是给地球上的生物多样性造成了巨大的和大部分不可逆转的损失。"[50]

氮基化肥作为哈勃-波什制氨法的成果在 1913 年首次问世。现如今，氮基化肥排入环境中的氮已经与所有自然过程产出的氮一样多；在 20 世纪内，人类行为所产生的氮已经超过了氮的自然循环过程。到 1950 年，已有 400 万吨氮肥被使用，大部分用于发达的工业国家。到 1970 年，3000 万吨被使用；到 1985 年，增加到了 7000 万吨；而到 2000 年已达 8000 万吨，有一部分转而用于工业中心国之外的更多国家。仅仅三个国家所使用的氮肥就占到了总量的 70%，分别为中国（2500 万吨）、美国（1100 万吨）和印度（1000 万吨）。这些肥料的大部分被用于农业，但也有一部分被用于喂养生产肉奶制品的动物（肉牛、奶牛、猪以及鸡等），第二次世界大战后还有越来越多的肥料施于美国城郊的草地上。

如今，人类工业生产所带来的活性氮的总量不仅超过自然界所产生的活性氮，而且还超过了通过反硝化细菌反应在生物圈中所能去除的活性氮量。这就意味着硝酸盐废物进入人类以及其他动物赖以生存的水源和空气之中，摄入到一定量就会有生命危险。美国的一些农场就发生过类似事件，硝酸盐进入井水进而带来的"蓝婴综合征"也是如此。

硝酸盐污染了溪水、河流、地下蓄水层和海洋，并通过所谓的"富营养化"过程导致淡水中出现水华，海洋中形成"死亡地带"。硝酸盐也进入了空气中，当逆温层把它限制在接近地面并在阳光的炙烤下变成二氧化氮（NO_2）棕色轻雾时，洛杉矶和其他城市的污雾就出现了。为了应对这些环境问题，美国及其各州政府已制定出饮用水中所含硝酸盐总量的上限标准，并制定一系列法律，试图限制污染土地、空气以及水的硝酸盐总量。[51]

相比之下，几乎没有合成氮肥被用在世界最穷的撒哈拉以南的非洲。[52]那里以及其他一些地方，日益贫困的农民由于没钱购买人造肥料和高产良种、改善灌溉，依然受困于旧生物体制中并逐渐耗尽自然资源来维持生存，这进一步加剧了所处环境的恶化。贫穷的农村人靠燃烧木材、柴草以及其他任何可燃物烧饭、取暖和照明以谋生存，这进一步导致环境资源的枯竭和自己的贫困。因此，改变全球环境的不仅有工业，而且还有农村的贫穷。

有些人认为像生物技术、计算机以及互联网这样的新技术会促成破除贫困束缚所需的经济增长，同时降低对环境的影响，例如，人们宣扬移动智能手机就能达到这样的解放人的效果。相比制造机车和轮船，制造计算机芯片或控制基因很少耗费原材料。但是如果没有电，计算机世界和生物技术世界就不会存在。的确，20世纪全世界能源的使用量暴增与该世纪的经济以及人口爆炸是同步进行的，1990年使用的能源多达1900年的16倍。一位研究者估计人类在20世纪消耗的能源超过了从农业革命到工业革命的一万年时间里所消耗能源的总和。煤炭和蒸汽点燃了早期的工业革命之火，而20世纪是石油的时代，它为汽车和发电厂的推广插上了翅膀。大多数电能是由燃煤带来的，燃烧石油、天然气和煤炭这些不可再生的"化石燃料"已造成全球变暖。

全球变暖是由于释放的温室气体进入大气层（污染空气）造成的，尤其是燃烧煤炭和汽油产生的二氧化碳，但还包括人类在工业生产过程中所释放出的二氧化硫。从灌溉后的稻田里和畜群中产生的甲烷也是全球变暖的重要因素。[53]尽管火山喷发产生的灰尘以及二氧化硫可能使19世纪和20

世纪前 50 年全球变暖的程度有所减轻，但很明显，从 20 世纪到现在的整个过程中全球的气温一直在升高，并且这种升高"与温室气体体积的大幅上升是一致的……二氧化碳在 1890 年代达到 295ppm（百万分之）……到第二次世界大战时达到 310ppm，1945 年以来已攀升到 385ppm，而且没有任何减慢的征兆"。[54] 正如本书导论中所述，许多气候学家认为大气层中二氧化碳含量达到 350ppm 是一个危险的临界点：这也许是一个不可逆的点，全球变暖不可能停止，更不用说回转了。

迄今为止全球平均气温上升的影响主要是在极地或高寒地区才可以感觉到，因为那里的冰川正在融化、永久冻土正在解冻。然而，更大的危险在于没有人知道全球气温还会上升多少，也没有人知道气温上升到某种高度是否会造成突发的、无法预料的、灾难性的后果。海平面的上升已经给阿拉斯加、低洼的太平洋岛屿、孟加拉国造成麻烦，全球的沿海地区都受到威胁。当然，并不是每一个地方都受到全球变暖的不利影响，假定降雨格局不会被打乱，世界的某些地区可能会看到作物生长季节的延长和农业产量的提高。

人类追求经济增长和发展的活动也影响到其他自然进程。除了打乱氮循环并改变了全球气候之外，人类为了攫取地下储藏的煤炭、铜、黄金、矾土以及其他自然资源一直给地球表面"开膛破腹"。耕地如今占地球陆地总面积的 20%，几乎每一条河流都筑起了堤坝，人类控制了全球淡水流域的一半。酸雨使美国东部、中国东北以及日本的湖泊贫瘠化。湖泊和海洋中充斥着氮肥残留物，藻类生长茂盛，吸取水中的氧气并形成死亡水域。此外，不断攀升的牛肉的消费增加了全球肉牛的饲养量，达到 20 亿头，它们需要吃、喝、排泄、排出温室气体，也加剧了全球气候变暖。

伐木和农田扩张毁灭了非洲、亚洲和拉丁美洲的大片雨林，改变了当地的气候，成千上万的物种遭到灭绝。诚然，人类在一万年前上次冰期结束、农耕社会开始以来就一直在焚烧或砍伐树木。例如，到 1800 年，中国和英国先进的旧生物体制经济一直在肆无忌惮地毁林。19 世纪，由于北美洲、俄国、波罗的海地区森林被砍伐，毁林的步伐加快了，直到 20

世纪前 50 年由于战争和大萧条才得以减缓。然而，第二次世界大战结束后的 50 年是人类历史上最可怕的毁林时期：人类历史上砍伐森林总量的一半发生在该时期，招致历史学家迈克尔·威廉姆斯称之为"大扫荡"(The Great Onslaught)。[55] 该时期的森林砍伐几乎都发生在非洲、亚洲以及拉丁美洲的热带地区，世界上的大多数穷人在那里生活。由于成千上万的动植物物种的灭绝，自然生态系统正在遭到彻底简化，并因此变得品种单调和难以复原。

用气候学家威廉·鲁迪曼的话说，其结果就是"人类如今已变成地球上最主要的环境驱动力"。[56] 历史学家约翰·L.布鲁克深表赞同："自第二次世界大战结束以来，就人类的生存环境而言，历史的轨迹发生了一个新的、根本性的转变……二战结束以来，在一个人的生命周期之内……人类世到来了。这一转变的速度之快发人深省，这种眩目的速度也许预示着人类能够而且应该在另外一个生命周期内再次转变轨迹。"[57]

人类的科技成果重塑生物圈，对其他物种产生了巨大的影响。那些被人类选中的物种（如肉牛）得以大量繁殖，而野生物种的种群数量显著下降——如今野生动物的数量比 1970 年的一半还少[58]——而且许多已遭灭绝的厄运。现如今，人类行为在物种灭绝中所起的作用已远远超过自然过程，许多分析家据此把这种现状称为"第六次大灭绝"，以表明如今人类所造成的物种灭绝的速率等同于地球上有史以来自然过程所造成的前五次物种大灭绝。[59]

难道我们命中注定要用工业世界多余的污染物来毒害我们的世界吗？难道"地球之岛"会重蹈复活节岛人的覆辙吗？那些复活节岛人耗尽了自然资源并目睹着人口的下降和堕入战争深渊，蜷缩在冰冷、黑暗的洞穴中自相残杀。[60] 如果我们所生存的世界是由过去所发生的事情或人们过去所做出的选择而确定的话，那么它的将来也会同样由我们今天的行为和做出的选择来确定。可以肯定，世界面临的两大任务是非常艰巨的：一方面，要为急速增长的世界人口提供合适的生活标准；另一方面，要停止然后逆转 20 世纪工业发展模式造成的环境退化。在目前的结构下，现代世界有能力解决这些全球性问题吗？也许吧。[61]

　　根本问题在于当下流行的关于全球经济增长与环境之间关系的观点。[62]经济活动，作为人类生存的基本活动，一直依赖于自然过程并因此成为它的组成部分。20世纪与以往所有人类历史时期的主要不同点在于，以往人类对环境的影响非常之小或非常局部以致现代经济理论家所构建（18世纪开始构建）的世界如何运行的模式中没有论及自然环境对人类的用途。从20世纪直到今天，全球自由贸易、发展主义、消费主义以及（直到最近）生产主义的倡导者们都假设全球经济体系与全球生态体系是毫不相干的。[63]这或许是一个巨大的错误。在20世纪，人类活动逐渐使生物圈向着既难以知悉又无法预测的方向改变，生物圈与人类圈因而变得息息相关。阿尔伯特·爱因斯坦曾留有名言"上帝不会掷骰子"；显然这种说法并不适用于人类与地球的关系。

结论

　　综上所述，就人类与全球环境的关系而言，并且相关地，从这个星球上的人类数量来说，20世纪与之前的历史时期相比形成了巨大的转变。这些都不是现代世界有意而为的结果，而且我们有充足的理由怀疑现代世界运行体系的构成要件——自由市场把主权领土国家全球性地连接起来，而这种自由市场以牺牲保护环境为代价推动经济的持续"增长"——是否有能力解决它们带来的诸多全球性问题。

　　20世纪还发生了另外一个转变，即，全球财富和权力的所在地从西欧核心地区转移到美国。有人因此认为20世纪是美国的世纪。的确如此，在20世纪初，美国拥有世界上最大的、最发达的经济，尽管当时很少有人知道。在经历了两次世界大战和大萧条所造成的灾难深重的"三十年危机"后，美国最终登上资本主义世界体系老大的宝座。然而，美国在第二次世界大战之后最终如愿以偿之时，遭到了苏联的挑战，后者也像美国一样，曾为打败纳粹德国投入大量资源。的确，人们可以断言20世纪既是美国的世纪，也是苏联的世纪，因为没有苏联，20世纪的历史进程将会是另外一副面貌。[64]

此外，把20世纪贴上美国世纪的标签掩盖了过去40年里东亚的崛起。第二次世界大战后，日本经济复兴；中国共产党领导的革命，先是造就了一支强大的军队，现在又造就了一个工业经济体；中国台湾、韩国、新加坡和中国香港这"四小龙"实现了工业化，前三者还实现了民主化；印度和东南亚地区也发生了变革。所有这些把全球经济生产中心和人口中心转移回亚洲。紧随美国之后，接下来的两个世界最大经济体中国和日本都在东亚。

的确，中国政治、军事和经济实力的崛起对美国在亚洲的利益和影响力构成了威胁，而且无可怀疑的是，中国会坚决捍卫其在东亚的历史地位。[65] 这可能使得日本、韩国以及越南如芒在背，并促使它们寻求与美国保持紧密的联系，因而造成美国与中国关系的紧张。但比起冷战时期美国和苏联之间的关系——那时两国之间几乎没有贸易，中国现如今每年出售给美国价值一千亿美元的制成品，成为美国重要的贸易伙伴。不仅如此，尽管美国出售给中国的东西要少得多，但它在中国投资，而且，数额巨大、价格低廉的中国进口商品有助于降低美国的生活开销。

世界很可能会看到一个"亚洲世纪"的开始，虽然它是带有中国特征还是印度特征仍需拭目以待。中国正遵循"摸着石头过河"的原则，由强大的国家从全球战略着眼推进经济发展，而老百姓对这一进程的看法并没有被有意识地关注。与中国相比较，民主国家印度也向全球开放自己的经济，但作为一个民主制国家，其政府的确听取农村人口的呼声。结果是，如今印度有更多的小康人家生活在其65万个村庄里，向城市移民的压力要小一些。到目前为止，印度经济的增长慢于中国，但其民主制度也许会使得那里的变革比中国更为深刻、更受拥护、更具影响力。

就21世纪将见证"亚洲的兴起"而言，世界历史很可能会回归到1400—1800年亚洲主导世界的模式。但会是原来那个亚洲吗，即被过去两个世纪里欧美主导地位层层掩盖之前的亚洲，类似于油画中原画再现？

不是！因为正如不可能再造伊斯兰帝国一样，世界上再也不会看到根植于高产农业的亚洲帝国。世界已发生了如此大的变化，富强的秘密已被引领工业经济的强大国家所揭示。不过，鉴于美国那种依赖石油的汽车消费型文化所造成的环境损失日益显现，中国、印度和发展中世界的其他国家能否追循美国这条道路还有待观察。

人类与地球环境之间的关系已发生了转变。这种转变所造成的影响日益显赫，从长远来看，谁将"拥有"21世纪的问题很可能会变得不太重要。因为"大转折"是由多种因素造成的，不仅有资本主义世界的工业化，而且有共产主义模式中的生产主义、印度和中国的发展主义以及第三世界许多国家的农村贫困化。不管是否故意，我们都在"耗尽地球"。[66]

结论　改变、延续及对未来的展望

本书简要地考察了现代世界的历史。它综合近来历史学的研究成果，使之变成一种全球性的叙述。大多数世界史著作要么描述各种发达文明的兴衰而不揭示其相互联系，要么用欧洲中心论把它们黏合在一起。与之不同，我在这里勾画了一种对欧洲中心论持批评态度的全球的、环境的故事情节，以阐明现代世界是如何产生的。有时这看起来是一项自相矛盾的工作，因为我一开始就把现代世界限定为工业资本主义与民族国家体系的结合、"穷国"与"富国"间的差距所造成的分野，而这些都是在强调欧洲或西方的实力和成就。

要理解现代世界的兴起，核心问题是必须采用全球的和生态的视角，因为只有这样，世界各地发生并互相影响的事件才能真正被理解。实际上，在现代世界形成过程中影响最大的是世界各地之间的互动和人与环境的互动，而不是某一个地区的文化成就。的确，除非用全球的视角，否则那些成就是无法理解的。因此，总体——这里指的是世界及其现代历史——大于各部分的总和。

在现代世界形成的过程中，不论欧美人有多么大的影响，但不能说是他们自己创造了这个世界；西方"兴起"并超越世界其他地区当然也不是由于文化的（或种族的）优越，正如最近中国的"崛起"不能归功于其特有的文化品质一样。本书已经阐明，在过去一千年人类历史的大部分时间里，西方并没有明显的或出类拔萃的优势，而且20、21世纪之交的变化表明中国的复兴已向欧美霸权发起了强有力的挑战。此外，20世纪的历史证明，亚洲人、非洲人以及拉丁美洲人通过革命、独立运动和经济发展等手段，已经在形塑他们自己的历史。

第二次世界大战后，在美国政治思想中有一个颇具影响力的派别，认为美国在全球秩序之巅已占据一种无与伦比的地位。这种思想被那些描画美国在世界历史上的"例外主义"的学者所强化。实际上，美国的这一支配地位只是在1914—1945年的三十年危机尤其是1990年代冷战结束以来的特殊情况下才得以实现，但却被支持者们视作从古希腊城邦国家及其民主制度开始西方长达两千多年的发展的最终结果。按照这种观念，美国不仅从英国继承了民主和自由的传统，而且还予以发扬光大。这种观念是无视世界历史真实起伏兴衰的欧洲中心论的最新体现，它对某些美国领导人的思想产生了影响：他们试图把价值观强加于其他国家，甚至不惜动用武力。

故事梗概

本书的叙述说明，直到大约1800年前后，世界上的所有居民几乎都生活在旧生物体制的束缚之下。在那样一个世界上，一些农业帝国是非常成功的，为其人民创造了较高的生活水平、较高的文化成就和可观的国家实力。旧大陆上那些最为发达的经济体和国家，特别是在中国、印度和西欧的经济体和国家，在很大程度上具有可比性，它们都有健全的市场体系、保证农民能从农本经济中获得最大收益的组织管理制度以及高效的制造业，尽管它们在很大程度上依赖于每年从太阳摄取的能量。

世界的一个地区——这里指的是英国带领下的西欧——能够通过开发利用储藏的能源（煤炭以及后来的石油）而摆脱旧生物体制的限制，这种现象纯属偶然，是一种全球偶合的结果。其偶然性首先表现在中国在15世纪初决定放弃它在印度洋的主导地位，印度洋是一个交通枢纽，在那里，亚洲用其丰富的产品交换来自世界上欠发达地区的原材料（包括白银和黄金）；同时中国还决定采用银本位制来推动经济发展，这就促成了对于白银的新的全球性需求，而美洲的白银不久之后满足了这种需求。在四百年的时间里（从1400年到1800年），中国和印度凭借高产的农业发展起高水平的商业和制造业，从而使亚洲人能够主导全球经济，吸引着世界其他地区人们的注意力和资源，后者渴望得到亚洲丰富的产品。因此，亚洲经济对白银的需求带动了其他一些改变世界的历史进程。

在我们的故事中第二个产生重大影响的偶然性是：新大陆及其丰富的银矿资源的偶然"发现"，征服者携带的疾病所造成的土著居民的灭绝，以及服从于欧洲人利益的以非洲奴隶为基础的种植园经济的建立。第三个偶然性是，西班牙人在16世纪没能把一个帝国强加给欧洲其他地区，由互相竞争的国家构成的国家体系在欧洲产生了，它一味地进行着无休止的战争，从而推动了那里的军事革新。

在18世纪，几支强大的力量偶合在一起，使英国——亚欧大陆西端以外的一个小岛——开始脱颖而出。法国与英国间的战争在七年战争（1754—1763年）中达到高潮，为英国支配欧洲、北美和印度铺平了道路。几乎与此同时，印度的莫卧儿政权主要由于内部原因开始瓦解，为英国冒险家建立殖民据点大开方便之门。然而，对英国来说，中国仍然十分强大，能够限制英国人涉足东亚世界，直到在鸦片战争（1839—1842年）中英国凭借来自印度殖民地的鸦片和蒸汽炮舰打败中国，情况才有所改观。鸦片战争后，西方和日本在长达一个世纪的时间里侵略中国。当然，中国自己的内乱也是招致侵略的一个因素。

回溯历史可以发现，如果英国没有开始工业化并把工业的成果应用于军事，天平也许不会朝不利于中国的一方倾斜。不仅如此，英国的工业化有赖于它在新大陆所拥有的特殊的边缘地带，该地带急需英国的制造品，特别是棉纺织品以解决非洲奴隶的穿衣问题。英国还非常幸运，在为了伦敦的取暖而砍伐了岛上的大片森林后，其煤矿的开采非常便利，不仅如此，英国政府愿意并且能够保护其初期的纺织业和具有战略重要性的煤炭业。这样，到1800年，当亚洲和拉丁美洲还在旧生物体制的束缚下苦苦挣扎的时候,英国率先,其他欧洲国家(由于担心输给英国会产生的后果)紧随其后,把地下的能源(先是煤炭然后是石油)运用于工业和军事,从而摆脱了这种束缚。

由此而造成的变革改变了经济发展的动力以及人类与全球环境的关系,导致商业从繁荣到萧条的循环,加剧了新的社会不同阶级之间、人民与国家之间的对立;也加剧了欧洲国家对殖民地的争夺——因为殖民地为它们的经济提供了稳定的市场和丰富的原材料来源,以及对非洲控制权和在中国的势力范围的争夺。然而不幸的是,世界上这些在旧生物体制下煎熬的地区在19世纪最后二十五年遭受到五百年来最严重的厄尔尼诺现象的打击,数千万人死于旱灾所导致的饥荒,亚洲、非洲和拉丁美洲的大部分地区进一步陷入我们现在所谓的第三世界的境地。

按照历史学家王国斌在《转变的中国》一书中提出的观点,19世纪,两种不同的人类社会组织方式发生了交锋。其一是拥有高度发达的农业经济的农业帝国,近一千年以来,它是最为成功的,中国和印度是最好的例证。其他人类群体(例如美洲的阿兹特克人和印加人)也曾找到在旧生物体制下使收益最大化的方法,但他们的能源最终都基于年复一年的阳光照射,因此这些国家的实力、人口规模以及经济的生产率都受到限制。其二是相对来说更新的方式——民族国家,其经济发展有赖于从化石燃料获取能量来大规模提高工业产量和军事实力。这种方式在19世纪的西欧首先得到发展。这种新的政治经济赋予欧洲人以实力,到1900年得以控制全世界85%的地区。

欧洲人之所以能够控制世界大片地区,并不是因为其文化优越于他人,尽管有人试图把古希腊继承人的"文明"与亚洲人和非洲人的"野蛮"相比较。文化优越性的思想完全是无稽之谈。我们不如这样说,"西方的兴起"——如果必须使用这个术语的话——更多是与大灭绝、蔗糖、非洲奴隶、窃取的白银、煤炭、鸦片、枪炮以及战争相联系的。

凭借这些有利条件,欧洲人在20世纪初期统治或控制了亚洲、非洲以及拉丁美洲的大部分地区。他们对于改变那里的农业体制并不太感兴趣，相反却感兴趣于从那里攫取不能人工生产但现代工业必不可缺的自然资源。因此，第三世界国家要脱离旧生物体制的泥潭需要等到亚洲人、非洲人以及拉丁美洲人自己建立并管理国家。这些国家是如何在反对帝国主义的独立运动和社会革命——这些运动的中心不在欧洲而是在亚洲、非洲和拉丁美洲——中建立的，这是 20 世纪故事的不可分割的组成部分。

的确，从 20 世纪初到进入 21 世纪以来的现今，现代世界发生了很多改变。两次世界大战和大萧条摧毁了许多帝国并削弱了欧洲和日本列强的实力，打通了美国和苏联的兴起之路并开启了两国之间的冷战。与此同时，前殖民地的独立以及中国的革命为这些地区的工业发展助了一臂之力，导致 20 世纪后半期人类的生产能力大为提高，对环境的影响也大为增强。

经济活动的激增扩大了人类在地球上的影响力，在许多情况下超越了自然的生物过程。在 21 世纪到来的时候，人类的行为（有意或无意）已导致活性氮的产量远远多于自然过程产生的氮；我们正通过向大气层增加排放温室气体影响着全球气候过程，其中的二氧化碳和甲烷的排放量是一百万年以来前所未见的；运用拦水坝，我们控制了地球上一半以上的淡水的水文；我们的机器挖走的土层远远超过了风雨侵蚀的自然过程；通过所有这些过程，人类正在给地球造成第六次生命大灭绝。人类已变得如此积极主动使之足以抗衡、超越或取代全球大自然的力量。自从农业产生以来，人类一直以多种方式再造大自然，但旧生物体制限制着人类对大自然的影响。然而这一情况随着 19 世纪的工业化而开始快速地改变着，并在 1950 年以来达到临界点。我们现在生活在一个人类无意中建立的"人类圈"中，并且从人类与地球自然环境的关系来说进入了一个新时代——人类世。与以往的历史模式相比，这是一个"大转折"。

但这有什么不好呢？沿着我们作为一个物种的漫长的进化之路，人类孜孜以求地讨好、安抚、减轻或引导着大自然的力量，随着现代科学的兴起，又开始了解、利用、操纵大自然。一些 20 世纪的领导人甚至要求人类控制并修整不守规矩的大自然。[1]然而，人类现在所具有的影响力始终处于无计划性和无意识的状态,给人类自己和地球所带来的日渐显露的后果我们也不能完全理解。承认我们生活在一个主要由人类行为(无论多么目光短浅和无意识)所造就的新时代是解决如何更好地选择前进道路的先决条件。[2]大多数科学家、世界上为数可观的人和一些国家领导人认为,解决全球气候变化问题不仅是首要的,也是人类生存所刻不容缓的。

除此之外,人类需要开始正视(并消除或削减)现代世界的几个关键特征。按照克里斯宾·特里凯尔(Crispin Trickell)的观点:"首先我们需要面对人口增殖在各个方面所造成的后果;再度审视经济,不再把消费主义当作目标;设计出新的能源生产的方式;控制并适应实际上不稳定的气候条件;给予自然界的保护更多的优先权;最后,在当前这个社会一体化程度空前的世界,要建立必要的妥善处理全球性问题的制度。"[3]

全球化

现如今,各种思想、信息、细菌、人口、植物、动物以及商品在全世界迅速传播,可能让人感到全球化似乎是近来的现象。但是,如果全球化被理解成市场、政治、价值观以及环境变化在全球连为一体的进程,那么全球化就具有漫长的历史,与我们在这里所讲述的现代世界起源的故事有着千丝万缕的联系。即使早在1521年葡萄牙人环球航海之前,亚洲人就已建立起这种富有活力的经济体系:商品和思想在印度洋地区流动,把中国、日本以及"香料群岛"与印度、中东、东非,甚至北欧联系在一起。在此之前的13世纪,蒙古人曾建立起前所未有的世界最大的陆上帝国,其后果之一就是使瘟疫得以穿越亚欧大陆从中国传播到欧洲,给人口带来巨大的毁灭性灾难。而所谓的"伊斯兰之家",是一个文化的、语言的共同体,到13世纪,它的规模西起西班牙和突尼斯,东达今天印度尼西亚的亚齐。

不管这些亚洲人世界的范围和影响有多大,它们毕竟没有涵盖整个地球。因此,如果全球化的诞生有一个日期的话,它不是1492年而是1571

年，当时西班牙人在菲律宾群岛的马尼拉建立了殖民地。在此之前，即使曾经有人环球航行，而且人口、植物以及病原体已经随着木制帆船在全世界开始了哥伦布交换，但那时并不存在定期的世界范围的商品交换。马尼拉使之首次成为可能，新大陆的白银不仅横渡大西洋，而且在阿卡普尔科被装上西班牙大帆船并向西进发横渡太平洋。从1571年开始，全球白银的流动找到了直达亚洲的道路，而且亚洲的货物源源不断地在全世界运送，到达欧洲和美洲。掀起第一波全球化浪潮的是中国对白银的贪婪欲望。

第二波全球化浪潮开始于19世纪。首先是英国，然后是其他西欧国家、美国以及日本，它们把工业化的成果用于提高军事实力并把这些新实力转移到对亚洲和非洲的殖民上。帝国主义建立了殖民地、半殖民地以及附庸国来为其工业品提供稳定的市场，为其工业生产提供原材料，例如橡胶、黄金、石油和矾土。在第二次全球化期间，更多的货物以及思想在世界流动，其中包括民族主义，它激起了亚洲人从欧洲殖民统治下寻求独立的梦想。

第二波全球化浪潮通常被称为19世纪的"新帝国主义"。它并未导向全球化的一个新阶段，而是导致了它的崩溃。第一次世界大战以及随后的大萧条把世界分割成由帝国主义列强控制的或多或少拥有自治权的"经济独立"区。这些帝国主义势力试图按照自己的意愿来解决大萧条带来的危机，然而却造成了彼此冲突的增加，导致第二次世界大战的爆发。美国和苏联从这次战争中以全球"超级大国"的身份脱颖而出，由于彼此都对世界如何构成有自己的想法，导致第三次全球化浪潮在一个两极世界中形成。美国和苏联分别建立了旨在促进各自的全球目标——资本主义世界或社会主义世界——的两种体系。然而，它们共同参与二战末期创建的联合国的事务，阻止国家间的冲突演变为全球性冲突。非殖民化产生了近百个新的民族国家，到1970年代地球上的几乎每一个人都生活在号称统治他们的国家之内——即使他们并不积极拥护这个国家。

第四次也就是最近一次全球化浪潮随1991年苏联的解体而开始，在此之后它的运行主要处于美国的保护之下。随着苏联和欧洲的社会主义的逝去以及中国的改革开放，美国所追求的目标——全球贸易自由、所有国家的国企私有化（如土地和工厂）以及更加开放的（"透明的"）政治体制——使更多的前社会主义国家和第三世界国家进入全球资本主义世界的节奏和需要。在这最近的一轮浪潮中，全球化意味着由美国领导的资本主义扩张将渗透到世界的每一个角落。但许多观察家认为，貌似强大的美国已处于衰落中，也许中国和（或）印度已做好准备去采摘本次浪潮的成果。

如果还有第五次浪潮的话，它很可能将在亚洲产生，正如第一次一样。如果现在的趋势持续下去，中国很快将成为地球上最大的经济体（尽管按照人均 GDP 衡量不是最富有的），在规模上超过美国、日本和德国。印度也正在迅速发展，而且东亚"四小龙"（韩国、中国台湾、中国香港以及新加坡）的成功 30 年来一直被津津乐道。中国、日本以及东南亚加在一起，已经构成了一个明确的经济单位，它对原材料（包括石油）有着巨大需求，工业生产能力极强。这样一个经济单位，再加上印度，很有可能把世界的经济重心再次带回亚洲，恰如 1400 年到 1800 年的时期它所拥有的那种地位。

走向未来

在 1950 年代，中共领导人周恩来总理被问及对 1789 年法国大革命的看法。周恩来总理回答道："下结论为时尚早。"他的意思是该事件所开启的进程仍在推进的过程中，因此它的历史尚未完结。既然如此，周恩来认为做出评价的时机尚不成熟。

我们所生活的现代世界虽然是一个拥有本书所介绍的从起源到发展已超过 600 年历史的世界，但同样也是一个发展并未完结的世界。按照这种观点，我们都是"局中人"，一方面享有"局中人"的优势，但同时也有不利之处，就是不能像二三百年之后的人那样清楚地看到我们自己和我们的时代。尽管如此，一个长时段的历史视野的确能使我们得出一些关于过去及现在的发人深省的结论并对未来做出指导性预测。

农业帝国和旧生物体制的局限性已经时过境迁，极有可能永不复返。可以肯定，这个世界仍然依靠农业养活人口，但由于可以不受约束地使用化学肥料，农业的产量一直在惊人地增长，这些化肥由工厂生产，而工厂使用的电力又来自化石燃料。因此，地球上的人口持续攀升。世界人口在 1820 年代初期已经达到 10 亿大关，在随后的一百年增加了一倍达到 20 亿，到 1970 年代再增加一倍达到 40 亿。现如今，世界人口已达 70 多亿，并且预计到 2050 年将超过 90 亿，到 2100 年可能达到 100 亿。

随着中等收入和富人社会的规模趋于稳定或下降，增加的 30 亿人口中的大部分将很有可能加入世界的贫困人口行列。穷人、被剥夺公民权者以及被压迫者与现代世界的运行方式几乎毫无关系，成为现存世界秩序反对者的潜在大军。因此，全球化和现代世界为自己树立了敌人。从南美洲沿海地区的图皮人为了避免成为在葡萄牙甘蔗种植园劳作的奴隶而跑进巴西森林的时代开始，人们就一直反抗着侵犯他们世界的新势力。奥萨玛·本·拉登和"基地"组织以及近来的其他伊斯兰"圣战者"势力（例如 ISIS，"伊拉克和叙利亚伊斯兰国"）得到世界上广大贫穷穆斯林的支持，他们视自己为"自由斗士"；还有人明确地把第四次全球化浪潮的领袖美国视为敌人。这些现象都不足以让我们感到奇怪。

自相矛盾的是，虽然美国把"基地"组织定性为"恐怖组织"，或者是向国家发起攻击的非国家行为者，但美国的"反恐战争"却是通过 1648 年《威斯特伐利亚和约》确立的主权国家体系进行的。美国在 2002 年进攻阿富汗不是因为它的塔利班领导人是恐怖分子（美国原先曾支持塔利班作为取代苏联政权的最大希望），而是因为塔利班拒绝控制"基地"组织在其境内的行为并反过来交由美国处理。为了证明 2003 年入侵伊拉克是合法的，美国不得不捏造萨达姆·侯赛因拥有并打算使用大规模杀伤性武器的理由（后来证明是错误的）。同样，美国在 2011 年 5 月 2 日派遣第六海豹突击队进入巴基斯坦，未经巴方允许在夜幕的掩护下杀死奥萨玛·本·拉登也在法律上站不住脚。

因此，民族国家和国家体系（即使有联合国从中协调）仍是处理全球事务的框架，在可预知的未来也同样如此，尽管非国家行为者及其军事力量——自称为"战士"（fighters）而非"士兵"（soldiers）或"军队"（armies）以区别于国家的军队——对全世界的国家及其领土权造成了真正而持久的威胁。

然而，现代世界最重要的遗产毫无疑问是人类与自然环境之间关系的改变。正如我们在本书中所看到的，旧生物体制为人类社会和人口规模设置了界限。工业革命和化石燃料的使用打破了那些界限，开创了一个史无前例的经济和人口增长的时代。但是这一新体制——我们如今所生活的世界——也有生态的界限吗？通常，我们的行为显示仿佛没有；随着中国和印度的人口激增和高速工业化，化石燃料使用继续节节攀升，很可能会带来更可怕的环境后果，虽然现在还不能说清楚。

全球变暖肯定仅仅是我们正在迫近极限所显露的种种迹象之一，正如在旧生物体制下所显露的这类迹象一样。19世纪的中国人由于面临耕地和工业原材料的短缺，为了生产粮食不得不在小块土地上投入越来越多的劳动力。同样，我们现在试图从石油和天然气储量中压榨出每一滴石油和每一方天然气，尽管我们有充足的理由相信：现在是把那些大气层中二氧化碳的来源留在它们所在的地下的时候了！过去的一个世纪造就了高消费/汽车/化石燃料经济，如今它的进一步扩张或完善遇到了能源的限制，新一轮可比工业革命的创新是否能够减弱这种限制目前还没有定论。也许，反思我们所生活的这个世界得以形成的历史偶然性，能够帮助我们做出选择并付诸行动，以确保全人类有一个可持续的未来。

注 释

导论 西方的兴起?

1. James Hansen et al., "Target Atmospheric CO_2: Where Should Humanity Aim?" *Open Atmosphere Scientific Journal* 2(2008):217—231. 关于气候与人类文明的这些主题及其他主题研究的更广泛的情况,参见 William F. Ruddiman, *Plows, Plagues, and Petroleum: How Humans Took Control of Climate*, Princeton Science Library(Princeton, NJ: Princeton University Press, 2010)。
2. Will Steffen, Jacques Grinevald, Paul Crutzen, and John McNeill, "The Anthropocene: Conceptual and Historical Perspectives", *Philosophical Transactions of the Royal Society* A 369(2011):842—867.
3. Karl Marx and Friedrich Engels, *The Communist Manifesto* (New York: Washington Square Press, 1964), 64—65.
4. 菲利普·D.柯廷(Philip D. Curtin)明智地把"现代化"定义为追求高经济生产率和高消费水平的趋势,在任何文化背景下都是如此。参见 *The World and the West: The European Challenge and the Overseas Response in the Age of Empire* (Cambridge: Cambridge University Press, 2000), 110。然而, 20 世纪 50、60 年代的第二次世界大战后的"现代化"理论家列举了一系列"现代"的标志,使人看起来非常像美国的标志。
5. 该术语取自 E. L. 琼斯(E. L. Jones)的著作 *The European Miracle* (Cambridge: Cambridge University Press, 1981)。
6. 特别是英国经济史学家帕特里克·奥布赖恩(Patrick O'Brien),见他的论文 "European Economic Development: The Contribution of the Periphery", *Economic History Review*, 2nd ser., 35(1982), 1—18。
7. 关于这些论点,见 David S. Landes, *The Wealth and Poverty of Nations: Why Some Are So Poor* (New York: W. W. Norton, 1998)和 *The Unbound Prometheus: Technological Change and Industrial Development in Western Europe*

from 1750 to the Present（Cambridge：Cambridge University Press，1969）；Lynn White Jr.的论文集 *Medieval Religion and Technology：Collected Essays*（Berkeley：University of California Press，1978）；Alfred Crosby，*The Measure of Reality：Quantification and Western Society，1250—1600*（Cambridge：Cambridge University Press，1997）；Geoffrey Parker，*The Military Revolution：Military Innovation and the Rise of the West 1500—1800*，2nd ed.（Cambridge：Cambridge University Press，1999）。

8. 有一些相关的概述，参见 J. Donald Hughes，*What Is Environmental History?*（Malden，MA：Polity Press，2006）；J. R. McNeill，"The State of the Field of Environmental History"，*Annual Review of Environment and Resources* 35(2010)：345—374；and J. R. McNeill and Alan Roe，"Editors' Introduction，"*Global Environmental History：An Introductory Reader*（London：Routledge，2013），xii—xxvi。

9. 正如美国前总统乔治·W.布什所指出的,国际自由贸易是"一种道德规则",它能够"在世界上建立自由,促进我们半球的发展,保持美国的繁荣"。引自 *New York Times*，May 8，2001，national edition，A7。他的这种思想就是学者们所说的"新自由主义",认为世界应当按其规则运行,包括解除对国内、国家间贸易的控制,尽量减少政府对公共商品和社会服务的管理。有人对这种思想提出了批评,例如,David Harvey，*A Brief History of Neoliberalism*（Oxford：Oxford University Press，2007），以及 Naomi Klein，*This Changes Everything：Capitalism vs. the Climate*（New York：Simon & Schuster，2014），64—95。

10. 历史学家保罗·肯尼迪(Paul Kennedy)指出,大国的"兴起"总是与"衰落"相伴随。*The Rise and Fall of the Great Powers：Economic Change and Military Conflict from 1500 to 2000*（New York：Vintage Books，1989）。

11. 关于这一主题近来有三本著作问世,对于它们的评论见 David D. Buck，"Was It Pluck or Luck that Made the West Grow Rich?"*Journal of World History*（Fall 2000），413—430。

12. J. M. Blaut，*The Colonizer's Model of the World：Geographic Diffusionism and Eurocentric History*（New York：Guilford Press，1993），1.

13. Samir Amin，*Eurocentrism*（New York：Monthly Review Press，1989），vii.

14. Andre Gunder Frank，*ReOrient：Global Economy in the Asian Age*（Berkeley：University of California Press，1998），32.

15. Blaut，*The Colonizer's Model of the World*，8—9.

16. 科学范式的观念以及对范式转移所依托的环境的探讨在托马斯·库恩(Thom-

as Kuhn)的经典著作中得到第一次阐发,即,*The Structure of Scientific Revolutions*,2nd enlarged ed.(Chicago:University of Chicago Press,1970)。库恩的首要例证是哥白尼革命,即,由太阳系地球中心说(这一观点那时得到天主教会支持)转化为太阳中心说。虽然库恩只论述了自然科学领域的"范式"及范式转化,但这一观念已被扩大到社会科学的运作方式中。大众文化已经吸收了这些思想,电影《黑客帝国》和《楚门的世界》就是例证。

17. 有人也许会提出反对意见,认为即使这一视角仍然没有脱离欧洲中心论的泥潭,因为所使用的概念中存在的那些未经核对的假设,所需要解读的研究对象,甚至作为一种方法的历史本身,所有这些仍是不言而喻的欧洲中心论。例如,有人质疑民族国家和工业资本主义是否真的有那么大的必要去进行解释,并且相应地提出我们世界的其他方面也许更有必要去探讨,如自我、肉体、性别、空间、因果关系和故事等概念。他们还提出了新的"后现代"的"解构"或"话语共同体"方法论,以及它们的"专用语言"即"权力"来解释上述概念。这是一个非常复杂的课题,如果有读者希望了解一个简明的大致情况,请首先阅读乔伊斯·阿普尔比(Joyce Appleby)、林恩·亨特(Lynn Hunt)、玛格丽特·雅各布(Margaret Jacob)的著作,*Telling the Truth about History*(New York:W. W. Norton,1994)。

18. 并不是所有的故事都是"真实的"。有些是作者虚构的,我们称之为小说(如《金发姑娘与三只熊》,或者《哈利·波特》系列小说)。虽然历史和小说都形成故事,但历史与小说之所以形成区别原因就在于历史事实是真实的。为进行历史的叙述(即那些"真实的"故事),历史学家们创造了精致的研究工具和研究方法。然而,就像下面对于"主导叙事"的论述所揭示的,历史真实性的观念是复杂的,不可能简化为仅仅说明什么是真的什么是假的。尽管如此,还是应当搞清我们是如何确定判断真伪的标准的。

19. Appleby,Hunt,and Jacob,*Telling the Truth about History*,232.

20. 关于历史决定论与历史偶然性的简明论述,见 E. H. Carr,*What Is History?*(New York:Vintage Books,1961),chap.4。

21. George Huppert,*After the Black Death:A Social History of Modern Europe*,2nd ed.(Bloomington:Indiana University Press,1998),13.

22. James Z. Lee, Wang Feng,*One Quarter of Humanity:Malthusian Myths and Chinese Realities*(Cambridge,MA:Harvard University Press,1999).

23. 参见以下著作:Blaut,*The Colonizer's Model of the World*;Jack Goody,*The East in the West*(Cambridge:Cambridge University Press,1996);Andre Gunder Frank,*ReOrient*;R. Bin Wong,*China Transformed:Historical Change and*

the Limits of European Experience (Ithaca, N. Y.: Cornell University Press, 1997); Kenneth Pomeranz, *The Great Divergence: China, Europe, and the Making of the Modern World Economy* (Princeton, NJ: Princeton University Press, 2000).

24. 参见 Giovanni Arrighi, Takeshi Hamashita, Mark Selden, eds., *The Resurgence of East Asia: 500, 150, and 50 Year Perspectives* (New York: Routledge, 2003)。

25. 费尔南·布罗代尔(Fernand Braudel, 卒于 1985 年)是开创性的历史学家, 他采用全球的视角, 试图揭示欧洲的奇迹的至少一个方面——资本主义。他的三卷本的 *Civilization and Capitalism 15th—18th Century* (New York: Harper and Row, 1979—1984)是一次潜心的思想旅程。他在该书中指出, 尽管世界许多地区形成了非常成熟的市场经济, 但极少有哪个地区能够走到发展真正资本主义的边缘, 而资本主义仅仅在欧洲繁荣起来。布罗代尔提出了一个饶有兴趣的观点, 资本家对自由市场和公开竞争丝毫不感兴趣, 相反却想方设法从欧洲君主那里谋取垄断权。在这样的独特形势下, 资本主义在欧洲的温室迅速成长起来。在后面的章节我们将有机会更为详细地论述布罗代尔的观点。

26. 参见彭慕兰的 *The Great Divergence*, chap. 1。世界是否是单一的、完整的体系, 如果是这样, 最初形成一个单一体系是在何时, 这些饶有兴趣的问题将在后面的各章予以详细讨论。这里需要说的是, 对这一问题至少有三个基本的观点。像卡尔·马克思和亚当·斯密一样, Immanuel Wallerstein(*The Modern World-System*, 3 vols, [New York: Academic Press, 1974—1989])和 J. M. Blaut(*The Colonizer's Model of the World*)认为, 单一世界体系建立的时间是 1492—1500 年; Janet Abu-Lughod 在 *Before European Hegemony: The World System A. D. 1250—1350* (New York: Oxford University Press, 1989)一书中以颇有说服力的证据说明在 1250—1350 年存在一个世界体系, 而它在现代世界体系建立前瓦解了; Andre Gunder Frank 和 Barry Gillis 则主张单一的世界体系已有 5000 年的历史("The Five Thousand Year World System: An Introduction", *Humbolt Journal of Social Relations* 17, no. 1 [1992]: 1—79)。

27. 应当指出, 马克思主义者和资本主义的拥护者同样坚持这一模式, 我不打算发挥马克思主义关于现代世界形成的叙述来替代为人津津乐道的"西方的兴起", 这类工作已做过多次了。例如, 可以参考埃里克·J.霍布斯鲍姆(Eric J. Hobsbawm)四卷本的专著, 其中包括 *The Age of Revolution*, *The Age of Capital*, *The Age of Empire* 以及 *The Age of Extremes* (New York: Vintage, 1994—1996), 还有沃勒斯坦(Wallerstein)的受马克思主义影响的著作, 即, *The Modern World-System*。

第一章 1400年前后的物质世界和贸易世界

1. 该术语引自 Femand Braudel, *Civilization and Capitalism 15th—18thCentury*, vol.1, *The Structures of Everyday Life*, Sian Reynolds 的英译本(New York: Harper and Row, 1981), chap.1。
2. 由于没有人真正进行过调查,这些数字是历史人口统计学家重构的,而对于本书所涉及的历史时期内的人口数量、分布和增长动力诸方面的问题都存在着不同的观点和争论。上面所提到的布罗代尔的观点可以作为探讨前现代人口数量的不确定性的一个很好的切入点。参见 Colin McEvedy, Richard Jones, *Atlas of World Population History*(New York: Penguin Books, 1978)。关于1400—1800年间全球人口数量及发展趋势的最新研究,参见下面著作的相关章节:Jerry Bentley, Sanjay Subramhanyan, and Merry Weisner-Hanks, eds., *The Cambridge World History*, vol.6, *The Early Modern World*(Cambridge: Cambridge University Press, 2015)。
3. 现在有非常多的地球气候史的著作,关于气候变化与人类历史的著作也与日俱增。John L. Brooke 的 *Climate Change and the Course of Global History: A Rough Journey*(New York: Cambridge University Press, 2014)对这两个方面都有涉及。Geoffrey Parker 的 *Global Crisis: War, Climate Change and Catastrophe in the Seventeenth Century*(New Haven, CT: Yale University Press, 2013)则对气候变化与人类历史的复杂关系进行了详细的考察。
4. 直到最近,关于气候变化对农业收成的影响的研究还局限于斯堪的纳维亚那样的边缘地区。我自己对中国南部的研究显示,气候变化甚至能在很大程度上影响亚热带地区的收成。然而,强调气候环境对人口增长的影响并非意味着地理环境决定论,即,人类社会取决于人们赖以生存的气候和地理环境的特性。相反,人类具有出乎意料的适应能力,并且创造了社会组织来弥补气候和环境的变化无常所造成的损失。例如,18世纪的中国就建立了政府粮仓,用于在急需时发放救济粮,同时中国也存在着市场,能够把粮食从剩余的地区运到短缺的地区,这两者都使中国人口的增减摆脱了纯粹由气候变化所决定的局面。但中国能做到这一点始自18世纪后期。见 Robert B. Marks, *Tigers, Rice, Silk, and Silt: Environment and Economy in Late Imperial South China*(Cambridge: Cambridge University Press, 1998), chaps.6—8。
5. Braudel, *Civilization and Capitalism*, vol.1, 56—57。在布罗代尔所列举的文明中没有包括阿兹特克文明和印加文明,因为它们没有铁器、车轮、耕犁或大耕畜。我之所以把它们包括进去原因在于，它们虽然缺少这些要素，但的确创造了拥有城市、社会阶级的帝国，在阿兹特克还有文字，我认为这些都是文明的标志。关于为什么旧大陆有家庭饲养的大耕畜而新大陆没有，参见 Jared Diamond, *Guns, Germs, and Steel* (New York: W. W. Norton, 1998)。

6. J. R. McNeill, "Global Environmental History: The First 150,000 Years," in *A Companion to Global Environmental History*, ed. J. R. McNeill and Erin Stewart Mauldin (Oxford: Wiley-Blackwell, 2012), 3—17. 参见 Steven Mithen, *After the Ice: A Global Human History, 20,000—5,000 BC* (Cambridge, MA: Harvard University Press, 2006); David Christian, *Maps of Time: An Introduction to Big History* (Berkeley: University of California Press, 2004), chap. 4; 以及 Diamond, *Guns, Germs, and Steel*, esp. chaps. 4—10。

7. Clive Ponting 的 *A New Green History of the World: The Environment and the Collapse of Great Civilizations* (New York: Penguin Books, 2007), chap. 4 对此有精彩的论述，Ponting 更愿意使用"转变"(transition)一词。

8. 对 1400 年城市规模的估计并不比对于人口总数的估算更为精确。然而，Tertius Chandler 在他的概要中编辑了世界上最大的城市的清单，见 *Four Thousand Years of Urban Growth: An Historical Census*, 2nd ed. (Lewiston: Edwin Mellen Press, 1987)。虽然有人会对他的数字持不同看法，但我们这里更感兴趣的是这些城市的相对排名及其地理分布。

9. 关于亚欧大陆大草原上的游牧民族，参见 Thomas J. Barfield, *The Nomadic Alternative* (Upper Saddle River, NJ: Prentice-Hall, 1993)。追随 G. W. Hewes, Braudel 列举了 27 个可以辨认的采集狩猎部族，17 个游牧部族，另外还有 18 个"原始农业部族"。参见 *Civilization and Capitalism*, vol. 1, 56—60。

10. 耕作特定的土地，这种固定性给人的印象是农耕社会是定居的，而狩猎和采集的人们游动不定。然而，Hugh Brody 提出了相反的观点："考察生活方式是如何历经多代而逐渐形成的，可以发现，那些需要耕种土地、养活多子的农耕者被迫四处迁徙、再定居、开拓新的土地。而采集狩猎的人们靠一个区域生活，反倒具有十足的定居性。久而久之这成为一个规律，是农耕而非狩猎造就了'游牧性'……在农业文化史中，定居、大家庭和迁徙结合在一起，导致变动不定的殖民边界的出现。农耕的人们不可能以农耕家庭和家系的形式固定于一个地方。" Hugh Brody, *The Other Side of Eden: Hunters, Farmers, and the Shaping of the World* (New York: North Point Press, 2000), 86.

11. 关于中国向边疆扩张过程中的"熟番"和"生番"，John Shepherd 有非常有趣的论述，见 *Statecraft and Political Economy on the Taiwan Frontier 1600—1800*

(Stanford,CA:Stanford University Press,1993)。

12. 引自 Braudel, *Civilization and Capitalism*, vol. 1,66—67。

13. 见 Marks, *Tigers, Rice, Silk, and Silt*, chap. 10。

14. Gregory H. Maddox, *Sub-Saharan Africa: An Environmental History* (Santa Barbara,CA:ABC-CLIO,2006)。

15. Christian, *Maps of Time*,199—202. 此处有总体性的介绍。

16. William Cronon, *Changes in the Land: Indians, Colonists, and the Ecology of New England* (New York:Hill and Wang,1983)。

17. 这一德国术语在第一次世界大战后由纳粹分子使用,表达他们以牺牲邻国为代价进行扩张的愿望,而这种愿望受到德国人口的增长超出了德国领土供养能力的舆论的煽动。用这一术语来描述人们对以牺牲自然世界为代价来扩张地盘的普遍心态是贴切的。

18. 关于1400—1850年间中国的人口规模及其增长速度,存在着许多学术争论,其基调是 Ping-ti Ho 在1953年的 *Studies on the Population of China* (Chicago:University of Chicago Press)中定下的,Dwight Perkins 的 *Agricultural Development in China* (Chicago:Aldine,1968)追随这种观点。人们一般认为在1850年中国的人口是4.2亿—4.5亿,而 G. William Skinner 认为该数字应缩小至大约3.8亿("Sichuan's Population in the Nineteenth Century:Lessons from Disaggregated Data," *Late Imperial China* 8,no.1(1987):1—80),但 F. W. Mote 认为中国在1600—1650年及以后的人口要远远高出原先所估计的数量,见 *Imperial China 900—1800* (Cambridge,MA:Harvard University Press,1999),743—747,903—907。

19. 欧洲及其他地方的农民家庭是否决定控制家庭规模,又是如何决定的,这是一个非常重要的问题,在第五章探讨工业革命时将予以更详细的论述。

20. 见 Kenneth Pomeranz, *The Great Divergence: China, Europe, and the Making of the Modem world Economy* (Princeton, NJ:Princeton University Press,2000),36—40。

21. 在欧洲许多地方,教会也向农民征收"什一税",农民要上交收成的十分之一。修道院也可以变成大地主。

22. 这种情况恰与文明的起源相伴随,并且延续了许多年直到20世纪。在这方面有一本简明的、可读性强的历史著作,见 Clive Ponting, *A New Green History of the World: The Environment and the Collapse of Great Civilizations* (New York:Penguin Books,1991),esp. chap. 6。

23. 关于这种观点的发展的详细情况,见 Amartya Sen, *Poverty and Famines: An*

Essay on Entitlement and Deprivation（Oxford：Clarendon Press，1981）。参见 David Arnold，*Famine：Social Crisis and Historical Change*（New York：Basil Blackwell，1988）。

24. 关于农民创造他们自己的世界的力量，见 James C. Scott，*Domination and the Arts of Resistance：Hidden Transcripts*（New Haven，CT：Yale University Press，1990）。关于北美的黑人奴隶，Eugene Genovese 进行了类似的有趣探讨，见 *Roll，Jordan，Roll：The World the Slaves Made*（New York：Pantheon Books，1974）。

25. Vaclav Smil，*Energy in World History*（Boulder，CO：Westview Press，1994），esp. the section "Limits of Traditional Farming，" pp. 73—91.

26. Vaclav Smil，*Energy Transitions：History，Requirements，Prospects*（Santa Barbara，CA：ABC-CLIO，2010），48—50.

27. J. R. McNeill，*Something New under the Sun：An Environmental History of the Twentieth Century*（New York：W. W. Norton，2000），12—13.

28. Hugh S. Gorman，*The Story of N：A Social History of the Nitrogen Cycle and the Challenge of Sustainability*（New Brunswick，NJ：Rutgers University Press，2013）。

29. Michael Williams，*Deforesting the Earth：From Prehistory to Global Crisis*（Chicago：University of Chicago Press，2003）。

30. Robert B. Marks，"Exhausting the Earth：Environment and History in the Early Modern World，" in Jerry Bentley，Merry Wiesner-Hanks，and Sanjay Subrahmanyan，eds.，*The Cambridge History of the Early Modern World*（New York：Cambridge University Press，forthcoming in 2015）。

31. 大小寄生虫的思想是 William McNeill 在 *Plagues and Peoples*（New York：Anchor Books，1976）一书中提出的。

32. 这一总体勾画暂时不包括美洲、南部非洲和澳大利亚的大部分地区。

33. 这种描绘依据 Janet Abu-Lughod，*Before European Hegemony：The World System A. D. 1250—1350*（NewYork：Oxford University Press，1989）。美国历史协会对此进行了总结，并印成了一本小册子，见 *The World System in the Thirteenth Century：Dead-End or Precursor?*（Washington，DC：American Historical Association，1994）。

34. Immanuel Wallerstein，*The Modern World-System*，3 vols.（New York：Academic Press，1974—1989）。

35. Abu-Lughod 和 Wallerstein 认为 1500 年后的世界体系是由欧洲人创造的全新

的体系,与此前的体系没有联系。

36. 然而,互联网这一例证应当使我们更加感受到庞大、复杂的组织在没有任何集权控制下形成的可能性。例如,要建立一个网页,只需登记一个域名,而不需要征得任何人的同意。

37. Immanuel Wallerstein 描述了资本主义的"世界体系"("world-system",这里用了连字号),见 *The Modern World-System I: Capitalist Agriculture and the Origins of the European World-Economy in the Sixteenth Century* (New York: Academic Press,1974),15。他的"世界体系"一词特指他所认为的在 1492 年后首先兴起于欧洲随后由欧洲人传播到全球的那种世界体系。其他人使用"世界体系"("world system",没有连字号)一词,指的是类似但有所不同的体系,如我所描述的"多中心"的世界体系(即那种并非创造的、向周围扩散的、也不必由欧洲人控制的"世界"体系)。

38. Monica H. Green,"Editor's Introduction to 'Pandemic Disease in the Medieval World: Rethinking the Black Death,'" *Medieval Globe* 1(2014):9。Green 在该导言中概述了我们目前对于黑死病知道什么、不知道什么,包括近来的微生物学研究已经解决了什么问题,还有哪些问题有待将来解决。

39. 参见 Robert Hymes 在现有资料基础上的分析与综合:"Epilogue: A Hypothesis on the East Asian Beginnings of the Yersinia pestis Polytomy," *Medieval Globe* 1(2014):285—308。该文所依据的是中国微生物学家崔玉军和历史学家曹树基的研究成果,这些成果是突破性的,但很少为人所知。

40. Paul D. Buell,"Qubilai and the Rats," *Sudhoffs Archiv: Zeitschrift für Wissenschaftesgeschichte* 96,no.2(2012)。该文认为,瘟疫不可能是通过蒙古人由中国传到欧洲,这与 McNeill 在 *Plagues and Peoples* 一书第四章中的重要研究成果形成矛盾。笔者以为,从互相联系的角度来看,瘟疫经由中国传到欧洲虽然还不能确切证明,但可能性是存在的。中国的西南部地区,即云南,后来被认为是瘟疫的滋生地,而这里从 8 世纪起就是自成一体的"南方丝绸之路"——把云南与印度洋联系在一起并通过西藏与中亚联系在一起——这一贸易世界的中心。参见 Bin Yang,"Horses, Silver, and Cowries: Yunnan in Global Perspective," *Journal of World History* 15, no. 3(2004):281—298。Robert Hymes 确信,瘟疫起源于青藏高原,由于蒙古军队的征服而在中国传播,此后从中国传到欧洲。(Hymes,"Hypothesis.") Monica Green 也承认,要说瘟疫是从中国传到欧洲的,尚有许多问题需要搞清楚。但她认为:"微生物学已经表明,瘟疫是流动的……远程贸易或畜牧业便于鼠疫杆菌从青藏高原向外远播,这其中的具体情况还需要进一步搞清楚。但是瘟疫的确传播了,人类在不知不觉中传播了它,这也是确切无疑的。"Green,"Editor's Introduction,"12,15.

41. Stuart Borsch, "Plague Depopulation and Irrigation Decay in Medieval Egypt," *Medieval Globe* 1(2014):125—156.

42. Michael Dols, *The Black Death in the Middle East* (Princeton, NJ: Princeton University Press,1977). 关于最近的学术成果,请见 *Medieval Globe* 于 2014 年年底出版的第一期专号,其总标题是"Pandemic Disease in the Medieval World: Rethinking the Black Death"。

43. Braudel 和 Ponting 都使用了这一术语,见 Braudel, *Civilization and Capitalism*, vol. 1,70—72,以及 Ponting, *New Green History of the World*, chap. 12。

44. 有关例证见 Ponting, *New Green History of the World*, chaps. 1,5,and 17。

45. E. A. Wrigley, *Continuity, Change, and Chance* (Cambridge: Cambridge University Press,1990)。

第二章 从中国说起

1. Philippe Beaujard, "The Indian Ocean in Eurasian and African World-Systems before the Sixteenth Century," *Journal of World History* 16, no. 4 (December 2005):411—465.

2. 这一部分依据 Louise Levathes, *When China Ruled the Seas: The Treasure Fleet of the Dragon Throne, 1405—1433* (New York: Simon and Schuster, 1994),和 Frederick W. Mote and Denis Twitchett, eds., *The Cambridge History of China*, vol. 7, *The Ming Dynasty, 1368—1644*, Part 1 (Cambridge: Cambridge University Press, 1988), and vol. 8, *The Ming Dynasty, 1368—1644*, Part 2 (Cambridge: Cambridge University Press, 1998)。参见 Robert Finlay, "The Treasure Ships of Zheng He: Chinese Maritime Imperialism in the Age of Discovery," *Terrae Incognitae* 23 (Chicago, 1991), 1—12。2005 年是郑和第一次远航 600 周年,2008 年北京奥运会开幕式文艺演出中,郑和是很重要的一个节目内容,而近来,中国依据对郑和航行的记载宣称对南中国海的主权。在这样的氛围中,当代人对郑和航行的兴趣被激发出来。若想获得相关的图像、再创造和学术讨论,YouTube 视频是很有用处的,特别是"The Great Voyages of Zheng He," Penn Museum, October 10, 2013 (http://www.youtube.com/watch?v=le7r93whykg),这是 Adam Smith 所做的一场 48 分钟的学术演讲;"Zheng He: The Great Voyager, 1405—1433 AD," June 9, 2012 (http://www.youtube.

com/watch? v = UPxUZOUUMLI),这是一个 5 分钟的总体介绍,有一些图片。

3. 孔子生活于公元前 6 世纪,做过小吏,当过教师。他强调家庭的重要性,重视好的政府的作用,这种思想被后来的哲学家发展,在两千多年里成为中国国家的意识形态基石。

4. Richard von Glahn, *Fountain of Fortune*: *Money and Monetary Policy in China*, *1000—1700* (Berkeley: University of California Press, 1996)。关于货币经济对明代中国社会的影响,参见 Timothy Brook, *The Confusions of Pleasure*: *Commerce and Culture in Ming China* (Berkeley: University of California Press, 1998)。

5. 马欢记录下了这次和后来的几次航行,J. V. G. Mills 把它翻译成 *The Overall Survey of the Ocean's Shores* (Cambridge: Cambridge University Press, 1970)。

6. Levathes 的 *When China Ruled the Seas* 是最具可读性的资料。

7. 可以作一个类比:在我们今天的时代,美国曾决定实施载人登月计划,而当花费太大不能承担之时则停止了这一行动。

8. 这一分期以及本部分的许多资料取自 K. N. Chaudhuri, *Trade and Civilization in the Indian Ocean*: *An Economic History from the Rise of Islam to 1750* (Cambridge: Cambridge University Press, 1985)。

9. 关于马六甲及其类似贸易城市的论述,见 M. N. Pearson, "Merchants and States," in James D. Tracy, ed., *The Political Economy of Merchant Empires*: *State Power and World Trade 1350—1750* (Cambridge: Cambridge University Press, 1991)。

10. 关于欧洲人在印度洋贸易的详细情况,见 R. J. Barendse, *The Arabian Seas 1640—1700* (Leiden: Leiden University Press, 1998),以及他的著作的北美版, *The Arabia Seas 1640—1700*: *The Western Indian Ocean of the Seventeenth Century* (New York: M. E. Sharpe, 2001)。Barendse 的视角——对欧洲贸易公司进行评估——与 Chaudhuri 的视角有很大差别,所以他所描绘的欧洲影响的图景也不一样。关于他观点的摘要,可以查阅 "Trade and State in the Arabian Seas: A Survey from the Fifteenth to the Eighteenth Century," *Journal of World History* 11, no. 2 (Fall 2000): 173—226。

11. *Cambridge History of China*, vol. 8, 378.

12. Prasannan Parthasarathi, *Why Europe Grew Rich and Asia Did Not*: *Global Economic Divergence*, *1600—1800* (New York: Cambridge University Press, 2011), esp. chaps. 2 and 4。这里对印度棉纺织业和及棉纺织品贸易有详细的描述和分析。

13. 见 Ross E. Dunn, *The Adventures of Ibn Battuta：A Muslim Trader of the 14th Century* (Berkeley：University of California Press, 1986)。
14. 见 Herbert S. Klein, *The Atlantic Slave Trade* (Cambridge：Cambridge University Press, 1999), esp. chaps. 1, 3, and 5。
15. R. A. Austen, *Africa in Economic History* (London：James Currey/Heinemann, 1987), 36.
16. John Thornton, *Africa and Africans in the Making of the Atlantic World, 1400—1800*, 2nd ed. (Cambridge：Cambridge University Press, 1998), 105.
17. 同上书, chap. 4。
18. R. A. Austen, "The Trans-Saharan Slave Trade：A Tentative Census," in H. A. Gemery and J. S. Hogendorn, eds., *The Uncommon Market：Essays in the Economic History of the Atlantic Slave Trade* (New York：Academic Press, 1979).
19. Gregory H. Maddox, *Sub-Saharan Africa：An Environmental History* (Santa Barbara, CA：ABC-CLIO, 2006).
20. Martin W. Lewis and Kären Wigen, *The Myth of Continents：A Critique of Metageography* (Berkeley：University of California Press, 1997). 该书对这些明显的地理决定论进行了批判。
21. 这一部分依据 Joseph Needham, "The Epic of Gunpowder and Firearms, Developing from Alchemy," in *Science in Traditional China：A Comparative Perspective* (Cambridge, MA：Harvard University Press, 1981), chap. 2。
22. Geoffrey Parker, *The Military Revolution：Military Innovation and the Rise of the West, 1500—1800*, 2nd ed. (Cambridge：Cambridge University Press, 1996), chaps. 1—2。
23. 有关论述见上书, chap. 1。
24. 详细情况见 Janet Abu-Lughod, *Before European Hegemony：The World System A. D. 1250—1350* (New York：Oxford University Press, 1989), chap. 4。
25. 迪亚斯称之为"暴风角",但葡萄牙君主认为这会让水手们望而却步,因此重新命名为"好望角"。不管叫什么,好望角其实并不是非洲的最南端,最南端应该是厄加勒斯角。
26. 引自 Chaudhuri, *Trade and Civilization*, 65。
27. 同上书, 63。
28. 虽然香料继续通过红海航道艰难地运往欧洲,但是把亚洲和欧洲直接联系在一起的海上航路的开辟几乎注定了威尼斯作为一个欧洲经济势力的衰落。
29. 这些内容概括自 Chaudhuri, *Trade and Civilization*, 17。

30. Andre Gunder Frank, *ReOrient：Global Economy in the Asian Age*（Berkeley：University of California Press,1998）.

第三章　帝国、国家和新大陆,1500—1775年

1. 见 Geoffrey Parker, *Global Crisis：War, Climate Change and Catastrophe in the Seventeen Century*（New Haven, CT：Yale University Press, 2013）, xxiii, 以及 John L. Brooke, *Climate Change and the Course of Global History：A Rough Guide*（New York：Cambridge University Press,2014）,438—466。

2. 关于这两种迥异的政治经济体的学术比较,见 R. Bin Wong, *China Transformed：Historical Change and the Limits of European Experience*（Ithaca, NY：Cornell University Press,1997）, part 2。

3. 关于严寒与中国的征服战争之间的"致命的协同效应",参见 Parker, *Global Crisis*, chap. 5。

4. 见 Takeshi Hamashita, "The Intra-Regional System in East Asia in Modern Times,"in Peter J. Katzenstein and Takashi Shiraishi,eds. , *Network Power：Japan and Asia*（Ithaca：Cornell University Press,1997）, chap. 3。

5. Parker, *Global Crisis*；另参见 Geoffrey Parker and Lesley M. Smith, eds. , *The General Crisis of the Seventeenth Century*,2nd ed.（London：Routledge,1997）。

6. 要了解一些例外的情况,见 C. A. Bayly, *Imperial Meridian：The British Empire and the World*,1780—1830（London：Longman,1993）。

7. 关于1492年之前人类在美洲的分布和人口总数,以及他们是如何使美洲自然景观"人类化"的,见 Charles C. Mann, *1491：New Revelations of the Americas before Columbus*,（New York：Alfred A. Knopf,2005）, chaps. 3—4, 8。

8. 人类也许早在35000年前就迁徙到美洲,但学者们的共识是在公元前15000年前后。见 Richard E. W. Adams and Murdo J. MacLeod, eds. , *The Cambridge History of the Native Peoples of the Americas*, vol. 2, part 1（New York：Cambridge University Press,2000）,28。参见 Charles C. Mann, *1491：New Revelations of the Americas before Columbus*,105—109,150—151。

9. 发音为"Me-shee-ka"。19世纪的历史学家开始称这些人为阿兹特克人,依据的是他们可能的发源地 Aztlan。

10. 战俘在墨西哥的宗教生活中起着重要作用。墨西哥人相信——或至少祭司告诉他们——是个人的献祭使得众神推动宇宙运转,为了维持世界的运行,特别是为了保证太阳在每天早晨升起,有必要通过人的宗教献祭来取悦众神。因

此在中心祭坛的杀戮成为日常的宗教行为。另外,墨西哥人尤其钟爱战神 Huitzilopochtli,而此神要求额外的献祭,据说当供奉此神的庙宇于1487年竣工时,有80000人被杀以祭祀该神。

11. 如另需深入了解,见 Jared Diamond, *Guns, Germs, and Steel* (New York: W. W. Norton,1998), chap.3。

12. 见 Alfred W. Crosby, *The Columbian Exchange: The Biological and Cultural Consequences of 1492* (Westport, CT: Praeger, 2003)。Crosby 的命题已被验证并得到详细说明;在 Google 搜索"Columbian Exchange'",会检索到428000个条目。

13. Bruce G. Trigger and Wilcomb E. Washburn, eds., *The Cambridge History of the Native Peoples of the Americas*, vol.1, *North America* (Cambridge: Cambridge University Press, 1996), part 1, 361—369.

14. Leslie Bethell, ed., *The Cambridge History of Latin America*, vol.2 (Cambridge: Cambridge University Press, 1984), chap.1.

15. William F. Ruddiman, *Plows, Plagues, and Petroleum: How Humans Took Control of Climate*, Princeton Science Library (Princeton, NJ: Princeton University Press, 2010), chap.12. 参见 Charles C. Mann, *1493: Uncovering the New World Columbus Created* (New York: Alfred A. Knopf, 2011), 31—34。

16. 要获得一个简明的概述,见 Thomas A. Brady Jr., "The Rise of Merchant Empires, 1400—1700: A European Counterpoint," in James D. Tracy, ed., *The Political Economy of Merchant Empires: State Power and World Trade 1350—1750* (Cambridge: Cambridge University Press, 1991), 117—160。

17. Dennis O. Flynn and Arturo Giraldez, "Spanish Profitability in the Pacific: The Philippines in the Sixteenth and Seventeenth Centuries," in Dennis O. Flynn, Lionel Frost, and A. J. H. Latham, eds., *Pacific Centuries: Pacific and Pacific Rim History Since the Sixteenth History* (London: Routledge, 1999), 23.

18. Andre Gunder Frank, *ReOrient: Global Economy in the Asian Age* (Berkeley: University of California Press, 1998), 131.

19. 这几段所引述的资料参见上书第4章。

20. William Atwell, "Ming China and the Emerging World Economy, c. 1470—1650," in Denis Twitchett and Frederick W. Mote eds., *The Cambridge History of China*, vol.8, *The Ming Dynasty, 1368—1644, Part 2*, (Cambridge: Cambridge University Press, 1998), 400—402.

21. 引自 Fernand Braudel, *Civilization and Capitalism 15th—18th Century*, vol.

2, *The Wheels of Commerce*（New York：Harper and Row，1981），178。

22. 关于甘蔗和奴隶的故事，可以参见 Sidney W. Mintz, *Sweetness and Power：The Place of Sugar in Modern History*（New York：Viking Press，1985），以及 Bethell, *Cambridge History of Latin America*, vols. 1—2。

23. 见 Alfred Crosby, *Ecological Imperialism：The Biological Expansion of Europe*, 900—1900（Cambridge：Cambridge University Press，1986），chap. 4。

24. Richard Grove, *Green Imperialism：Colonial Expansion, Tropical Island Edens and the Origins of Environmentalism*, 1600—1800（Cambridge：Cambridge University Press，1995），chap. 6。

25. J. R. McNeill, *Mosquito Empires：Ecology and War in the Great Caribbean*, 1620—1914（New York：Cambridge University Press，2010）。

26. John Thornton, *Africa and Africans in the Making of the Atlantic World*, 1400—1800，2nd ed.（Cambridge：Cambridge University Press，1992），14。

27. 见 Herbert S. Klein, *The Atlantic Slave Trade*（Cambridge：Cambridge University Press，1999）；Thornton, *Africa and Africans in the Making of the Atlantic World*。

28. 正如在英国国家航海博物馆的一次展览中所描述的："奴隶贸易是全球贸易体系的一部分。英国的产品和印度的商品运到西非换取奴隶，奴隶又被带到美洲换回蔗糖、烟草和其他热带产品，这些东西随后在英国出售，并被加工成消费品，也可能再出口。"

29. 相关的史学著述情况，见 Parker, *Global Crisis*, xv—xx, xxi—xxix, 710—713。

30. Parker, *Global Crisis*, chap. 13.

31. Parker, *Global Crisis*, chaps. 5—12.

32. Charles Tilly, *Coercion, Capital, and European States*, A. D. 900—1990（Oxford：Basil Blackwell，1990），176—177。

33. 同上书，38—43。Tilly 认为在 1990 年有 25 或 28 个国家，当然，在 1991 年苏联解体、其附属国脱离后这一数字改变了。

34. 关于人民主权思想在英国及其美洲殖民地的发展史，Edmund S. Morgan 的 *Inventing the People：The Rise of Popular Sovereignty in England and America*（New York：W. W. Norton，1988）具有启发意义。

35. Tilly, *Coercion, Capital, and European States*, 47—54. 在 Tilly 看来，周围地区与这些城市的接近度导致了三种不同类型的欧洲国家的建立。富庶城市可以自己花钱雇佣军队（国家建立的"资本集约型"道路），远离城市及其资金的统治者不得不依赖乡村贵族调动的军队（国家建立的"权力集约型"道路），而城市与周围乡村联系比较便利的地方则通过联合的方式。Tilly 坚持认为,以英国和法国为代表的以最后一种方式所建立的国家在竞争激烈的欧洲国家体系中是最为成功的。

36. 关于《航海条例》,见 John J. McCusker and Russell R. Menard, *The Economy of British America*, 1607—1789 (Chapel Hill: University of North Carolina Press,1985),46—50。

37. Prasannan Parthasarathi, *Why Europe Grew Rich and Asia Did Not: Global Economic Divergence*, 1600—1850 (New York: Cambridge University Press, 2011),chap. 5. 关于英国特殊性的更多情况,见 Brooke, *Climate Change and the Course of Global History*,451—466。

38. 引自 Geoffrey Parker, "The Emergence of Modern Finance in Europe 1500—1730," in Carlo M. Cipolla, ed., *The Fontana Economic History of Europe*, vol. 2(Glasgow: William Collins Sons,1974),530。

39. "(西班牙国王)腓力二世的军队所需的许多东西不能在西班牙半岛得到,他多次试图建立工厂以生产枪炮和其他急需品,但都没有成功;相反,在西班牙人看来,恰恰是那些君主的意志无法达到的地方才能成为经济活动和武器生产的中心……因此,举例说来,邻近西属尼德兰但不属西班牙统治的列日主教辖区就成为荷兰战争所需武器的生产基地,提供着西班牙和荷兰这两方军队所需的大部分物资。"见 William McNeill, *The Pursuit of Power: Technology, Armed Force, and Society since A. D. 1000* (Chicago: University of Chicago Press,1982),113。

40. Werner Sombart, 引自 Braudel, *Civilization and Capitalism*, vol. 2,545。

41. Fred Anderson 的 *Crucible of War*(New York: Alfred A. Knopf,2000)对这些事件及乔治·华盛顿所发挥的作用有引人入胜的叙述。

42. E. J. Hobsbawm 认为:"该世纪(18 世纪)间歇性战争所取得的成就大于任何一个国家(英国)曾经取得过的成就:欧洲列强实际上垄断了海外殖民地,并且实际上垄断了全球制海权。"引自 Andre Gunder Frank, *World Accumulation*, 1492—1789(New York: Monthly Review Press,1978),237。

第四章 工业革命及其影响,1750—1850 年

1. 中国人早在两千年前的汉朝就使用煤做燃料。而一千年前的宋朝时期中国使用煤、16 世纪的英国伦敦使用煤,其中的原因是相同的,那就是树木供应的枯竭。关于中国,见 Robert B. Marks, *China: Its Environment and History*(Lan-

ham, MD: Rowman & Littlefield, 2013), 142—146; 关于英国, 见 John L. Brooke, *Climate Change and the Course of Global History: A Rough Journey* (New York: Cambridge University Press, 2014), 459—466。参见 Jack A. Goldstone, "Efflorescences and Economic Growth in World History: Rethinking the 'Rise of the West' and the Industrial Revolution," *Journal of World History* 13, no. 2(2002):323—389。

2. 就像反对使用"农业革命"一词那样, 也有人反对用"革命"一词来描述工业的这种发展历程。由于我认为其影响的确是革命性的, 也由于长期的约定俗成, 我在这里继续使用该名词。有关这一名词用法的讨论, 见 E. A. Wrigley, *Continuity, Chance, and Change: The Character of the Industrial Revolution in England* (Cambridge: Cambridge University Press, 1988), chap. 1。

3. 见 Prasannan Parthasarathi, *Why Europe Grew Rich and Asia Did Not: Global Economic Divergence, 1600—1850* (New York: Cambridge University Press, 2011), esp. chaps. 4—5, 这里有与这些问题有关的详细、清晰的分析。

4. 引自 Prasannan Parthasaranthi, "Rethinking Wages and Competitiveness in the Eighteenth Century: Britain and South India," *Past and Present* 158 (Feb. 1998):79。

5. 同上。

6. 关于消费者的爱好如何创造进口需求的详细情况, 见 Carole Shammas, *The Pre-Industrial Consumer in England and America* (Oxford: Oxford University Press, 1990)。

7. Parthasaranthi, "Rethinking Wages and Competitiveness," 79.

8. "在这些保护性的壁垒之下, 英国棉纺织厂主利用进口的原料(棉花)进行试验, 试图模仿并超过印度产品。直到19世纪, 这种国家干预一直是英国政策制定的主要动因。"Parthasarathi, *Why Europe Grew Rich*, 145。

9. Geoffrey Parker, "Europe and the Wider World, 1500—1750: The Military Balance," in James D. Tracy, ed., *The Political Economy of Merchant Empires: State Power and World Trade 1350—1750* (Cambridge: Cambridge University Press, 1991), 179—180。

10. 同上书, 180。

11. 最早明确提出奴隶制与全球资本主义兴起密不可分的学者是 Eric Williams, 见 *Capitalism and Slavery* (Chapel Hill: University of North Carolina Press, 1994 [1944])。近来从美国的角度阐述这一观点的是 Edward E. Baptist, 见 *The Half That Has Never Been Told: Slavery and the Making of American Capi-*

talism (New York: Basic Books, 2014)。

12. John J. McCusker and Russell R. Menard, *The Economy of British America*, *1607—1789* (Chapel Hill: University of North Carolina Press, 1985), 46—49, 77, 161.

13. Parthasarathi, *Why Europe Grew Rich*, 90.

14. McCusker and Menard, *Economy of British America*, 121.

15. 19世纪30年代,兰开夏地区把4亿磅原棉纺成纱线。"然而,这是在生产过程中所用能源没有太多变化的情况下完成的"(Parthasarathi, *Why Europe Grew Rich*, 153—154)。

16. Jan de Vries, "The Industrial Revolution and the Industrious Revolution," *Journal of Economic History* 54(1994):249—270.

17. 有关论述和评论,见 Kenneth Pomeranz, *The Great Divergence: China, Europe, and the Making of the Modern World Economy* (Princeton, NJ: Princeton University Press, 2000), 40—41。

18. 引自 Robert B. Marks, *Tigers, Rice, Silk and Silt: Environment and Economy in Late Imperial South China* (Cambridge: Cambridge University Press, 1998), 284—285。

19. James Z. Lee and Wang Feng, *One Quarter of Humanity: Malthusian Mythology and Chinese Realities* (Cambridge, MA: Harvard University Press, 1999), 105.

20. John L. Brooke 认为,到19世纪中叶,中国已在马尔萨斯人口过剩危机中挣扎,见 *Climate Change and the Course of Global History*, 472—475。中国经历了18世纪"人口爆炸"的观点遭到 F. W. Mote 的质疑,见 *Imperial China 900—1800* (Cambridge, MA: Harvard University Press, 1999), 743—749, 903—907。

21. 见 Marks, *Tigers, Rice, Silk and Silt*; Peter Perdue, *Exhausting the Earth: State and Peasant in Hunan*, *1500—1850* (Cambridge, MA: Harvard University Press, 1987); Anne Osborne, "The Local Politics of Land Reclamation in the Lower Yangzi Highlands," *Late Imperial China* 15, no.1(June 1994):1—46。

22. 关于中国农业生态的总体情况,见 Marks, *China*, esp. chap.6, "Environmental Degradation in Modern China, 1800—1949"。

23. Carol Shiue and Wolfgang Heller, "Markets in China and Europe on the Eve of the Industrial Revolution," *American Economic Review* 97, no.4(September 2007):1189—1216.

24. Pierre-Etienne Will and R. Bin Wong, *Nourish the People: The State Civilian Granary System in China, 1650—1850* (Ann Arbor: University of Michigan Press,1992).

25. 见 Marks, *Tigers, Rice, Silk, and Silt*, chap. 8。

26. Pomeranz, *The Great Divergence*, chap. 2.

27. 同上书,242—243。

28. Francesca Bray, *Technology and Gender: Fabrics of Power in Late Imperial China* (Berkeley: University of California Press,1997); Jack Goldstone, "Gender, Work, and Culture: Why the Industrial Revolution Came Early to England but Late to China," *Sociological Perspectives* 39, no. 1(1996): 1—21; Pomeranz, *The Great Divergence*, 249—250.

29. 该标题源自 Perdue, *Exhausting the Earth*。参见 Robert B. Marks, "'Exhausting the Earth': Environment and History in the Early Modern World," in Jerry Bentley, Sanjay Subramyanan, and Merry Wiesner-Hanks eds., *The Cambridge History of the Early Modern World* (Cambridge: Cambridge University Press, forthcoming 2015)。

30. John F. Richards, *The Unending Earth: An Environmental History of the Early Modern World* (Berkeley: University of California Press,2003).

31. John L. Brooke 认为："农业和开荒在气候变暖中起到了重要作用。通常用焚烧森林的办法开辟耕地,这释放出大量二氧化碳,每年耕翻土地也起到同样的作用。农业也向空气中释放了大量甲烷,途径之一是牛的消化系统,之二是稻田,它其实就是人工湿地,是天然甲烷的释放源。"(*Climate Change and the Course of World History*,477.)

32. Tamara L. Whited et al., *Northern Europe: An Environmental History* (Santa Barbara, CA: ABC-CLIO, 2005),80.

33. Anne Osborne, "Highlands and Lowlands: Economic and Ecological Interactions in the Lower Yangzi Region under the Qing," in Mark Elvin and Ts'ui-jung Liu eds., *Sediments of Time: Environment and Society in Chinese History* (New York: Cambridge University Press,1998),203—234.

34. Conrad Totman, *The Green Archipelago: Forestry in Preindustrial Japan* (Berkeley: University of California Press,1989).

35. Parthasarathi, *Why Europe Grew Rich*,181—182.

36. 同上书,161。

37. E. J. Hobsbawm, *The Age of Revolution, 1789—1848* (New York: New Ameri-

can Library,1964),51.

38. Parthasarathi, *Why Europe Grew Rich*,151. 其中的原因存在广泛的争论：是英国引起的还是其他什么原因？关于争论的简要情况，见 Pomeranz, *Great Divergence*,294。

39. Brooke, *Climate Change and the Course of Global History*,464—465.

40. Pomeranz, *Great Divergence*,chap.6.

41. Parthasarathi, *Why Europe Grew Rich*,155.

42. 除 Brooke and Parthasarathi 的著作外，更早的研究见 E.J.Hobsbawm, *Industry and Empire*(New York:Penguin,1968),chap.2。

43. John L.Brooke 认为这是"17 世纪英国能源革命"的一部分(*Climate Change and the Course of Global History*,459—466)。

44. Hobsbawm, *Age of Revolution*,63—65.

45. 见 Andre Gunder Frank, *ReOrient*:*Global Economy in the Asian Age*(Berkeley:University of California Press,1998),297—317。

46. E.A.Wrigley, *Continuity*, *Chance*, *and Change*: *The Character of the Industrial Revolution in England* (Cambridge:Cambridge University Press,1988),54—55;Pomeranz, *Great Divergence*,59—60.

47. Pomeranz, *Great Divergence* ,274—276.

48. Parthasarathi, *Why Europe Grew Rich*,164—170.

49. Parthasarathi, *Why Europe Grew Rich*,170—175. 参见 R.Bin Wong, *China Transformed*:*Historical Change and the Limits of European Historical Experience*(Ithaca,NY:Cornell University Press,1999)。

50. David Landes 阐述了这一观点，见 *The Unbound Prometheus*:*Technological Change and Industrial Development in Western Europe from 1750 to the Present* (Cambridge:Cambridge University Press,1969),esp.61,104。

51. Lissa Roberts and Simon Schaffer,as discussed in Parthasarathi, *Why Europe Grew Rich*,219—222.

52. Frank 对这些论题有很好的阐述，见 *ReOrient*,185—195,以及 Pomeranz, *Great Divergence*,43—68。

53. 关于白银如何流入中国，Dennis O.Flynn 和 Arturo Giraldez 在"Cycles of Silver:Global Economic Unity through the Mid-18th Century,"[*Journal of World History* 13,no.2(Fall 2002):391—427]中提出了不同的看法。Flynn 和 Giraldez 不认为是对茶叶的需求导致英国人用白银购买之，相反他们主张，中国对白银的需求导致那里白银价格升高——相对黄金，并高于欧洲。中国所面

临的问题是如何从英国人那里"购买"白银,进而发现茶叶是最好、最便利的商品。从这一角度来看,中国人实际上是用茶叶"引诱"英国人,刺激英国产生了对这种温和兴奋剂的需求,然后中国人坐享白银流入其经济之利。

54. Sidney W. Mintz, *Sweetness and Power: The Place of Sugar in Modern History* (New York: Viking Press, 1985), 112—113.

55. Frederick Wakeman, Jr., *The Fall of Imperial China* (New York: Free Press, 1975), 123.

56. 整封信可以从 Harley Farnsworth MacNair 的书中找到,见 *Modern Chinese History: Selected Readings* (Shanghai: Commercial Press, 1923), 2—9。

57. 实际上存在着一个非常复杂的三角贸易体系,不仅涉及东印度公司商人,还涉及个别的印度和苏格兰商人,通过该体系,他们将原棉运到中国,在中国购买茶叶,然后在伦敦出售。见 Wakeman 的 *The Fall of Imperial China*, 123—125。不仅如此,东印度公司还发明了可以兑换的纸币,使股票持有人在伦敦就可以获得收益回报,这种情况可能已经开始减小了用真正在世界上流动的白银进行结算的重要性。然而,英国政府继续采取措施,好像白银正在外流,真是一个隐患。

58. W. D. Bernhard, *Narrative of the Voyages and Services of the Nemesis, from 1840 to 1843; and of the Combined Naval and Military Operations in China*, Vol. 1 (London: Henry Colburn, 1844), 4.

59. 见 Daniel Headrick, *The Tools of Empire: Technology and European Imperialism in the Nineteenth Century* (New York: Oxford University Press, 1981)。

60. Louis Dermigny, 引自 Geoffrey Parker, "Europe and the Wider World, 1500—1750: The Military Balance," in James D. Tracy, ed., *The Political Economy of Merchant Empires: State Power and World Trade 1350—1750* (Cambridge: Cambridge University Press, 1991), 184。

61. "人类世"一词最早由荷兰大气化学家 Paul J. Crutzen 于 2002 年提出。他与 F. Sherwood Rowland 和 Mario J. Molina 一起,因发现"臭氧洞"于 1995 年获得诺贝尔化学奖。地质学家们已经编制了地球演进史年表(宙、代、纪),并确立了地质学划分标准,例如侏罗纪(1.5 亿—2 亿年前)。我们现在处于地质时期的最后一个"世",即第四纪中的"全新世",它开始于 1.5 万年前最后一个冰期结束。4000 至 10000 年前,农业出现了,此后有了所谓的人类"文明"史,它是在全新世相对有利的气候条件下展开的。Crutzen 认为,两个世纪之前的 1800 年前后开始的工业革命导致二氧化碳和甲烷的排放,从此开启了一个由人类行为而非自然所创造的新地质时代("anthropogenic"意为由人类所致);

他称这样一个新时期为"人类世"。从那时起,其他人已接受了 Crutzen 的观点,但是对于如何界定人类世的开始却存在争论。William Ruddiman 主张它开始于 6000 年前,其标志是定居农业以及农耕所导致的二氧化碳和甲烷排放。而以 J. R. McNeill 为代表的其他人认为,它在 1950 年左右的后第二次世界大战时期才刚刚开始。关于如何界定人类世开端的论点和论据,见 Will Steffen, Paul T. Crutzen, and John R. McNeill, "The Anthropocene: Are Humans Now Overwhelming the Great Forces of Nature," *Ambio* 36, no. 8 (December 2007): 614—621,以及 Will Steffen, Jacques Grinevald, Paul Crutzen, and John McNeill, "The Anthropocene: Conceptual and Historical Perspectives," *Philosophical Transactions of the Royal Society A* 369 (2011): 842—867。

62. 显然,中国宋朝(960—1279 年)的"中古工业革命"是其中一个例子。另外,Jack A. Goldstone 使用了"勃兴"(efflorescences)的概念,用于描述这样的时间和地点,它们具有导致工业革命的类似条件,但并没有导致英国那种工业的突破式发展。他特别研究了以下案例:17 世纪的荷兰,12—13 世纪的西北欧,18 世纪的清代中国;在此基础上得出结论,18 世纪末 19 世纪初英国的重要区别在于蒸汽机的发展。Jack A. Goldstone, "Efflorescences and Economic Growth in World History: Rethinking 'the Rise of the West' and the Industrial Revolution," *Journal of World History* 13, no. 2 (Fall 2002): 323—389.

63. 关于得出这一结论的理由和论据,见 Pomeranz, *The Great Divergence*。如果想阅读缩略版,见 Kenneth Pomeranz, "Two Worlds of Trade, Two Worlds of Empire: European State-Making and Industrialization in a Chinese Mirror," in David A. Smith, Dorothy J. Solinger, and Steven C. Topik, eds., *States and Sovereignty in the Global Economy* (London: Routledge, 1999), 74—98。关于这一论点的评论,见 P. H. H. Vries, "Are Coal and Colonies Really Crucial? Kenneth Pomeranz and the Great Divergence," *Journal of World History* 12, (Fall 2001), 407—446。在 *Why Europe Grew Rich and Asia Did Not* 一书中, Prasannan Parthasarathi 增加了全球竞争的视角、变化的生态形势、国家的不同作用,用以理解 Pomeranz 的观点。

第五章 差距

1. GDP 是一个社会经济——通常限定在国家边界的范围之内——所生产的所有产品和所提供的所有服务的价值总和。

2. Fernand Braudel, *Civilization and Capitalism 15th—18th Century*, vol. 2, Sian

Reynolds, trans. (New York: Harper and Row, 1982), 134.

3. 同上。

4. "第三世界"一词产生于第二次世界大战后美国(及其欧洲盟国)与苏联之间冷战的背景下,这两方分别是第一和第二世界。印度、埃及和印度尼西亚这些"发展中的"但还贫穷的国家走上了一条在一定程度上独立于美国和苏联的发展道路,逐渐被视为第三世界。到20世纪70年代,世界上更贫穷的地区,特别是非洲,渐渐被称为第四世界。所有这些名词反映了作为现代世界特征的财富和权力的分配。

5. Carl A. Trocki, *Opium, Empire, and the Global Political Economy: A Study of the Opium Trade*, 1750—1950 (London: Routledge, 1999), 126.

6. 见 Edward R. Slack, Jr., *Opium, State, and Society: China's Narco-Economy and the Guomindang, 1924—1937* (Honolulu: University of Hawaii Press, 2001)。

7. 有一个近来的例子,见 David Clinginsmith and Jeffrey G. Williamson, "India's Deindustrialization in the 18th and 19th Centuries," August 2005, http://www.tcd.ie/Economics/staff/orourkek/Istanbul/JGWGEHNIndianDeind.pdf。

8. 关于印度——至少是孟加拉——棉纺织业兴衰的故事,见 Debendra Bijoy Mitra, *The Cotton Weavers of Bengal*, 1757—1833 (Kolcata: Temple Press, 1978), 98。

9. S. Ambirajan, *Classical Political Economy and British Policy in India* (Cambridge: Cambridge University Press, 1987), 54—55.

10. Trocki, *Opium, Empire, and the Global Political Economy*, xiii, 8—9.

11. Sergei Witte, "An Economic Policy for the Empire," in Thomas Riha, ed., *Readings in Russian Civilization*, 2nd ed. (Chicago: University of Chicago Press, 1969), vol. 2, 419. 倘若俄国没有在第一次世界大战中被德国打败,倘若1917年成功的布尔什维克(共产主义)革命没有发生,维特的计划很可能按照他所设想的方式改变俄国。但事实是,西欧的资本主义国家和美国切断了对新诞生的苏联的贷款和其他形式的外国直接投资,而维特的计划仰赖于这些来实现俄国的工业化。这样,苏联不得不探索新的道路,表现在从20世纪20年代后期开始的一系列"五年计划",在这些计划中,用于工业投资的资金榨取自新的集体化农业。尽管城市和乡村的私人财产被剥夺、自由市场被取消并因此建立起由共产党官员控制的"计划经济",然而,苏联的工业发展的确达到了让人吃惊的水平,特别表现在重工业方面。这种发展一直持续到苏联卷入第二次世界大战。

12. A. J. H. Latham, *The International Economy and the Underdeveloped World 1865—1914*（London：Rowman & Littlefield,1978）,175："（鸦片所导致的）中国在这些年里存在的巨大贸易逆差是国际经济的重要特征"。
13. 本段及下面两段的引文和资料均来自 Anthony N. Penna, *The Human Footprint：A Global Environmental History*（Malden,MA：Wiley-Blackwell,2010）,181—187,193—195。从19世纪中期到今天,这样的例子多不胜数,今天地球上污染最严重的地区是那些工业化进展最快的地区,特别是中国和印度。
14. Gregory T. Cushman, *Guano and the Opening of the Pacific World：A Global Ecological History*（New York：Cambridge University Press,2013）.
15. 关于中国,参见 Robert B. Marks, *China：Its Environment and History*（Lanham,MD：Rowman & Littlefield,2013）,162—167,该部分的标题是"被建造的环境：城市与垃圾"。日本这种循环体系的情况,见"Fecal Matters：A Prolegomenon to Shit in Japan",该文作者是哈佛大学历史系的 David L. Howell,但至今尚未发表。
16. 见 Dean T. Ferguson, "Nightsoil and the 'Great Divergence'：Human Waste, the Urban Economy, and Economic Productivity, 1500—1900," *Journal of Global History* 9（2014）：379—402。关于中国、日本、印度和西欧利用粪便的情况,该文的比较研究让人称道；同时该文也涉及本书中提到一些重大历史课题。
17. Hugh S. Gorman, *The Story of N：A Social History of the Nitrogen Cycle and the Challenge of Sustainability*（New Brunswick,NJ：Rutgers University Press,2013）,64—69.
18. John L. Brooke, *Climate Change and the Course of Global History*（New York：Cambridge University Press,2014）,479,488.
19. 关于日本,见 Mikiso Hane, *Peasants, Rebels, Outcasts, and Women：The Underside of Modern Japan*（Lanham,MD：Rowman & Littlefield,2003）。
20. 关于美国,见 Jeremy Brecher, *Strike*（San Francisco：Straight Arrow Books,1972）。
21. Kart Marx and Friedrich Engels, *The Communist Manifesto*（New York：Washington Square Press,1964）,57—59,78—79.
22. 这一定义根据 E. J. Hobsbawm, *Nations and Nationalism since 1780*,2nd ed.（Cambridge：Cambridge University Press,1992）,80。
23. Ernest Gellner, *Nations and Nationalism*（Ithaca,NY：Cornell University Press,1983）,esp. chaps. 1 and 7.

24. 见 Joyce Appleby, Lynn Hunt, and Margaret Jacob, *Telling the Truth about History* (New York: W. W. Norton, 1994), chaps. 2 and 3。

25. Hobsbawm, *Nations and Nationalism*, 88.

26. 例如, 见 Brian Bond, ed., *Victorian Military Campaigns* (New York: Frederick Praeger, 1967)。

27. Adam Hochschild 的 *King Leopold's Ghost: A Story of Greed, Terror, and Heroism in Colonial Africa* (Boston: Houghton Mifflin, 1998) 中有引人入胜的故事。

28. 引自 Daniel Headrick, *The Tools of Empire: Technology and European Imperialism in the Nineteenth Century* (New York: Oxford University Press, 1981), 118。

29. 这一歌谣反映了那时非洲人与欧洲人之间的力量对比状况。但总的说来, 欧洲人与其他民族——特别是用游击战术对付欧洲军队的民族——间的力量差距正在快速缩小, 并将在 20 世纪完全消失。在 18 世纪末, 英国军队可以打败 6—7 倍于自己的印度军队, 而到 19 世纪初就只能打败 2 倍于自己的印度军队了。最终, 到 19 世纪 40 年代, 英国人不得不用等量的军队和先进的火炮打败印度军队。很明显, 未来第三世界的人们快速地用上了最先进的欧洲武器, 从而消除了欧洲的技术优势。到 20 世纪 50—60 年代, 法国人以及随后的美国人将会在越南认识到, 决心谋求独立的被占领国家的人民可以用游击战术有效地阻挡哪怕是最先进的军队。要打败这种灵活机动的人群, 需要 5—6 倍于游击队的军队, 而到 20 世纪 60 年代末, 美国民众明确反对把军队从 50 万扩大到几百万。鉴于这样一些军事和政治事实, 美国在越南的失败就成为命中注定了。关于欧洲军队在非洲和亚洲的军事优势的丧失, 见 Philip D. Curtin, *The World and the West: The European Challenge and the Overseas Response in the Age of Empire* (Cambridge: Cambridge University Press, 2000), chap. 2。

30. 正像摩洛哥的一小部分保持独立一样, 由返回的美洲奴隶建立的西非国家利比里亚也保持独立。

31. C. A. Bayly, *Indian Society and the Making of the British Empire* (Cambridge: Cambridge University Press, 1988), 138—139。

32. Warren Dean, *With Broadax and Firebrand: The Destruction of the Brazilian Atlantic Forest* (Berkeley: University of California Press, 1995), 181。

33. Richard H. Grove, *Green Imperialism: Colonial Expansion, Tropical Island Edens and the Origins of Environmentalism, 1600—1860* (Cambridge: Cambridge University Press, 1995), chaps. 5 and 6。

34. 关于全球森林采伐, 见 Michael Williams, *Deforesting the Earth: From Prehis-*

tory to Global Crisis（Chicago：University of Chicago Press，2003）。

35. Brooke，*Climate Change and the Course of Global History*，498.
36. Mike Davis，*Late Victorian Holocausts：El Niño Famines and the Making of the Third World*（London：Verso Press，2001）.
37. 尤其要参考 Michael Adas，*Machines as the Measure of Men：Science，Technology，and Ideologies of Western Dominance*（Ithaca，NY：Cornell University Press，1989）。
38. 引自 Eugen Weber，*A Modern History of Europe：Men，Cultures，and Societies from the Renaissance to the Present*（New York：W.W. Norton，1971），1001。
39. 关于种族主义在推动欧洲人征服外国土地中的作用，见 John M. Hobson，*The Eastern Origins of Western Civilization*（Cambridge：Cambridge University Press，2004），chap. 10。

第六章　大转折

1. 这一观点由 John M. Hobson 提出，见 *The Eastern Origins of Western Civilization*（Cambridge：Cambridge University Press，2004），chap 10。
2. Vaclav Smil 称这一时期为"协同效应的时代"，见 *Creating the Twentieth Century：Technical Innovations of 1867—1914 and Their Lasting Impact*（Oxford：Oxford University Press，2005）。
3. Eric Hobsbawm，*The Age of Extremes：A History of the World，1914—1991*（New York：Pantheon，1996），12.
4. 除非特别说明，关于氮和合成氨重要性的精彩故事引自 Vaclav Smil，*Enriching the Earth：Fritz Haber，Carl Bosch，and the Transformation of World Food Production*（Cambridge，MA：MIT Press，2001）。要想获得更深入全面的认识，见 Hugh S. Gorman，*The Story of N：A Social History of the Nitrogen Cycle and the Challenge of Sustainability*（New Brunswick，NJ：Rutgers University Press，2013）。
5. 1995 年，Timothy McVeigh 用氮肥和煤油制作的炸弹炸毁了俄克拉荷马城的默拉联邦大楼。
6. Edmund Russell，*War and Nature：Fighting Humans and Insects with Chemicals from World War I to Silent Spring*（New York：Cambridge University Press，2001）.该书从生产用于农业和军事的化学品的角度来理解这种关系。
7. Gregory T. Cushman，*Guano and the Opening of the Pacific World：A Global*

Ecological History（New York：Cambridge University Press,2013）.

8. 如果按照人口学家的预计,世界人口将在大约 2050 年达到 90 亿的峰值,那么,20 世纪就将是人类历史上人口增长最为快速的时期,见 William McNeill,"Demography and Urbanization,"in Michael Howard and Wm. Roger Louis eds., *The Oxford History of the Twentieth Century*（New York：Oxford University Press,1998）,10—21。人口学家之所以预测人口将趋于稳定,是因为随着各社会城市化和工业化,它们的人口就会经历一个"人口过渡"（demographic transition）：家庭规模变小了,如果想维持原先的规模,每对夫妇需要生育 2.1 个孩子,而这实际上是不可能的。

9. 第一次世界大战爆发后的最初三年里,"主要是用农业的资源作战",而不是工业资源。C. A. Bayly, *The Birth of the Modern World*, 1780—1914（Oxford：Blackwell,2004）,455.

10. Hobsbawm, *Age of Extremes*,97—98.

11. Thomas Piketty, *Capital in the Twenty-First Century*（Cambridge, MA：Belknap Press,2014）,146—149.

12. 日本的"大东亚共荣圈"很有可能把欧洲和美国势力赶出亚洲,日本取而代之成为该体系的工业核心,在该体系中,亚洲其他地区仍然为欧洲和美洲提供食物和原材料。

13. 1947 年印巴分治时,巴基斯坦被分成东、西两部分。政府在西巴基斯坦,东巴基斯坦在此后的几十年里遭忽视。1971 年,东巴基斯坦反叛,导致孟加拉国这样一个新国家的诞生。

14. 该术语源自 Eric Hobsbawm, *The Age of Empire*, 1875—1914（New York：Pantheon,1987）。

15. 日本推进朝鲜和满洲这些殖民地的工业发展,原因部分在于这些地方有便利的煤炭、铁矿石和石油,部分在于这些殖民地毗邻日本,便于直接管理。与之不同的是,日本于 1895 年从中国夺走的台湾则被设计为稻米和蔗糖生产的农业殖民地。

16. Jonathan Schell, *The Fate of the Earth*（New York：Alfred A. Knopf,1982）.该书分析了"核冬天"的概念和人类灭绝的相关问题。

17. Paul Kennedy, *The Rise and Fall of the Great Powers：Economic Change and Military Conflict from 1500 to 2000*（New York：Random House,1987）.该书明确指出,在过去的五百年里,经济生产能力和军事实力之间的关系是真实存在的。

18. 关于苏联的环境史,见 Paul Josephson et al., *The Environmental History of*

Russia（New York：Cambridge University Press，2013），以及 Douglas Weiner 的两本开创性著作，*Models of Nature*（Pittsburgh：University of Pittsburgh Press，2000），*A Little Corner of Freedom*（Berkeley：University of California Press，2002）。

19. 该术语源自 Judith Shapiro，*Mao's War on Nature：Politics and the Environment in Revolutionary China*（New York：Cambridge University Press，2001）。

20. 关于中国环境问题的著作非常多。总体性的介绍见 Robert B. Marks，*China：Its Environment and History*（Lanham，MD：Rowman & Littlefield，2013），第七章；Judith Shapiro，*China's Environmental Challenges*（Malden，MA：Polity Press，2012）。

21. 下面的内容有许多源自 David Reynolds，*One World Divisible：A Global History since 1945*（New York：W. W. Norton，2000），chap. 5。

22. 见 Smil，*Creating the Twentieth Century*，chap. 2，"The Age of Electricity"。

23. Herbert Marcuse，*One-Dimensional Man*（Boston：Beacon，1964）。

24. 这些术语源自 J. R. McNeill，*Something New under the Sun*（New York：W. W. Norton，2000），296—297。

25. 关于汽车、石油和环境关系的详细讨论，见 McNeill，*Something New under the Sun*，特别是第七章。

26. 见 Hobson，*Eastern Origins of Western Civilization*，chap. 11。

27. 20 世纪末"东亚的兴起"既是其中某一国的现象，也是包括中国和日本在内的地区现象，见 Giovanni Arrighi，Mark Selden，and Takeshi Hamashita，eds.，*The Resurgence of East Asia：500，150 and 50 Year Perspectives*（New York：Routledge，2003），esp，the introduction and chap. 7。

28. Judith Shapiro，*China's Environmental Challenges*（Malden，MA：Polity Press，2012），44—45。

29. Peter Jay，*The Wealth of Man*（New York：PublicAffairs，2000），246—247。

30. Hobsbawm，*Age of Extremes*，363。

31. 2001 年，在撒哈拉以南非洲的许多地区，50%或者更多的孩子没有接受过小学教育，1000 个婴儿中有 100 个或者更多夭折，一半的人口靠每天不到一美元生存。印度、巴基斯坦、东南亚和中国的几百万人的生活状况也大致如此。这种情况下的日常生活是怎样一种情形呢，中国农村近来的一个例子可以说明。在中国农村，有几千万人没有医疗保险或者不能到政府资助的诊所就医。由于花不起区几块钱到农村诊所就医，只能在家忍受病痛直至死去："每年有几千万中国农村人口……在健康与贫穷之间挣扎，他们知道，如果去看病，就将花掉结婚、教育、有时是吃饭的钱。"关于这个故事,见"Wealth Grows, but Health Care Withers in China," *New York Times*, January 14, 2006, A1, A7。

32. 见 World Bank, "Heavily Indebted Poor Countries," http://web.worldbank.org/WBSITE/EXTERNAL/TOPICS/EXTDEBTDEPT/0, contentMDK: 20260049 ~ menuPK: 64166739 ~ pagePK: 64166689 ~ piPK: 64166646 ~ theSitePK: 469043, 00.html。

33. 2001年,国际社会采纳了"千年发展目标",其中一个目标就是到2015年,让世界极贫人口(即每天花费不到一美元的人)减少一半。见 http://www.un.org/millennium goals/。

34. 见"Promises, Promises," editorial, *New York Times*, August 22, 2005, A16。

35. 见"U.S.-Africa Leaders Summit," White House, http://www.whitehouse.gov/us-africa-leaders-summit。

36. 这部分内容主要参考 Piketty, *Capital in the Twenty-First Century*, esp. part 3, "The Structure of Inequality," 237—467。

37. S&P Capital IQ, Global Credit Portal, Economic Research, "How Increasing Income Inequality Is Dampening U.S. Economic Growth, and Possible Ways to Change the Tide," https://www.globalcreditportal.com/ratingsdirect/renderArticle.do? articleId=1351366&SctArtId=255732&from=CM&nsl_code=LIME&sourceObjectId=8741033&source RevId=1&fee_ind=N&exp_date=20240804—19:41:13, August 5, 2014。

38. Hobsbawm, *Age of Extremes*。

39. Francis Fukuyama, *The End of History and the Last Man* (New York: Free Press, 1992)。

40. Immanuel Wallerstein 在其划时代著作 *The Modern World-System: Capitalist Agriculture and the Origins of the European World-Economy in the Sixteenth Century* (New York: Academic Press, 1974)中,首次阐发了现代世界体系的这一特征,论据充分而又简要明确。

41. 见 Herman E. Daly, "The Perils of Free Trade," *Scientific American*, November 1993, 50—57。

42. Michael Hardt and Antonio Negri, *Empire* (Cambridge, MA: Harvard University Press, 2000)。

43. Samuel Huntington, *The Clash of Civilizations and the Remaking of the Twentieth Century World Order* (New York: W. W. Norton, 2000)。

44. 但正如 Jamal Nassar 所提醒的,"恐怖主义者"这一标签是非常不可靠的:一些政府称反对者为恐怖主义者,而那些因谋求自己的主权而被驱逐的人,完全可以被称为自由斗士。参见 Nassar, *Globalization and Terrorism : The Migration of Dreams and Nightmares* (Lanham,MD:Rowman & Littlefield,2005)。该书探讨了最近一轮"反恐战争"是如何并为何与全球化进程和伊斯兰极端主义交织在一起的。

45. 关于各种能源机制及其转化的研究,见 Vaclav Smil, *Energy Transitions : History, Requirements, Prospects* (Santa Barbara,CA:Praeger,2010)。

46. "大转折"这一术语的提出追随以下两本书的传统:Karl Polanyi, *Great Transformation : The Political and Economic Origins of Our Time* (Boston:Beacon Press,1957); Kenneth Pomeranz, *The Great Divergence : China, Europe, and the Making of the Modern World Economy* (Princeton,NJ:Princeton University Press,2000)。

47. 本部分的大多数内容取自 McNeill, *Something New under the Sun*。

48. Daly,"Perils of Free Trade,"56.

49. 关于人类世的含义,有一个更乐观的判断,见 Diane Ackerman, *The Human Age : The World Shaped by Us* (New York:W.W.Norton,2014)。

50. Millennium Ecosystem Assessment, *Ecosystems and Human Well-Being : Synthesis* (Washington,DC:Island Press,2005),1.

51. Gorman, *Story of N*,102—107,111,125,132—147.关于战后改善环境的一些举措的总体情况,见 Brooks, *Climate Change and the Course of Global History*,543—546。

52. Smil, *Enriching the Earth*,chap.7.

53. William Ruddiman 主张,农业产生的甲烷早在公元前 5000 就开始影响全球气候,而且可能阻止了地球走向另一个冰期的自然气候循环。见 *Plows, Plagues, and Petroleum*, esp. part 3 and "Afterword to the Princeton Science Library Edition,"195—214。

54. Brooke, *Climate Change and the Course of Global History*,547—548. Brooke 在该书第 548—552 页还阐述了温室气体增多和全球变暖之间的因果关系为什么比简单的一对一关系要更为复杂。

55. Michael Williams, *Deforesting the Earth : From Prehistory to Global Crisis* (Chicago:University of Chicago Press,2003),420.

56. Ruddiman, *Plows, Plagues, and Petroleum*,149.

57. Brooke, *Climate Change and the Course of Global History*,529—530.

58. R. McLellan, L. Iyengar, B. Jeffries, and N. Oerlemans, eds., *Living Planet*

Report 2014: *Species and Spaces*, *People and Places* (Gland, Switzerland: World Wide Fund for Nature [WWF], 2014).

59. 要了解大致的情况，见 Elizabeth Kolbert, *The Sixth Extinction*: *An Unnatural History* (New York: Henry Holt, 2014)。

60. 复活节岛的警示引自 Clive Ponting, *A Green History of the World*: *The Environment and the Collapse of Great Civilizations* (New York: Penguin, 1993), David Christian, *The Maps of Time*: *An Introduction to Big History* (Berkeley: University of California Press, 2004)。Jared Diamond 探讨了文明的命运，见 *Collapse*: *How Societies Choose to Fail or Succeed* (New York: Viking, 2005)。

61. 这些是非常复杂的问题，关于未来，我们唯一能确定的是它不可预测。然而，社会科学家和自然科学家模拟了四种不同的场景，来预测可能会出现的困境和结局。有关这方面的讨论，见 Bert de Vries and Johan Goudsblom, eds., *Mappae Mundi*: *Humans and Their Habitats in a Long-Term Socio-Ecological Perspective*; *Myths*, *Maps*, *and Models*, 2nd ed. (Amsterdam: Amsterdam University Press, 2003), chap. 8。参见 Ruddiman, *Plows*, *Plagues*, *and Petroleum*, chap. 19, "Consuming Earth's Gifts," 190—194。

62. 关于这一点，有一个措辞严厉的详细论述，见 Naomi Klein, *This Changes Everything*: *Capitalism vs. the Climate* (New York: Simon & Schuster, 2014)。

63. 见 Klein, *This Changes Everything*; 更早的提法可参见 Herman E. Daly and John B. Cobb Jr., *For the Common Good*: *Redirecting the Economy toward Community*, *the Environment*, *and a Sustainable Future*, 2nd ed. (Boston: Beacon, 1994), esp. chap. 11。

64. 这一观点是 Hobsbawm 在 *Age of Extremes* 中提出的。

65. Bruce Cumings, "The 'Rise of China'?," in Catherine Lynch, Robert B. Marks, and Paul G. Pickowicz eds., *Radicalism*, *Revolution*, *and Reform in Modern China*: *Essays in Honor of Maurice Meisner*, 185—207 (Lanham, MD: Lextington Books, 2011). 这是一篇很有启发性的论文，论及中国和美国互比的战略力量，它怀疑"中国的兴起"会替代美国的全球地位的提法。

66. Peter Perdue 第一次使用该术语，指的是帝国晚期的中国，见 *Exhausting the Earth*: *State and Peasant in Hunan*, *1500—1850* (Cambridge, MA: Harvard University Press, 1987)。

结论　改变、延续及对未来的展望

1. 20 世纪 50 年代，中国共产党领导人毛泽东提出"人定胜天"的口号。见 Robert

B. Marks, *China: Its Environment and History* (Lanham, MD: Rowman & Littlefield, 2013), 265—276。

2. 关于20世纪70年代对于这一思想的表述, 见 the Keep America Beautiful public service announcement, "Crying Indian," run on TV on the second Earth Day, April 22, 1971: https://www.youtube.com/watch? v = j7OHG7tHrNM。

3. Crispin Trickell, "Societal Responses to the Anthropocene," *Philosophical Transactions of the Royal Society A* 369(2011): 926—932.

索 引

（索引页码为原书页码，即本书边码）

Abu-Lughod, Janet 珍妮特·阿布-卢格霍德 222 注 26
accidents, historical 历史偶然事件 12—13
Acheh 亚齐 64
Aden 亚丁 35 地图, 47
advertising 广告宣传 182
Afghanistan 阿富汗 199, 217
Africa 非洲: decolonization of, ~的非殖民化 175—176, 189; in early modern period, 近代早期的~ 55—58; El Niño's effect on, 厄尔尼诺现象对~的影响 157—158; European competition for, 欧洲对~的争夺 151—152; as fourth world, ~被称为第四世界 238 注 4; Islam in, 伊斯兰教在~ 55—56; political fragmentation in, ~的政治分裂 56; population of, ~人口 57—58; poverty in, ~的贫困问题 189, 192; size of, ~的面积 57; and slavery, ~与奴隶制 57—58; and trade, ~与贸易 55—56, 62; wildlife in, ~的野生动物 27; world system role of, ~在世界体系中的角色 58
African Development Bank 非洲发展银行 189
agency 能动力量 11

agriculture 农业: Asian 亚洲~ 99; in biological old regime, 旧生物体制的~ 23—24, 30—32, 39—40, 140; in China, 中国的~ 105—108; climate affected by, ~对气候的影响 234 注 31; climate effects on, 气候对~的影响 12—13; development and, 发展与~ 186; Indian, 印度~ 99, 133, 134; industrialization and, 工业化与~ 136, 140; land and, 土地与~ 28—29; and migration, ~与移民 224 注 10; New World, 新大陆 102; nitrogen cycle, 氮循环 31—32, 143—145, 163—164, 202; protectionist policies for, 对~保护政策 189, 192; revolution in, ~革命 23—24。参见 food
Alexandria 亚历山大里亚 34, 53
Algeria 阿尔及利亚 177
alliances, European 欧洲的联盟体系 166
Allies 同盟国 172—173
American War of Independence 美国独立战争 96
Americas 美洲: conquest of 征服~ 3, 75—81; empires in, 在~的帝国 72—75; migration to, 移民~ 188; nitrogen cycle in, ~氮循环 32; sil-

ver mining in,～白银开采 79；wildlife in,～野生动物 27。参见 Aztecs, Incas, Latin America, New World, United States

ammonia, synthesis of 合成氨 165。参见 Haber-Bosch process, nitrogen, nitrogen cycle

Angola 安哥拉 177

animals 动物。参见 wildlife

Anthropocene 人类世 ix, 2, 163, 201—206, 213, 236注61

Appleby, Joyce 乔伊斯·阿普尔比 10

Arabs 阿拉伯人 and trade,～与贸易 45, 48, 52。参见 Islam

armed trading 武装贸易 50, 61—64

Arrow War 亚罗号战争 123, 132

Asia 亚洲：agriculture in,～的农业 99；economic impact of,～的经济影响 2, 11, 82—83, 206；El Niño's effect on, 厄尔尼诺现象对～的影响 157—158；European trade route to, 欧洲前往～的贸易路线 62—63；as geographical category, 作为地理范畴的～ 7；industrialization in,～的工业化 187；nitrogen cycle in,～的氮循环 32；population of,～人口 82；premodern cities in,～的前现代城市 24；revolutions in, 亚洲革命 176—177；superiority of,～的优势地位 6；Western characterizations of 西方对～的认识 3—4

Aurangzeb 奥朗则布 71

Austria-Hungary 奥匈帝国 166—168

autarky 自给自足 172, 178, 215

automobiles 汽车 182—184

Axis powers 轴心国 172—173

Aztecs 阿兹特克人 3, 32, 73—79, 223注5, 230注9

Baghdad 巴格达 24, 34；Mongol destruction of, 蒙古摧毁～ 54

balance of power 势力均衡 96

Balkans 巴尔干 166

Bangladesh 孟加拉国 241注13

Bank of England 英格兰银行 90

Barbados 巴巴多斯 84

Battle of Chaldiran 查尔迪兰战役 71

Battle of Omdurman 恩图曼战役 152

Battle of Plassey 普拉西战役 101

Ibn Battuta 伊本·白图泰 52—53

Beijing 北京 42, 70, 119, 181

Belgium 比利时 151—152

Bell, Alexander Graham 亚历山大·格雷汉姆·贝尔 132

Bengal 孟加拉 51, 101, 120, 123, 133—134

Bin Laden, Osama 奥萨马·本·拉登 199, 217—218

biological old regime 旧生物体制：20—33, 39—40；agriculture and pastoralism, 农业和畜牧业 23—26, 30—32, 39—40, 140；constraints of,～的束缚 104—110, 115—116, 124, 140, 166；disease, 疾病 33；famine,

饥荒 29—30; land, 土地 28—29; necessities of life in, ～下的生活必需品 107, 110; organic nature of, ～的有机性 39—40; persistence of, ～的持久性 130, 202—203; population, 人口 20—23, 28—29, 39—40; towns and cities, 城镇与城市 24—25; wildlife, 野生动物 26—28

biosphere 生物圈 19, 161, 201, 202, 205。参见 Anthropocene

Birkenhead Iron Works 伯肯黑德铁厂 122

birthrates 出生率 186

Black Death 黑死病: conjuncture of factors in, ～爆发的多因素偶合 37—39; and "European miracle" narrative, ～与"欧洲的奇迹"叙事 15; origins of, ～的起源 37, 226 注 40; population change caused by, ～造成的人口变化 21; spread of, ～的传播 33。参见 disease, bubonic plague

Blaut, J. M. 布劳特 222 注 26

blue baby syndrome 蓝婴综合征 202

Bolshevik Revolution 布尔什维克革命 168

bonds 债券 90

Bosch, Carl 卡尔·波什 165

Braudel, Fernand 费尔南·布罗代尔 128—129, 221 注 25

Brazil 巴西 83—85, 157, 160, 187

Britain 英国: and African colonization, ～与非洲殖民化 151—152; Chinese relations with, 中国与～关系 96, 119—123; dominance of, ～的主导地位 68; economy of, ～经济 92; empire of, ～帝国 101, 115—116, 123, 133—134, 232 注 42; energy sources in, ～的能源 111—113; environmental consequences of manufacturing in, ～制造业的环境后果 142—143; finances of, ～财政 90, 141; French relations with, 法国与～关系 68, 92, 93, 96, 101; and India, ～与印度 101, 123, 133—134, 158, 175; Industrial Revolution in, ～工业革命 112—118, 135; and opium, ～与鸦片 120—121, 131—135; peculiar periphery of, ～的独特边缘地带 102—104, 112; revenue sources for, ～的税收来源 90; state building in, ～的国家构建 68, 92; sugar plantations established by, ～甘蔗种植园的建立 84; tea consumption by, ～的茶叶消费 118—119; and textiles, ～与纺织业 83, 98—104, 112, 114—115, 133—134; between the wars, 两次大战中的～ 172; and World War I, ～与第一次世界大战 166—168; and World War II, ～与第二次世界大战 172—173

Brody, Hugh 休·布罗迪 224 注 10

Brooke, John L. 约翰·L. 布鲁克 145, 204, 244 注 54

bubonic plague 鼠疫 37—39, 226 注 40

Buell, Paul D. 保罗·D. 比尔 226

注40
bureaucracy 官僚体系。参见 state bureaucracy
Bush,George W. 乔治·W.布什 199,220注9
Byzantine empire 拜占庭帝国 80

Cabral,Alvares 阿尔瓦斯·卡布拉尔 63
Caffa(Kaffa) 卡法 38
Cairo 开罗 24,34,38,52,56,57
Calicut 卡利卡特 42,47地图,49地图,63
cannons 大炮 59—60
Cape of Good Hope 好望角 62—63,229注25
capitalism 资本主义：global crisis of (1930s),(1930年代)的全球～危机 171;global crisis of (1970s),(1970年代)的全球～危机 194;global perspective on,～资本主义的全球视角 131—135,221注25,233注11;opium and,鸦片与～ 131—135,141;rise of the West,西方的兴起 4;slavery and,奴隶制与～ 233注11。参见 consumerism,Great Depression,income inequality
capitalist class 资产阶级 149
carbon dioxide 二氧化碳 x,1,31,78,125,145,203。参见 greenhouse gases
Caribbean islands 加勒比群岛 84—85,157,172,176
Castro,Fidel 菲德尔·卡斯特罗 179

Catherine the Great 叶卡捷琳娜大帝 69
Catholic Church 天主教会 78,91,195
Central Powers 同盟国 166—168
Central Treaty Organization(CENTO) 中央条约组织 185
Charles V,King of Spain 西班牙国王查理五世 80,81
children,industrialization's effect on 工业化对儿童的影响 146—147
Chile 智利 164—165,187
China 中国：agriculture in ～农业 105—108;British relations with,～与英国关系 96,119—123;and bubonic plague,～与鼠疫 37,226注40;coal use by,～的煤炭利用 232注1;communist,～共产党 171,173,176,177,180—181,196—197,206;and constraints of biological old regime,～与旧生物体制的束缚 105—110,116;decline of,～的衰落 152—153;demand for silver,～对白银的需求 81—82,131,235注53;early modern,近代早期 41—46;economic impact of,～的经济影响 2,50,82,197,206;economy of,～的经济 180—181,196—197,207;empire of,中华帝国 69—70;European competition for,欧洲争夺～ 153,156,166;family size in,～的家庭规模 106;famine in,～的饥荒 158;GDP of,～的 GDP 127;German relations with,～与德国的关系 156;

251 索引

global significance of,~的全球影响 17,50;gunpowder invented by,~发明火药 59;historical challenges to,~面临的历史挑战 26;industrialization in,~的工业化 187;Japanese relations with,~与日本的关系 139,153,171,173,176;land in,~的土地 107;manufacturing in,~的制造业 82—83,197;market economy of,~的市场经济 108—110;migration within,~的内部移民 188;Ming Dynasty,明朝 41—45;modernization of,~的现代化 5;and opium,~与鸦片 120—121,131—132;peasants in,~的农民 108—110;population of,~的人口 22,28,106—107,127,224注18;recent market reforms in,~近来的市场改革 196—197;revolution in,~的革命,169;rural character of,~农村的特点 185;Russian relations with,~与俄罗斯的关系 153,156;silver standard used in,~的银本位制 13,43;Soviet relations with,~与苏联的关系 181;strengthening of,~的强大 68;tea production by,~的茶叶生产 118—119;and trade,~与贸易 42,50—51,63;U.S. relations with,~与美国关系 206—207;and World War I,~与第一次世界大战 168

Chincha Islands 钦查群岛 164

Christianity 基督教:and civilizing mission,~与传播文明 161;conquest of the Americas,征服美洲 3;Eastern Orthodox,东正教 54,80,195;fall of Constantinople,君士坦丁堡的陷落 54—55;rise of the West,西方的兴起 3;Roman Catholic,罗马天主教 78,91,195

Churchill, Winston 温斯顿·丘吉尔 152

cities and towns 城市和城镇:civilization linked to,~与文明的关系 23—24;industrialization and the growth of,工业化与~的发展 146;in modern European states,现代欧洲国家的~ 91—92;premodern,前现代 24—25;trading,贸易 48,56

citizenship 公民身份 148

civil disobedience 非暴力抵抗 169

civilization 文明:animal population in relation to,动物与~的关系 27—28;challenges to,~面临的挑战 25—26;Christian civilizing mission,基督教的文明使命 161;cities and,城市与~ 23—24;clash of civilizations,文明的冲突 198—200;hallmarks of,~的标志 22—24,223注5;nomads in relation to,游牧民族与~ 25—26;population density and,人口密度与~ 22—23;writing and,文字与~ 23—24

Civil War(U.S.) 美国内战 136,150,151

clash of civilizations 文明的冲突 198—200

climate 气候:accidents of,~造成的

偶然事件 12—13;in early modern world system,近代早期世界体系中的~ 64;effects of agriculture and land clearance on,农业和开荒对~的影响 111,145,157,234 注 31;global events,全球性事件 68;population changes linked to,~与人口变化的关系 21—22,223 注 4。参见 global warming,Little Ice Age

Clive,Robert 罗伯特·克莱武 101

coal 煤炭 13,97,110—111,113—116,232 注 1

coffee 咖啡 157

Colbert,Jean-Baptiste 让-巴蒂斯特·柯尔培尔 92

Cold War era 冷战时期 162,174,178—196;economy in,~的经济 179—188,194—195;end of,~的结束 194—196;migration in,~的移民 188;politics of,~的政治 178—179,185;social problems in,~的社会问题 188—194;third world in,~的第三世界 185—188

colonial independence movements 殖民地独立运动 169,173—176

colonialism 殖民主义。参见 empire and imperialism

colonies 殖民地:British,英国~ 86,92,96,98,100,102,112,114,119,123,172;Japanese,日本~ 171;Spanish,西班牙~ 118。参见 decolonization

Columbian Exchange 哥伦布交换 76—77,85,215

Columbus,Christopher 克里斯托弗·哥伦布 5—6,11,41,62,67,79,81,200

combines 联合收割机 136

Compagnie française des Indes occidentales 法国西印度公司 100

comparative advantage 比较优势 99—100,134,198

Confucius 孔子 43,227 注 3

Congress Party(India) 国大党(印度) 169,175

conjunctures 偶合 13—14;Black Death,黑死病 37—39;British cotton textile industry,英国棉纺织业 103—104;climate change and social crises,气候变化与社会危机 68;development of modern world,现代世界的发展 210—212;El Niño and famine,厄尔尼诺现象与饥荒 157—158;Industrial Revolution,工业革命 98,112—118,124—125,237 注 62;limits of biological old regime,旧生物体制的束缚 110。参见 contingency

Constantinople 君士坦丁堡 54,60,80

consumerism 消费主义 181—184

consumer taste 消费爱好 65

containment policy 遏制政策 178,185

contingency 偶然性:concept of,~的概念 11;rise of the West and,西方的兴起与~ 11—12,160,210—212。参见 conjunctures

253 索引

core, in premodern world system 前现代世界体系中的核心地区 36

Cortez, Hernan 埃尔南·科尔蒂斯 75—76

cotton 棉花 98—99, 102—103, 109, 134

cotton gin 轧棉机 103

credit 贷款 182—183

Crimean War 克里米亚战争 150

Crompton, Samuel 塞缪尔·克隆普顿 114

Crutzen, Paul J. 保罗·J.克鲁岑 236 注 61

Cuban Missile Crisis 古巴导弹危机 179

Czech Republic 捷克共和国 196

Da Gama, Vasco 瓦斯科·达·伽马 5, 11, 41, 63, 81, 200

dar al-Islam 伊斯兰之家 52—55, 214

Darwin, Charles 查尔斯·达尔文 159

Davis, Mike 麦克·戴维斯 158

death rates 死亡率 186

decolonization 非殖民化。参见 colonial independence movements

deforestation 森林砍伐 43, 84—85, 111, 113, 118, 156—157, 204

democracy, as Western ideology 作为西方意识形态的民主 8

Deng Xiaoping 邓小平 197

depressions 萧条 140

development 发展 177, 185—188,
189, 243 注 33

Dias, Bartholomeu 巴托罗缪·迪亚斯 62, 229 注 25

Dickens, Charles 查尔斯·狄更斯 113, 146

disease 疾病:in Africa, 非洲～ 189; in the Americas, 美洲～ 3, 27; epidemic, 流行病 33; in Eurasia, 亚欧大陆的～ 77; Native Americans decimated by, ～导致土著美洲人大毁灭 77—78; plantation ecology as cause of, 种植园生态导致～ 84—85; in premodern world, 前现代世界的～ 33; wars and revolutions affected by, ～导致的战争和革命 85。参见 Black Death

divine right 君权神授 91

Dutch 荷兰。见 Netherlands

East Africa 东非 56

East Asia, emergence of 东亚的兴起 16, 187, 206—207, 216

Eastern Europe 东欧 178, 179, 187, 195

Eastern Orthodoxy 东正教 54, 80, 195

East India Company (EIC) 东印度公司 100—102, 119, 120, 122, 123, 133, 236 注 57

ecology 生态。参见 nature and environment

Economy 经济:Asia's impact on, 东亚对～的影响 2, 11, 82—83; boom-bust cycles in, ～的从繁荣到萧条

140,179；China's impact on,中国对～的影响 2,50,82；in Cold War era,冷战时期的～ 179—188；communist Chinese,共产党领导的中国 180—181；consumerist,消费主义 181—184；developmentalism,发展主义 185—188；free trade principles,自由贸易原则 134；global,全球～ 187,197—198,201；and human-environment relationship,～与人类—环境关系 201—202,205；India's impact on,印度对～的影响 2；industrialization's effect on global,工业化对全球～的影响 140—141；mercantilism and,重商主义与～ 92—93；New World,新大陆 83—86；oil industry and,石油工业与～ 187—188,194；productionist,生产主义 181,196；slavery's role in,奴隶在～中的作用 85—86；Soviet,苏联～ 179—180；third-world,第三世界～ 185—188；between the wars,两次世界大战间的～ 170—172。参见 markets,trade

education 教育：industrialization's effect on,工业革命对～的影响 147；nationalism fostered through,～煽动的民族主义 149

EIC 东印度公司。见 East India Company

Einstein,Albert 阿尔伯特·爱因斯坦 205—206

electricity 电 183,203

El Niño 厄尔尼诺现象 134,157—158

empire and imperialism 帝国和帝国主义 69—83；Africa,非洲 151—152；the Americas,美洲 72—75；British,英国 101,115—116,232注42；China,中国 69—70；commonalities of,～的共性 72；dynamics of,～的动力 71—72；end of,～的结束 177；within Europe,欧洲内的～ 80—81；growth of,～的发展 67；Japan,日本 153,156,162,171—172,173,241注15；Mughal,莫卧儿～ 70—71；New Imperialism of industrial era,工业化时代的新帝国主义 141,150—158,215—216；Ottoman,奥斯曼～ 70—71；post-World War II,后二战时代 173—174；rise of the West,西方的兴起 6；Russia,俄罗斯 69；Safavid empire,萨法维帝国 70—71；Spain,西班牙 67—68,75—81,215；World War I peace treaty and,第一次世界大战和约与～ 168

encomienda 监护制 78

end of history 历史的终结 196—197

energy sources 能源 104—118；in biological old regime,旧生物体制下的～ 104—110；coal,iron,and steam,煤炭、钢铁和蒸汽 113—118；consumer society and,消费型社会与～ 184；crisis in,～危机 111；current usage of,目前的～利用 203；in England,英国的～ 111—113；need for, ~需求 200—201。参见 coal, fossil fuels, oil

Engels, Friedrich 弗里德里希·恩格斯 4, 147

England 英国。参见 Britain

Enlightenment 启蒙运动 3, 91

environment 环境。参见 nature and environment

environmental history 环境史 6—7

environmental impact 环境影响 2

Ethiopia 埃塞俄比亚 152

eugenics 优生学 159, 160

Eurocentrism 欧洲中心论 8—10; alternatives to, ~的替代者 9—10, 14—17, 129—130; defining, ~的概念 8—9; ideology of, ~意识形态 106, 159—160, 210; Industrial Revolution explained according to, 工业革命的~阐释 105, 117; wealth gap explained according to, 财富差距的~阐释 129

Europe 欧洲: armed trading introduced by, ~引进的武装贸易 50; bubonic plague in, ~的鼠疫 37—39; dating of rise of, ~兴起的时间 5—6; early modern, 近代早期 58—64; empire within, ~内部的帝国 80—81; exceptionalism, 例外论 5, 8—10; fall from dominance of, ~主导地位的丧失 162, 167; GDP of, ~的 GDP 127; as geographical category, ~作为一个地理范畴 7; Islam in relation to, 伊斯兰教与~的关系 53—55; nitrogen cycle in, ~的氮循环 32; political fragmentation in, ~政治上的分裂 58—61, 89; population of, ~人口 22, 130 图表; pre-modern cities in, ~的前现代城市 24—25; purported superiority of, 想象中的~优越性 3, 5, 6, 163, 212; revenue sources for, ~的税收 89—90; and slavery, ~与奴隶制 57; and trade, ~与贸易 50, 61—64; war and warfare in, ~的战争和作战方式 59—61, 68, 87, 88 图表, 89—90, 150, 163, 166—168, 172—173; between the wars, 两次世界大战间的~ 170—172。参见 European state system, West

European miracle 欧洲的奇迹 x, 5, 15

European state system 欧洲国家体系 87—96; alliances in, ~的结盟 166; balance of power in, ~的均势 96; competitive pressures of, ~的竞争压力 135; early modern, 近代早期 68; establishment of, ~的建立 87; kinds of states in, ~的国家类型 231 注 35; state building in, ~的国家构建 90—92, 148, 231 注 35

evolution 进化 159

explosives 爆炸物。参见 gunpowder

factories 工厂 141—143, 142 图表, 146—147

families 家庭: industrialization's effect on, 工业化对~的影响 146—147; size of, ~的规模 15, 29, 104, 106,

147,224 注 19,241 注 8

famine 饥荒 29—30,157—158

fascism 法西斯主义 169,174

Federal Housing Administration 联邦房屋管理局 183

Ferdinand, Archduke of Austria 奥地利大公斐迪南 166

Ferdinand, King of Spain 西班牙国王斐迪南 60,61,62,91

fertilizers 肥料 32,143—145,164—166,186,202。参见 nitrogen cycle

foods 食物：in Chinese markets, 中国市场上的～ 108; Columbian Exchange, 哥伦布交换 76—77

Ford, Henry 亨利·福特 182

fossil fuels 化石燃料 13,97,110,115,125,161—163,200—201,203。参见 coal, oil

fourth world 第四世界 238 注 4

Four Tigers 四小龙 187,206

fracking 水力压裂法 184,201

France 法国：and African colonization, ～与非洲殖民 151—152; and Algeria, ～与阿尔及利亚 177; British relations with, ～与英国关系 68,92,93,96,101; early modern, 近代早期 60—61; industrialization in, ～工业化 135—136; and nationalism, ～与民族主义 149—150; persecution of Huguenots, 迫害胡格诺教徒 91; state building in, ～的国家构建 68,92; sugar plantations established by, ～建立的甘蔗种植园 84; and textile imports, ～与纺织品进口 83; and Vietnam, ～与越南 176; and World War I, ～与第一次世界大战 166—168; and World War II, ～与第二次世界大战 172—173

Franco-Prussian War 普法战争 150

Frank, Andre Gunder 贡德·弗兰克 x,222 注 26

free trade 自由贸易：British colonization of India and, 英国对印度的殖民与～ 134—135; British promotion of, 英国倡导～ 103,120; constraints on, 对～的束缚 141; global, 全球～ 197—198; mercantilism vs., 重商主义与～ 103; neoliberal promotion of, 新自由主义推动～ 220 注 9; in opium, 鸦片的～ 120; U.S. promotion of, 美国倡导～ 178; as Western ideology, ～作为西方意识形态 8

French and Indian War 法国印第安人战争。参见 Seven Years' War

French Revolution 法国大革命 3,91,136,148—149,216

Gandhi, Mohandas 莫罕达斯·甘地 169,175

gap 差距。见 wealth and power gap

G8 countries 八国集团 197

Genoa 热那亚 61

geography 地理：concepts of, ～的概念 7; in early modern world system, 近代早期世界体系中的～ 64

George III, King of England 英国国

王乔治三世　119

Germany　德国：and African colonization,～与非洲殖民　151—152；Chinese relations with,～与中国关系　156；industrialization in,～工业化　137,187；manufacture of nitrates by,～制造硝酸盐　165—166；nationalism in,～的民族主义　150；political fragmentation of,～政治分裂　80,89,137；post-World War II,后二战时代　174；reunification of,～再统一　196；between the wars,两次世界大战间的～　171—172；and World War I,～与第一次世界大战　166—168；and World War II,～与第二次世界大战　172—173

germ theory　病菌理论　3

Ghana　加纳　55

Gillis, Barry　巴里·吉利斯　222注26

glasnost　开放政策　195

globalization　全球化：first,第一次～67；lineage of,～的谱系　20,214—215；post-Cold War,冷战后　196；twentieth-century, 20世纪　162；United States and,美国与～　162,198,216；waves of,～浪潮　215—216

global perspective　全球视角：capitalism in,～中的资本主义　131—135,221注25,233注11；consumerism in,～中的消费主义　184；economy in,～中的经济　187,197—198,201；Great Depression in,～中的大萧条　170—172；industrialization in,～中的工业化　140；Islam in,～中的伊斯兰教　53；oil industry in,～中的石油工业　184；on origins of modern world,～中的现代世界的起源　41；polycentrism,多中心　16,36；seventeenth-century crisis,～中的17世纪危机　86—96；trade in,～的贸易　34；in twentieth century, 20世纪的～　162。参见 world system

global South　全球南方　130

global warming　全球变暖　1,203—204,214

Glorious Revolution　光荣革命　92,103—104

gold　黄金　55—56,75

Goldstone, Jack　杰克·戈德斯通　ix,237注62

Gorbachev, Mikhail　米哈伊尔·戈尔巴乔夫　195

Great Departure　大转折　163,201—207,213

Great Depression　大萧条　141,162,170—172,215

Great Dying　大灭绝　3,77—78,102,103,118

Great Leap Forward　大跃进　180—181

Great Recession　大衰退　193

Greece, ancient　古代希腊　3

Green, Monica　莫妮卡·格林　226注40

greenhouse gases　温室气体　1,78,98,125,145,157,161,203,244注54

green revolution 绿色革命 186

gross domestic production(GDP) 国内生产总值(GDP) 127,128图表,237注1

Guanches 关契斯人 84

Guangzhou system 广州体系 119

guano 海鸟粪 144,164

guerrilla warfare 游击战 176—177,239注29

Gulf War(1991) 海湾战争(1991) 198

gunpowder 火药 54,59—60,163—166

guns 火枪 60,62,64,129,136,151—152,163,212。参见 rifles and rifling

Guomindang 国民党 176

Haber,Fritz 弗里茨·哈勃 165,167

Haber-Bosch process 哈勃—波什制氨法 165,202

Hansen,James 詹姆斯·汉森 1

harvesters 收割机 136

Heavily Indebted Poor Countries(HIPCs) 重债穷国 189

Henry the Navigator 航海者亨利 62

Hinduism 印度教 52,175

historical narratives 历史叙述 10—16;explanation in,～中的阐释 14;fiction contrasted with,小说与～的对比 221注18;paradigms in,～的范式 9;role of accidents in,～中偶然事件的作用 12—13;role of conjunctures in,～中偶合的作用 13—14;role of contingency in,～偶然性的作用 11—12;significance of,～的意义 7—8,12,14—15,221注17;structure of,～的结构 14

Hitler,Adolf 阿道夫·希特勒 160,167,168,171,172,174

Hobsbawm,E.J. E.J.霍布斯鲍姆 194,232注42

Ho Chi Minh 胡志明 176

Holland 荷兰。参见 Netherlands

Holy Roman Empire 神圣罗马帝国 80

Hong Kong 香港 131—132,187

Hormuz 霍尔木兹 44,47,63

housing,in United States 美国的住房问题 182—183

Huguenots 胡格诺信徒 91

human sacrifice 人祭 230注10

human waste 人的粪便 144—145

Humboldt,Alexander von 亚历山大·冯·洪堡 164

Hundred Years' War 百年战争 60

Hunt,Lynn 林恩·亨特 10

Hussein,Saddam 萨达姆·侯赛因 198,199,217

Hymes,Robert 韩明士 226注40

Iberian peninsula,Muslims on 穆斯林在伊比利亚半岛 53,60

IBM 197

imperialism 帝国主义。参见 empire and imperialism

Incas 印加人 3,74—79,223 注 5

income inequality 分配不公 192—194,193 图表

India 印度: agriculture in,～农业 99;British colonization of,英国在～的殖民 101,123,133—134,158,175;deforestation in,～森林砍伐 156—157;early modern,近代早期 50—52;economic impact of,～的经济影响 2;economy of,～经济 207;famine in,～饥荒 158;GDP of,～的 GDP 127;global significance of,～的全球意义 17;independence movement in,～的独立运动 169,175;Islam in,～的伊斯兰教 52,175;and opium,～与鸦片 132—133;partition of,印巴分治 175;political unity/disunity in,～的政治统一与分裂 51—52;population of,～人口 22,127;rural character of,～的农业特征 185;textile manufacturing in,～棉纺织业 51,83,98—99,133—134;and trade,～与贸易 50—52;weakening of,～的衰落 68。参见 Mughal empire

Indian Ocean 印度洋 41,44—45,48,50,63

industrialization 工业化 1;of agriculture,农业的～ 136;environmental consequences of,～的环境后果 141—145;in France,法国的～ 135—136;in Germany,德国的～ 137;global economic effects of,～的全球经济影响 140—141;in Japan,日本的～ 138—139;nation state model and,民族国家模式与工业化 13—14;resistance to,抵制～147—148;in Russia,俄国的～ 137—138,238 注 11;social consequences of,～的社会后果 145—148;in Soviet Union,苏联的～ 168,179—180,238 注 11;state intervention as factor in,～中的国家干预 139,187;in the third world,第三世界的～ 187;in United States,美国的～ 136。参见 Industrial Revolution

Industrial Revolution 工业革命 97—125;British cotton textile industry,英国棉纺织业 98—104;China's role in,中国在～中的作用 104—111,118—123;concept of,～的概念 233 注 2;conjunctures contributing to,有助于～的偶合 98,112—118,124—125,237 注 62;energy and power sources,能源 104—118;explanations of,对～的阐释 104—105;global factors in,～中的全球因素 16;India's role in,印度在～中的作用 100—102;New World's role in,新大陆在～中的作用 102—104;significance of,～的意义 123—124

inequality,within countries 国内的不平等 192—194

International Monetary Fund 国际货币基金组织 178,189,197

Iraq 伊拉克 198,199,217

iron 铁 111,114—117,122

Isabella, Queen of Spain 西班牙女王伊莎贝尔 60,61,62,91

Islam 伊斯兰教：in Africa,～在非洲 55—56；China and, 中国与～ 44；and clash of civilizations,～与文明的冲突 198—200；disintegration of early empire of,～早期帝国的分裂 54；in early modern period, 近代早期的～ 52—55；in East Asia,～在东亚 45,48；empires based on, 建立在～基础上的帝国 71；expulsion of Muslims from Spain, 从西班牙驱逐穆斯林 91；Hinduism vs., 印度教与～ 52,175；on Iberian peninsula,～在伊比利亚半岛 53,60；impact of empires based on,～帝国的影响 11；India and, 印度与～ 52,175；Shiite, 什叶派 71,199；spread of,～的传播 52—53；Sunni, 逊尼派 71,199；and trade,～与贸易 52,56。参见 Arabs

Islamic State in Iraq and Syria(ISIS) "伊拉克和叙利亚伊斯兰国"(ISIS) 199,217

Istanbul 伊斯坦布尔 54。参见 Constantinople

Italy 意大利：and African colonization,～与非洲殖民 151—152；early modern, 近代早期 60,61；fascism in, 法西斯在～ 169；nationalism in, 民族主义在～ 150；political fragmentation of,～的政治分裂 89；post-World War II, 后二战时代 174；between the wars, 两次世界大战间的～ 172；and World War II,～与第二次世界大战 172—173

Itzcoatl 伊茨夸特尔 73

Ivan IV, "the Terrible,""恐怖的"伊凡四世 69

Jacob, Margaret 玛格丽特·雅各布 10

Jamaica 牙买加 84

Japan 日本：Chinese relations with,～与中国的关系 139,153,171,173,176；deforestation of,～的森林砍伐 111；economic impact of,～的经济影响 206；empire of,～帝国 153,156,162,171—172,173,241 注15；industrialization in,～的工业化 138—139,187；Meiji era, 明治时期 139；modernization of,～的现代化 2,5；post World War II, 后二战时代 174；purported superiority of, 想象中的～优越性 161；resurgence of,～的复兴 206；and textiles,～与纺织业 139；and trade,～与贸易 64；between the wars, 两次世界大战间的～ 171—172；Western relations with,～与西方关系 138—139；and World War I,～与第一次世界大战 167—168；and World War II,～与第二次世界大战 172—173

Java 爪哇 70,101

Jews 犹太人 91,172

Kaffa 卡法。见 Caffa

Kashmir 克什米尔 175

Kennedy, John F.　约翰·F.肯尼迪　180

Khrushchev, Nikita　尼基塔·赫鲁晓夫　181

Korea　朝鲜　153, 171, 241 注 15。参见 South Korea

Korean War　朝鲜战争　176, 178

Kuhn, Thomas　托马斯·库恩　220 注 16

Kurds　库尔德人　175—176

Kuwait　科威特　198

labor　劳动力: changing nature of, ～性质的改变　146; in Spanish Americas, 美洲～　78

Lancashire　兰开夏　102—103, 112, 116, 121, 123, 140

land　土地: in China, 中国的～　107; climate affected by clearance of, 开荒对气候的影响　111, 145, 157, 234 注 31; Industrial Revolution and, 工业革命与～　115—116; nitrogen cycle and, 氮循环与～　32; overexploitation of, ～的过度开发　111, 115

Latin America　拉丁美洲: deforestation in, ～的森林砍伐　157; El Niño's effect on, 厄尔尼诺现象对～的影响　157—158; social Darwinism and, 社会达尔文主义与～　160; U.S. involvement in, 美国涉足～　178; between the wars, 两次世界大战间的～　172

League of Nations　国际联盟　168, 170

Lee, James　詹姆斯·李　106

legitimacy, political　政治合法性　91, 149

Lenin, V.I.　V.I.列宁　168

Lenovo　联想　197

Leopold II, King of Belgium　比利时国王利奥波德二世　151

Liberia　利比里亚　240 注 30

life expectancy　预期寿命　29

Lin Zexu　林则徐　120

Little Ice Age　小冰期　68, 69, 78, 86

living standards　生活水平　28, 99, 114, 127, 198, 205

loans　贷款　90, 189

Los Angeles　洛杉矶　183

Macartney, George　乔治·马戛尔尼　96, 119

machine guns　机枪　152

Ma Huan　马欢　44

malaria　疟疾　84—85

Mali　马里　55—56

Malthus, Thomas　托马斯·马尔萨斯　3—5, 106

Mamluk empire　马穆鲁克帝国　34, 57

Manchukuo　"满洲国"　171

Manchuria　满洲　153, 156, 172, 241 注 15

Manila　马尼拉　215

manufacturing　制造业: environmental consequences of, ～的环境后果　141—145, 142 图表; textile, 纺织业

51,82—83,98—99,109,133—134, 139,142—143;world output of,～的全球产量 128

manufacturing,world output of 全球制造业产量 129图表

Mao Zedong 毛泽东 180

markets 市场:China and,中国与～ 108—110;as factor in Industrial Revolution,～在工业革命中的作用 104—105。参见 trade

Marx,Karl 卡尔·马克思 4—5, 147,179—180,222注26

Marxism 马克思主义 6

master narratives 主导叙事 10

material conditions 物质环境。见 biological old regime

Maxim,Hiram 海勒姆·马克沁 152

Mayas 玛雅人 72—73

Mazzini,Giuseppe 朱塞佩·马志尼 149

McCormick,Cyrus 赛罗斯·麦考密克 136

McNeill,J. R. J. R. 麦克尼尔 ix,85,226注40,237注61

Mediterranean Sea 地中海:armed trading on,～的武装贸易 61—62; Muslim control of,穆斯林控制～ 53—55,62

megafaunal extinctions 巨型动物灭绝 27

Melaka 马六甲 47,50,52,63,64, 101,228注9;Strait of,～海峡 42, 47

Menelik,King of Ethiopia 埃塞俄比亚国王孟尼利克 152

mercantilism 重商主义 92—93, 100,103

Merrimac River 梅里马克河 142—143

methane 甲烷 125,145,203,244注53。参见 greenhouse gases

Mexica 墨西哥人。见 Aztecs

Mexican Revolution 墨西哥革命 169

Mexico 墨西哥 73,160,168—169, 187,188

middle class 中产阶级 146

Middle East 中东:decolonization of,～的非殖民化 175—176;oil in,～石油 184,187;U. S. involvement in, 美国涉足～ 178,200;after World War I,第一次世界大战后的～ 168

migrations 移民 28—29,188

military power 军事实力。见 war and warfare

Millennium Development Goals 千年发展目标 243注33

Millennium Ecosystem Assessment 千年生态系统评估 201—202

Milwaukee 密尔沃基 144—145

Ming dynasty 明朝 41—46,69

Moctezuma 孟蒂祖玛 73

Moctezuma II 孟蒂祖玛二世 75

modernization 现代化:defined,～的概念 219注4;of Japan,日本的～ 2,5;rise of the West,西方的兴起 4—6

modern world 现代世界:future of,～

的未来 216—218；legacy of，~的遗产 218；origins of，~的起源 1—2，10，41，64—65，209—214；polycentrism in，~的多中心性 36；population，~的人口 40；resistance to，对抗~ 217；rise of the West，西方的兴起 2—4；scholarship on，对于~的研究 8；structures pre-dating，~之前的社会结构 19—40；themes of，~的主题 1—2；wealth gap，财富差距 4—8。参见 world system

Mohammed, Prophet 先知穆罕默德 53

Mongols 蒙古人：and bubonic plague，~与鼠疫 37；cannons introduced to Europe by，~带到欧洲的火炮 59；China and，中国与~ 42—43，45；collapse of empire(1300s)，~帝国的瓦解 37，62；Islam and，伊斯兰教与~ 54；and trade，~与贸易 34

Morocco 摩洛哥 240 注 30

Moscow 莫斯科 69

mosquitoes 蚊子 84—85

Mughal empire 莫卧儿帝国 69，70—71，101，118，133，211

Musa, Mansa 曼萨·穆萨 56

Muslims 穆斯林。见 Islam

Mussolini, Benito 贝尼托·墨索里尼 169

mutually assured destruction 确保同归于尽 174

Nanjing(China) 南京（中国） 24，42，122，153

Napoleon 拿破仑 148

Nassar, Jamal 贾马尔·纳赛尔 243 注 44

national debt 国债 90

nationalism 民族主义：Chinese，中国~ 169；and decolonization，~与非殖民化 169，174—175；ethnic/cultural，种族的/文化的~ 150；Italian，意大利~ 169；nation-states and，民族国家与~ 148—150；political，政治~ 149—150

nation-states 民族国家 1—2；emergence of，~的兴起 81，148；industrialization and 工业化与~ 13—14；legitimacy of，~的合法性 149；and nationalism，~与民族主义 149—150；persistence of，~的持久性 217—218。参见 European state system

Native Americans 土著美洲人：conquest and resistance of，~的被征服及其抵抗 75—76；decimated by disease，疾病导致的毁灭 77—78

natural selection 自然选择 159

nature and environment 自然与环境：consumerism's effects on，消费主义对~的影响 184；economy in relation to，经济与~的关系 201—202，205；human impact on，人类对~的影响 ix—x，1—2，6—7，19，78，124，145，162—163，201—206，213—214，218；industrialization's effect on，工业化对~的影响 123—124，141—145；nitrogen cycle，氮循环

31—32; of plantations, 种植园的~ 84—85; wildlife, 野生动物 26—28。参见 biological old regime

Navigation Acts 《航海条例》 92, 103

Nazism 纳粹主义 160, 167, 168, 171—173, 174

Nehru, Jawaharlal 贾瓦哈拉尔·尼赫鲁 185

Nemesis (warship) 复仇女神号（炮艇） 121—123

neoliberalism 新自由主义 220注9

Netherlands 尼德兰 89, 90, 93, 100—101, 111

Newcomen Thomas 托马斯·纽可曼 113

New Deal 新政 171

New Imperialism 新帝国主义 141, 150—158, 215—216

New World 新大陆: agriculture in, 农业 102; Columbian Exchange, 哥伦布交换 76—77; economy of, ~经济 83—86; migration to, 移民~ 188; peculiar character of, ~的特征 102—104, 112; silver in, ~白银 79—82; slavery in, ~奴隶制 83—86, 102。参见 Americas

nitrates 硝酸盐 163—166, 202

nitrogen and nitrogen cycle 氮与氮循环 7, 30—32, 40, 107, 143—145, 163—166, 202, 204, 213。参见 nature and environment

nomads 游牧民族 25—26, 71, 224注10

nonaligned movement 不结盟运动 185

North Atlantic Treaty Organization (NATO) 北大西洋公约组织 (NATO) 185, 196

nuclear weapons 核武器 172, 174, 179, 181, 196

Obama, Barack 巴拉克·奥巴马 192, 198

oil 石油 184, 187—188, 194, 200, 201

OPEC 参见 Organization of Petroleum Exporting Countries

Open Door Notes 《门户开放照会》 156, 166

opium 鸦片 120—123, 131—135, 141

Opium Wars 鸦片战争 121—123, 131—132, 138, 152—153, 211

Organization of Petroleum Exporting Countries (OPEC) 石油输出国组织 (OPEC) 187, 194

Osman Bey 奥斯曼·贝伊 54

Ottoman empire 奥斯曼帝国 54—55, 60, 70—71, 80, 167—168

Pakistan 巴基斯坦 52, 133, 175, 217—218, 241注13

paradigms 范式 9, 220注16

Paris 巴黎 24, 26, 91, 92

Parker, Geoffrey 杰弗里·帕克 68, 87

Parthasarthi, Prasannan 普拉桑南·

265 索引

帕塔萨蒂 116
pastoralism 游牧生活 25—26
Peabody family 皮博迪家族 132
Peace of Westphalia 《威斯特伐利亚和约》 87,217
peasants 农民：Chinese,中国～ 108—110；family size of,～的家庭规模 15,29,224注19；premodern,前现代～ 29—30
pepper 胡椒 61
perestroika 改革 195
periphery 边缘地带：New World as,新大陆作为～ 102—104,112；in premodern world system,前现代世界体系中的～ 36
Perry, Matthew 马休·佩里 138
Persia 波斯 52,53,54,70,117。参见 Safavid empire
Peru 秘鲁 144,164
Peter the Great 彼得大帝 69
petroleum 石油。见 oil
Philip II, King of Spain 西班牙国王腓力二世 80,81
Philippines 菲律宾 67,81,156,172,215
philosophes 启蒙哲人 91
Piketty, Thomas 托马斯·皮凯蒂 192
Pizarro, Francisco 弗朗西斯科·皮萨罗 75—76
planned obsolescence 有计划的报废 182
plantations and plantation system 种植园与种植园体系 83—86,211
poisonous gases 有毒气体 167

Poivre, Pierre 皮埃尔·普瓦夫尔 105—106
Poland 波兰 51,60,69,89,168,172,195
Polo, Marco 马可·波罗 34,62
polycentrism 多中心性：in modern world system,现代世界体系的～ 36,65；in premodern world system,前现代世界体系的～ 16,36；trade and,贸易与～ 36
Pomeranz, Kenneth 彭慕兰 x,115
population 人口：of Asia,亚洲～ 82；benefits and difficulties associated with,～的利弊 28—29；in biological old regime,旧生物体制中的～ 20—23,28—29,39—40；of China,中国～ 22,28,106—107,127,130图表,224注18；climate change affecting,气候变化影响～ 21—22,223注4；current,当前的～ 165,186；density of,～密度 22—23；of Europe,欧洲～ 22,130图表；as factor in Industrial Revolution,～作为工业革命的因素 104—105；historical changes in,～的历史变化 2,21；of India,印度～ 22,127,130图表；land in relation to,土地与～的关系 28—29；life expectancy and,预期寿命与～ 29；Little Ice Age's effect on,小冰期对～的影响 87；in modern world,现代世界的～ 40,111；of Native Americans,土著美洲人的～ 77—78；nitrogen manufacture and,氮生产与～ 165；non-hu-

man populations in relation to, 野生动物与～的关系 27—28; plague's effect on, 瘟疫对～的影响 37—39; projected peak of, ～的预期峰值 241 注 8; scholarly reconstruction of, 关于～的学术构建 222 注 2; twentieth century, 20 世纪的～ 186

Portugal 葡萄牙 62—64, 83—84, 152, 177

Potosí 波托西 79—80, 82

poverty 贫困 188—189, 190—191 地图, 192, 242 注 31, 243 注 33。参见 wealth and power gap

precious metals 贵金属 93

productionism 生产主义 180—181, 196

progress 发展 3—4

Protestantism 新教 4

al Qaeda "基地"组织 199, 217

Qianlong emperor 乾隆皇帝 70, 119

Qing dynasty 清朝 70

Quinine 奎宁 129, 151

racism 种族主义 159, 160, 163

railroads 铁路 114, 136, 138

rats 老鼠 37—38

Reagan, Ronald 罗纳德·里根 193, 195

recessions 衰退 140

Red Sea 红海 34, 44, 47, 52, 56, 63

rifles and rifling 步枪 151。参见 guns

religion 宗教: Aztec, 阿兹特克人的～ 230 注 10; and political legitimacy, ～与政治合法性 91。参见 Christianity; Hinduism; Islam

Renaissance 文艺复兴 3

repartimento 征派制 78—79

representative assemblies 代表会议 89

"return to normalcy" "回归常态" 169—170

revolutions 革命 3, 85, 168—169, 176—177

Ricardo, David 大卫·李嘉图 3, 5, 134

rise of the West 西方的兴起 2—4; alternative narrative to, ～的替代性阐释 10—16; causes of, ～的原因 6, 209; contingency of, ～的偶然性 11—12, 160, 210—212; dating of, ～的时间界定 5—6; explanations of, ～的内涵 3, 6; ideas underlying, ～背后的思想蕴含 3; ideological and misleading theories of, ～的意识形态性的、误导性的理论 6, 7—8, 14—16, 160; as master narrative, ～作为主导叙事 10; modernization and, 现代化和～ 4—6; significance of, ～的意义 7—8

Roman empire 罗马帝国 3, 11, 58, 80

Roosevelt, Franklin D. 富兰克林·D. 罗斯福 171

Roosevelt family 罗斯福家族 132

Ruddiman, William 威廉·鲁迪曼

78,204,237注61,244注53
rural areas,农村地区:in contemporary China and India,当代中国和印度的～ 185;premodern,前现代的～ 29—30;Russia and,俄罗斯与～ 137
Russell Company 拉塞尔公司 131
Russia 俄罗斯:Chinese relations with,～与中国关系 153,156;and Crimean War,～与克里米亚战争 150;empire of,俄罗斯帝国 69;industrialization in,～的工业化 137—138,238注11;post-Soviet,苏联解体后的～ 196;revolution in,～革命 168;and World War I,～与第一次世界大战 166—168。参见 Soviet Union
Russo-Japanese War 日俄战争 139,163

Saddam Hussein 萨达姆·侯赛因 3,198,199,217
Safavid empire 萨法维帝国 70—71
salt 盐 61
saltpeter 硝酸盐 164—165
Satsuma(warship) 萨摩号(军舰) 139
Savery,Thomas 托马斯·萨弗里 113
science 科学 32,137,117—118,159,180,214
Seal Team Six 第六海豹突击队 217—218
Seminoles 塞米诺尔人 76
Sepoys 印度兵 101,133

September 11 2001 terrorist attacks "9·11"恐怖袭击 199—200
Serbia 塞尔维亚 166
seventeenth-century global crisis 17世纪全球危机 86—96
Seven Years' War 七年战争 87,96,101—102,211
sewage 污物 144—145
Shiite Islam 伊斯兰教什叶派 71,199
silk 丝绸 82—83,139
silver 白银 13,43,79—82,118,120,131,235注53
Singapore 新加坡 187
Sino-Japanese War(1894—1895) 中日战争 139,153
slavery 奴隶制:in Africa,非洲～ 57—58;economic role of,～的经济作用 85—86;global capitalism dependent on,依赖于～的全球资本主义 233注11;in New World,～在新大陆 83—86,102;numbers of Africans in,非洲奴隶人数 85;ubiquity of,～的普遍性 57
Slovakia 斯洛伐克 196
smallpox 天花 76—77
Smith,Adam 亚当·斯密 3—6,106,134,222注26
social conventions 社会习俗 65
social Darwinism 社会达尔文主义 159—160,163
social science 社会科学 5
sodium nitrate 硝酸钠 164—165
Southeast Asia Treaty Organization

(SEATO) 东南亚条约组织 185
South Korea 韩国 187,206
Soviet Union 苏联:Chinese relations with,～与中国的关系 181;collapse of,～的瓦解 187,194—196;economy of,～经济 179—180;industrialization in,～工业化 168,179—180,187,238注11;post-World War II,第二次世界大战后的～ 174;as superpower,作为超级大国的～ 162,206,215;U.S. relations with,～与美国关系 174,178—179,195;between the wars,两次世界大战间的～ 171;and World War II,～与第二次世界大战 172—173。参见 Cold War era,Russia
Spain 西班牙:conquest of the Americas,～征服美洲 3;empire of,～帝国 67—68,75—81,215;expulsion of Jews and Muslims from,～驱逐犹太人和穆斯林 91;Muslims driven from,被驱逐出～的穆斯林 60
specialization 专门化 108
species extinction 生物灭绝 27—28,205
Spencer,Herbert 赫伯特·斯宾塞 159
Spice Islands 香料群岛 64
Sputnik(satellite) 人造卫星 180
stagflation 滞胀 194
Stalin,Joseph 约瑟夫·斯大林 168,171,187
standards of living 生活水平。见 living standards

state building 国家的建构 90—92,148,231注35
state bureaucracy 国家官僚机构 90
states 国家。参见 European state system;nationstates
steam power 蒸汽动力 97,103,113—115,121
steel 钢铁 137
steppe 大草原 22,25,39,42,46,70,71
subsistence levels 贫困生存线 30
suburbs 城郊 183
sugar 蔗糖 84。参见 plantation and plantation system
sulfur dioxide 二氧化硫 203
Sunni Islam 伊斯兰教逊尼派 71,199
survival of the fittest 适者生存 159
Swahili 斯瓦西里 56
Sweden 瑞典 89
synthesis of ammonia 合成氨。参见 Haber-Bosch process,nitrogen and nitrogen cycle
Syria 叙利亚 199

Taiping Rebellion 太平天国运动 152—153
Taiwan 台湾 153,171,187,206,241注15
Taliban 塔利班 217
tariffs 关税 100,133,136,138,139,141,189,192
taxes 税收 30,89,192
tea 茶叶 118—119

technological advantage 技术优势:in arms,武器制造的~ 151—152,239注29;in early modern world system,近代早期世界体系中的~ 64;European colonization of Africa,欧洲在非洲殖民 151—152;Spanish conquest of the Aztecs,西班牙征服阿兹特克人 76

technology 技术:and future economic growth,~与未来的经济发展 203;and Industrial Revolution,~与工业革命 117;of warfare,战争~ 54,59—60,121—123,151—152,163—166,167

Tenochtitlán 特诺奇蒂特兰 73—76

terrorism 恐怖主义 199,217,243注44

textiles 纺织业与纺织品:Britain and,英国与~ 83,98—104,112,114—115,133—134;Chinese manufacturing of,中国~生产 109;cotton,棉~ 98—99,133;environmental consequences of manufacturing,制造业的环境后果 142—143;European importing of,欧洲~进口 83,98—100;Indian manufacturing of,印度~生产 51,83,98—99,133—134;Industrial Revolution and,工业革命与~ 98—104;Japanese manufacturing of,日本的~生产 139;New World role in,新大陆在~中的作用 102—104;steam power and,蒸汽动力与~ 114

Thatcher,Margaret 玛格丽特·撒切尔 193

third world 第三世界:characteristics of,~的特征 134,137,185;developmentalism in,~的发展主义 185—188;El Niño famines and,厄尔尼诺饥荒与~ 157—158;historiographical knowledge of,对于~的历史学知识 128;imperial competition for,帝国主义对~争夺 150—151;India as part of,印度作为~的一部分 134,135;industrialization and the emergence of,工业化与~的出现 130;industrialization in,~的工业化 187;oil in,~的石油 187—188;origin of term,~这一术语的来历 185,237注4;Russia likened to,俄罗斯的~属性 137

Thirty-Year Crisis(1914—1945) 三十年危机 166—173

Thirty-Years' War 三十年战争 87

Thornton,John 约翰·桑顿 56

three field system 三田轮作 32

tigers 老虎 26

Tilly,Charles 查尔斯·蒂利 87,89,231注35

Timbuktu 廷巴克图 55

Toltecs 托尔特克人 73

total war 全面战争 172

towns 城镇。见 cities and towns

trade 贸易:Africa and,非洲与~ 55—56,62;armed,武装~ 50,61—64;bubonic plague and,鼠疫与~ 38;China and,中国与~ 42,50—51,63;cities linked to,与~相连的城市

48,56;companies established for,～公司 100—101;Europe and,欧洲与～ 50,61—64;fifteenth-century world system,15世纪世界体系 49地图;Indian Ocean's role in,印度洋在贸易中的作用 41,44—45,48,50;Japan and,日本与～ 64;mercantilism,重商主义 92—93;premodern,前现代～ 33—37;protectionism and,保护主义与～ 83,100,136,138,141;subsystems for,贸易子体系 33—34;triangular,三角～ 86,102,236注57;war in relation to,战争与～的关系 100—101。参见 free trade;markets

trade routes 贸易路线 34

transportation 运输 108—109

Treaty of Nanjing(1842) 《南京条约》 122

Treaty of Utrecht(1713) 《乌特勒支条约》 96,118

triangular trade 三角贸易 86,102,236注57

tribute 朝贡 73

tribute trade system 朝贡贸易体系 70

Trickell,Crispin 克里斯宾·特里凯尔 214

Triple Entente 协约国 166—168

Trocki,Carl 卡尔·特罗克伊 135

Tupi 图皮人 83—84

Turks 突厥人 70

underdevelopment 欠发达 177

unequal treaties 不平等条约 122—123,139

United Nations 联合国 176,178,215,218

United States 美国:Chinese relations with,～与中国关系 206—207;and Chinese trade,～与中国贸易 156;Civil War in,～内战 136,150,151;economy of,～经济 170—171,181—184,194—195;environmental consequences of manufacturing in,～制造业的环境后果 142—143;Eurocentric perspective of,欧洲中心论对～的看法 9;exceptionalism,例外论 210;and the former Yugoslavia,～与南斯拉夫 196;and globalization,～与全球化 162,198,216;income inequality in,～的分配不公 193图表;industrialization in,～的工业化 136;and Korean War,～与朝鲜战争 176,178;migration to and within,～国内外移民 188;and nationalism,～与民族主义 149—150;and opium,～与鸦片 131—132;post-World War II,第二次世界大战后的～ 174,178;purported superiority of,想象中的～优势 210;Soviet relations with,～与苏联的关系 174,178—179,195;space program of,～的太空计划 180;as superpower,作为超级大国的～ 162,195,197,198,206,210,215;and Vietnam War,～与越南战争 176—177,178,240注29;between the wars,两次世界大战中的～ 170—172;and World War I,～与第一次

世界大战 167—168; and World War II, ~与第二次世界大战 172—173。参见 Americas; Cold War era

Valley of Mexico 墨西哥谷地 73
Venice 威尼斯 61—62,229 注 28
Vereenigde Oost-Indische Compagnie 荷兰东印度公司 100—101
Versailles Peace Conference (1918) 凡尔赛和会 167
Veterans Administration 退伍军人管理局 183
Victoria, Queen of England 英国维多利亚女王 121,159
Vietnam 越南 42,70,158,169,185, 187,200,206,239 注 39
Vietnam War 越南战争 176—177, 178,240 注 29
Villa, Pancho 潘乔·维拉 169

Walesa, Lech 莱赫·瓦文萨 195
Wallerstein, Immanuel 伊曼纽尔·沃勒斯坦 222 注 26,226 注 37
Wang Feng 王峰 106
war and warfare 战争与作战方式: Aztec,阿兹特克人的~ 230 注 10; in Cold War era,冷战时期的~ 179; European,欧洲的~ 59—61, 68,87,88 图表,89—90,150,163; steam-powered gunboats,蒸汽炮艇 121—123; technologies of,~的技术 54,59—60,121—123,151—152, 163—166,167; trade in relation to, 贸易与~的关系 100—101; in twentieth century, 20 世纪的~ 162; worldwide,世界性的~ 166—168,172—173
War of Spanish Succession 西班牙王位继承战争 96
Warsaw Pact 华沙条约组织 185
warships 战舰 121—123,139
Washington, George 乔治·华盛顿 96
water transportation 水上运输 108
Watt, James 詹姆斯·瓦特 113
wealth and power gap 财富与实力差距 2,4—8,127—160; within countries,国家内的~ 192—194; El Niño and famine in relation to,厄尔尼诺现象、饥荒与~的关系 158; emergence of,~的出现 128,130; explanations of,~的解释 128—130,159—160; health issues,健康问题, 242 注 31; industrialization as factor in,工业化作为~的一个因素 140; persistence and growth of,~的持续与拉大 188—190; poorest countries by region,极贫国家的地区分布 190—191 地图; social Darwinism and,社会达尔文主义与~ 159—160
Weber, Max 马克斯·韦伯 4—6
West 西方: and clash of civilizations,~与文明的冲突 198—200; Japanese relations with,~与日本的关系 138—139; purported superiority of,想象中的~优越性 8,159—160,161, 209; rise of,~的兴起 2—4。参见 Europe

West Africa 西非 55—56

White Lotus Rebellion 白莲教起义 72

Whitney, Eli 伊莱·惠特尼 103

wildlife 野生动物 26—28

Williams, Eric 埃里克·威廉姆斯 233 注 11

Williams, Michael 迈克尔·威廉姆斯 204

Wilson, Woodrow 伍德罗·威尔逊 167, 170

Witte, Sergei 谢尔盖·维特 138, 238 注 11

wolves 狼 26

women 妇女: consumer revolution and, 消费革命与～ 184; industrialization's effect on, 工业革命对～的影响 146—147

Wong, R. Bin 王国斌 212

work, changing nature of 工作的不同内涵 146

working class 工人阶级 146, 149

World Bank 世界银行 178, 189, 197

world system 世界体系: biological old regime, 旧生物体制 20—33; circa 1900, 1900 年前后的～ 154—155 地图; eight circuits of, ～的八个贸易圈 33, 35 地图; in eighteenth century, 18 世纪的～ 94—95 地图; in fifteenth century, 15 世纪的～ 49 地图, 64—65; future of, 未来的～ 216—218; polycentric, ～多中心性 16, 36; post - World War II, 第二次世界大战后的～ 173—177; theories of, ～理论 222 注 26; trade and, 贸易与～ 33—37; twentieth-transformations in, 20 世纪～的转变 161—162; Wallerstein's concept of, 沃勒斯坦的～概念 226 注 37。参见 global perspective; modern world

World Trade Organization 世界贸易组织 197

World War I 第一次世界大战 162, 163, 166—168, 215

World War II 第二次世界大战 162, 215

writing 文字 24

yellow fever 黄热病 84—85

Yeltsin, Boris 鲍里斯·叶利钦 195

Yongle emperor 永乐皇帝 41—43

Yugoslavia, former 南斯拉夫 196

Zapata, Emiliano 埃米利亚诺·萨帕塔 169

Zheng He 郑和 42—44, 63, 65, 200, 227 注 2

Zhou Enlai 周恩来 216

译后记

2004年12月,首都师范大学全球史研究中心成立,我有幸成为中心的一员。在中心成立之初,我们的主要工作是译介国际学术界有关全球史的著名论著,"全球史译丛"就这样问世了。2005年初,中心主任刘新成老师让我翻译《现代世界的起源》(第一版)。他说此书是他同学徐洛(在纽约州立大学科特兰分校任职,教授世界史)推荐,本想亲自翻译,但因工作实在太忙只好向我寻求帮助。未曾想到的是,《现代世界的起源》的翻译对于我的学术成长产生了如此深远的影响,一方面,我对全球史的深入了解始于本书,另一方面,我也因译介本书对译事有了许多感悟。

在翻译《现代世界的起源》之前,我对全球史的理解是很有限的,以至于书中的许多术语对我来说都非常陌生,其中印象较深的有 The Biological Old Regime(旧生物体制)、Columbian Exchange(哥伦布交换)、conjuncture(偶合)、pentimento(原画再现),为了找到合适的译名而绞尽脑汁。

第一版给我留下的最深印象是现代世界起源的"非欧洲中心论"阐释。什么是欧洲中心论?马立博认为,欧洲中心论一方面强调欧洲乃至西方的文化优越性,另一方面强调其普遍适用性,可以向全球推广。在欧洲中心论者看来,欧洲具有一些无与伦比的文化特质,使得它(以及后来的美国)在1500年以后崛起,建立起一些先进的制度并向全球传播,这就是现代世界起源的真谛。换言之,在他们看来,现代世界的起源就是"西方的兴起"。进一步向前追溯,整个过程就像一场接力赛,古代希腊兴起了民主思想并传给罗马人,后者曾一度丢掉接力棒,但基督教出现在历史舞台上并捡起接力棒,在封建时代创造了独具特色的欧洲文明;古代希腊的遗产在文艺复兴时期被重新发现,在启蒙运动中得到阐发,最终在法国和美国革命以及"西方的兴起"过程中得到完善。

马立博也承认,现代世界的许多主要特征的确来自欧洲,如民族国家、工业资本主义、"穷国"与"富国"的差距等等。对于这样一个具有欧洲特色的世界,怎么会有一种非欧洲中心论的解释呢?在马立博看来,如果把视野放宽,走出欧洲这一母体本身,把那些至今被排除在外或被忽视的世界部分地区包括进来,从全球的、环境的角度来进行阐释,就可以形成一种新的认识。现有的世界史著作大都强调1500年前后的地理大发现在现代世界起源中的重要性,而马立博主张,把这些发现性的航海活动放到1500年前后世界财富和实力的真实结构这种广阔的全球性视野来认识是非常重要的。从这种视角出发,他的论述始自1400年,重心在亚洲。从1400年到1800年,推动全球贸易,以及随之而来的思想、新型粮食作物、手工业品交流的经济引擎就在亚洲,交流的最重要舞台是印度洋,在这里充当主角的是中国、印度和中近东的伊斯兰国家。亚洲是手工业品(特别是纺织品和瓷器)和香料的最大产地,亚洲,特别是采用银本位制的中国对白银有着巨大的需求。在这个舞台上,欧洲只是一个配角,一个渴望接近亚洲滚滚财源的配角。这样说来,哥伦布发现美洲的重要意义在于此后欧洲人在新大陆找到了巨额白银,用以购买亚洲商品,从而挤上了亚洲经济的列车。尽管有来自新大陆的财富,但是到18世纪末,欧洲人在与亚洲人所进行的全球经济竞争中仍处于劣势。1400—1800年,亚洲主导世界的发展模式是显而易见的。论述至此,我们发现,欧洲的主导地位在时间上大大推后了,欧洲中心论的根基也已遭到动摇。

亚洲与欧洲地位的变化发生于19世纪,其核心环节是始自英国的工业革命。如何看待工业革命,是欧洲科学和理性精神顺理成章的结果吗?马立博给出了否定的回答。在这里,他首先运用"旧生物体制"这一概念进行分析。到1750年,世界上9.5亿人中的每一个成员均繁衍生息于旧生物体制之中。生活所需的一切,包括食品、衣物、住房,以及取暖和做饭所用的燃料,都来自于土地,取自于太阳光每年赐予地球的能量。同样,以纺织业、皮革业和建筑业为代表的工业也依赖于农业或森林的产出。甚至在旧生物体制下所冶炼的铁和钢也仰仗于由木材加工而来的木炭。因此,旧生物体制不仅限制了人口增长,而且也限制着生产能力。到 1800 年左右,中国和英国都已达到了旧生物体制的极限。为了向土地索取更多的收成,以满足生活和生产所需,中国发展起劳动密集型农业,在农业社会里苦苦挣扎。而由于一些"历史的偶然性"和"历史的偶合",英国摆脱了旧生物体制的束缚,成功地走上了工业化道路。对英国人来说,幸运的是煤矿脉贴近地面,同时也毗邻英国的巨型城市伦敦,从而推动煤炭工业的产生。矿井越挖越深,因排水需要,蒸汽机问世了。最初的蒸汽机效率很低,燃料耗费大,但矿井巷道廉价的煤炭使它幸存下来。此后,蒸汽机不断改进,为了从煤矿向伦敦运煤,蒸汽机车和铁路也出现在历史舞台,并导致以棉纺织业为代表的其他工业门类的机械化。在这里,作者纠正了一种司空见惯的见解,即把工业革命描绘成发明和使用节省劳动力的机械的过程,认为最好视之为一个不断发明节约土地的机械的过程,因为当时所缺乏的不是劳动力,而是土地。除了便利的煤炭资源外,英国还非常幸运地拥有新大陆这样一片独特的边缘地带。19 世纪初英国从新大陆进口数十万磅的原棉,而进口的蔗糖则为劳动大众提供了身体所需的热量,为英国节约了几千万英亩的土地。至此,作者得出结论,如果没有煤和殖民地,旧生物体制的局限会迫使英国人把越来越多的土地用于食物的生产和燃料的供应(到 1600 年,英国南部的森林大多已被砍伐,主要是为了供应不断发展的伦敦城做饭和取暖所需的燃料),从而进一步减少工业生产的资源,工业革命也就无从谈起。

英国实现工业化并扩张海外帝国,推动其他国家走上工业化之路。如果说英国的工业化是多种力量偶合的产物,那么在这些国家,工业化纯粹是由强大的政府为了与英国竞争以及互相间的竞争而推动的。在这里,民族国家起了巨大的作用(作者认为欧洲民族国家的出现也纯属偶然,它们是在西班牙建立帝国的企图失败后、在互相间长期的战争中问世的)。法国、德国、俄国和日本在强有力的民族国家政府扶植下,顺利地走向工业化。

走上工业化道路的西方国家把先进的技术用于武器装备,从而开始了对中国和非洲等地区的疯狂掠夺,成为这些西方国家工业资本主义得以顺利发展的重要条件。作者指出,平心而论,中国的鸦片消费和英国的毒品交易是保证资本主义世界经济度过1873—1896年经济衰退时期的重要因素之一,使全球资本主义避免了夭折的命运。与此同时,欧美等资本主义国家的掠夺使亚洲、非洲和拉丁美洲的许多国家丧失了摆脱旧生物体制束缚的时机。雪上加霜的是,世界上这些在旧生物体制下艰难度日的地区在19世纪最后25年遭遇五百年来最严重的厄尔尼诺现象的打击,数千万人死于旱灾所导致的饥荒,亚洲、非洲和拉丁美洲的大部分地区进一步陷入第三世界的境地。

马立博指出,欧洲中心论对现代世界起源的阐释宣扬有人优等、有人劣等的观念,因此必须抛弃。纵观现代世界形成的过程,在其中起主要作用的应该是世界各地间的互动,而不是任何一个地区特有的文化基因。历史事实是,某些国家或民族从一些偶然历史事件和地理环境中受益,在某一历史的偶合点得以主宰他人并积累起财富和实力。除此之外没有更多的秘密。了解到西方财富、权力和特权的偶然性,已从中受益的人们应当为好运的真实来源感到羞愧,而没有得到好处的人应当振作起来,相信未来新的机遇会垂青他们。

显然,这种非欧洲中心论阐释是在综合安德烈·贡德·弗兰克、彭慕兰等学者研究成果的基础上形成的。第一版正是源于这几位学者在1998年的一次会议上对于学术现状的忧虑:学者的新研究成果往往被关在象牙塔中,要使之走上课堂,常常需要花费几十年的时间。出于这样一种对于大学历史教学的强烈责任感,用新学术成果重新讲述世界近现代史的本书英文第一版于2002年与读者见面,迅即成为美国高校世界史教学的重要参考书。第一版所涉及的时间范围是1400年至1900年,应广大师生的要求,2007年出版的第二版增加了一章,把现代世界起源的故事延续至20世纪,直到21世纪初。

如果说本书第一版、第二版有什么欠缺,那就是,尽管它力图提供一种"全球的、环境的述说",但环境方面的解读是较为薄弱的。环境史学家约翰·R.麦克尼尔在2000年曾断言:在21世纪结束之时,那些回望20世纪的历史学家和大众将会吃惊地发现,20世纪最具影响力的既不是两次世界大战,也不是法西斯主义和共产主义的兴衰,而是人类与地球自然环境关系的改变。然而,仅仅过了几年,人类与自然关系变化所带来的巨大环境后果就显现出来,令马立博瞠目。他重新审视现代世界起源中的环境因素,在 2015 年出版的英文第三版中,增加了贯穿全书的环境内容,现代世界起源的"非欧洲中心论"阐释变成了"基于环境的非欧洲中心论"阐释。

第三版把人类世(Anthropocene)这样一个重要概念纳入环境变迁与现代世界起源的阐释之中。"人类世"一词最早由荷兰大气化学家保罗·J. 克鲁岑于 2002 年正式提出。近代以来,地质学家编制了地球演进史年表(宙、代、纪、世),并确立了地质学划分标准。我们现在处于地质时期的最后一个"世",即第四纪中的"全新世",它开始于 1.5 万年前最后一个冰期结束之时。距今 4000 年至 10000 年前,农业出现了,此后有了所谓的人类"文明"史,它是在全新世相对有利的气候条件下展开的。克鲁岑认为,公元 1800 年前后开始的工业革命导致二氧化碳和甲烷的排放剧增,从此开启了一个由人类行为而非自然所创造的新地质时代,人类成为地球上最主要的环境驱动力;他称这样一个新时期为"人类世"。人类世的概念现今已被学界广为接受,但是人类世从何时开始,却有许多不同的观点。美国学者威廉·鲁迪曼主张它开始于 6000 年前,其标志是定居农业以及农耕所导致的二氧化碳和甲烷排放;约翰·R. 麦克尼尔等人则认为,它在第二次世界大战结束后的 1950 年才刚刚开始。

在马立博看来,就人类与自然界的关系而言,先后发生过两次重大的转变。18 世纪后期开始的工业革命以使用煤炭、石油等化石燃料为特征,自然界对工业生产和经济增长的束缚由此开始大幅减弱;20 世纪初,通过从大气中提取氮来合成氨的哈勃—波什制氨法发明,造成食物供给增加、世界人口飞速增长,历史上人与自然关系的最重大改变由此而发生,旧生物体制的局限被打破,从而完全进入了"人类世"阶段。

氮对于植物的生长至关重要,对维持动物(包括人类)生存的氨基酸的产生也必不可少。没有氮,植物就不能合成叶绿素,因而也不能将太阳能转变成可以利用的能量;没有氮,生命就根本就不可能存在。虽然我们所呼吸空气的 78% 是由氮气组成,但是,要想对动植物有用,氮必须是能够参加化学反应的单原子(Nr)并与其他原子结合形成其他物质;自然界中这种活性氮供应十分有限,主要来自闪电和雷击、死亡并腐烂的植物、某些豆科植物的根瘤菌、动物(包括人类)的排泄物。这样,可利用的氮为自然界中可生长的植物的种类和数量设置了一个界限,这也是有多少食物可供给人类的极限。一位专家曾推算出,即使把旧生物体制中可以利用的全部资源和技术用于提高农业产量,全世界也最多只能养活 28 亿人口。然而,哈勃—波什制氨法以及随后氮基化肥的工业化生产改变了一切。氮肥的使用保证了世界农牧业的稳定发展,可供人类消费的食物大量增加,以至于世界人口在 20 世纪发生了爆炸式增长,从 16 亿增长到 62 亿,到 2010 年达到 73 亿!述说至此,马立博不由得惊叹,"单从人口增长一个方面就足以使 20 世纪彪炳整个人类史册"。氮肥使用的后果并不限于此。到 21 世纪初,工业化生产的活性氮已经多于整个自然过程产生的活性氮。过量的活性氮进入人类及其他动物赖以生存的水源和空气之中,我们今天看到的雾霾、酸雨、土壤酸化、臭氧层消耗、水体富营养化等问题,都与活性氮失衡密切相关。由此说来,哈勃—波什制氨法在某种程度上形塑了 20 世纪以来的历史进程,世界历史也因此发生了"大转折"。

进入 21 世纪以来,环境问题日益凸显,我们每个人都在遭受着环境恶化所带来的危害。"人类世"学说认为,人类是地球上最主要的环境驱动力,就环境变迁而言,人类行为所发挥的作用大于自然过程。的确如此!环境问题与政府、国际社会有关,也与生活在地球上的每个人有关。在雾霾锁华北的这个冬季,我试图逃离北京、逃离华北,去别处呼吸一点新鲜空气。但是结果超乎我的想象,无论是山东临沂的乡村还是中越边境地区的广西靖西,空气中都飘着浓浓的焚烧塑料袋的气息。人类将走向何处,我们不得不重新思考。

本书的翻译既是理解 1400 年之后的人类历史发展进而理解全球史的过程,也是与马立博进行心灵对话的过程。在字斟句酌的跨文化理解中,对于什么是翻译、如何做好翻译,我有了更多的感悟。从攻读硕士研究生起,我追随导师戚国淦先生、师母寿纪瑜先生学习翻译。两位先生靠着扎实的中英文基础和学贯中西的学术视野,所翻译的《法兰克人史》《查理大帝传》《盎格鲁萨克逊编年史》已成为汉译学术名著中的经典。我深知自己中英文基础的薄弱和知识的欠缺,在翻译上难以望其项背。但在先生言传身教的过程中,我努力学习翻译技巧,所领会到的方方面面在《"资深翻译家"戚国淦先生》一文中进行了介绍。更让我受益的是先生对翻译的认真态度,寿先生那句"不校对二十遍不敢交出版社"的名言一直伴随我的翻译探索。从读硕士起,我先后参与了《理念的人》《现代世界体系》(第三卷)的翻译,并在新世纪之初独立翻译了哈斯金斯的《12世纪文艺复兴》。

如果对我自己的翻译历程进行划分,应当说,《现代世界的起源》和《全球史读本》的翻译标志着进入了一个新阶段。这与我在本科生中讲授"专业英语"和在研究生中讲授"全球史文献选读"密切相关。如果说我以前只是一个懵懵懂懂的操作者,那么此后我对翻译有了更多的理性认识,因为在讲台上,我必须对任何一句话、任何一个单词的理解讲出个所以然。而这两本书正伴随着我对翻译由感性认识到理性认识的转变。我曾在课堂上这样总结自己的翻译心得:第一,要准确表达原文的意思,即处理好直译、意译的关系,不一定每个词都对号入座,但英文每个词的意思都应在中文译文中有所体现;第二,不要扩大或减少英文的意思;第三,准确把握原文的语气和感情色彩;第四,选择中文词要贴切,不可把一篇史学论文翻译成一篇文学作品;第五,从一个不懂英文的中国普通读者的角度来思考译文是否通顺,是否符合中文习惯。但要说我对翻译最大的感悟,应当是认真领会原文的逻辑并在译文中充分体现出来。有一种说法,由于中外文的差异,翻译过程中不可避免地会把逻辑丢掉。对此我是不能认同的,同时也认为,"丢逻辑"是致使读者远离译著的重要原因之一。无论在翻译实践中还是在课堂教学中,我最重视的就是原文的逻辑,把每句话放在上下文中来理解,这样一方面可以帮助准确理解句子,更重要的是能够把译文沿着正常的逻辑思路贯通起来。

本书翻译过程中得到临沂职业技术学院教师侯卫东、北京市社科联王建妮、清华大学博士研究生张捷、天津师范大学历史文化学院教师杜宪兵、密歇根大学环境工程专业博士生夏天的帮助,在此一并致谢。另外,特别要感谢商务印书馆编辑潘永强,他一丝不苟的修改给译文增色许多,也避免了一些舛误,从他那里,我看到了翻译事业薪火相传、经典译著频现的希望。

夏继果
2017 年 5 月

图书在版编目（CIP）数据

现代世界的起源：全球的、环境的述说，15—21世纪：第三版/（美）马立博著；夏继果译.—北京：商务印书馆，2017（2018.3重印）
ISBN 978-7-100-14994-5

Ⅰ.①现… Ⅱ.①马… ②夏… Ⅲ.①世界史—研究 Ⅳ.①K107

中国版本图书馆CIP数据核字（2017）第179355号

权利保留，侵权必究。

现代世界的起源

全球的、环境的述说，15—21世纪
（第三版）

〔美〕马立博 著

夏继果 译

商 务 印 书 馆 出 版
（北京王府井大街36号 邮政编码100710）
商 务 印 书 馆 发 行
北京通州皇家印刷厂印刷
ISBN 978-7-100-14994-5

2017年9月第1版 开本 787×960 1/16
2018年3月北京第2次印刷 印张 18 插页 6

定价：62.00元